KB233007

쉽게 풀어쓴
요한계시록

쉽게 풀어쓴
요한계시록

주성일 지음

이담
Books

본서는 필자가 섬기는 수정교회 수요예배 시간 중에 성도들과 나눈 요한계시록 강해 설교를 모은 것입니다. 말세(末世)를 살아가는 성도로서 어떠한 태도와 자세로 우리의 믿음을 지켜나가고 또한 살아가야 하는가에 대해서 많은 것을 배운 시간들이었습니다. 또한 매주 한 장 한 장 요한계시록을 강해하면서 여러 가지 어려움도 있었지만 이렇게 한 권의 책으로 묶어서 출판하게 되니 그동안의 수고와 노력이 의미 있었음을 알게 됩니다.

이것으로 한국학술정보(주)를 통해 『만물을 새롭게 하시는 하나님』(2008), 『조직신학단상』(2009), 『하나님과 세계의 관계성』(2010)에 이어 네 번째 저서를 출판하게 되었습니다. 필자의 저서들을 출판해 주신 한국학술정보(주)에 감사드리며, 필자에게 요한계시록을 가르쳐 주신 장로회신학대학교 박수암 명예교수님께 본서를 바칩니다. 나를 존재케 하시고 본서를 잘 마감하도록 인도하신 하나님께 무한한 감사를 드립니다.

soli Deo gloria
2011년 3월
저자 주성일

차 례

I

개관

1. 명칭

- 요한계시록 또는 요한묵시록
- the Revelation: 폭로하다, 드러내다[re-velare 베일(velum, veil)을 벗기다)]
- the Apocalypse
- Ἀποκάλυψις Ἰησοῦ Χριστοῦ: 예수 그리스도가 보여준 묵시(黙示)이다.
- απο(벗기다) + κάλυψις(감추다) = 감춰진 것을 벗기다.
- 요한계시록은 노골적으로 확 보여주는 것이 아니고 묵시적 형식으로 상징과 은유로 은근히 보여주는 책입니다. 묵시(黙示)가 바로 "암묵적으로 보여준다"는 뜻입니다.

2. 저자

요한계시록 1장 1절과 4절에 저자가 "요한"으로 나와 있습니다. 어떤 요한인가? 사도 요한으로 봅니다. 사도 요한이 요한계시록의 저자라는 증거는 아래와 같습니다.

① Papias[사도 요한의 제자(140년경)]: 복음서의 기자인 요한이 본서(계시록)를 가지고 있었다.

② Justine the Martyr(145년경): 계시록은 사도 요한이 저술한 거룩한 책이다.

③ Jerome(4C): 사데교회 감독 멜리토가(169년경) 성요한의 계시록에 관한 주석을 썼다.

④ 이레니우스, 알렉산드리아의 클레멘트, 오리겐, 아타나시우스 등도 요한계시록을 사도 요한 글로 인정했고 무라토리 단편[1]에도 "축복 받은 요한의 책"이라고 기록되어 있다.

⑤ 교회사가 유세비우스(Eusebius): 사도 요한이 도미시안(Domitian) 황제 시 밧모섬에 귀양 갔다가 네르바(Nerva: 도미시안 다음의 황제, 96－98) 황제 시 에베소로 돌아왔다고 기록하였다. 사도 요한은 말년을 에베소에서 보냈다.

3. 기록연대

① 본문의 교회는 환난 중의 교회입니다(ecclesia pressa). 소아시아 지방에 황제예배가 들어온 때는 도미시안 황제(A.D. 80~96년) 때였습니다. 그러므로 기록연대는 A.D. 90년대 초로 봅니다.

---

1) 현존하는 최고(最古)의 신약 성경 목록표. 신약 정경(正經)의 역사를 아는 데 중요한 자료로 2세기 후반의 것으로 추정된다. 18세기 초에 이탈리아의 역사가 무라토리가 밀라노에서 발견하였다.

② 요한계시록 2~3장에 보면 그리스도인들이 유대인들로부터 박해를 받고 있습니다. 요한계시록 2장 9절의 유대인들의 훼방은 주후 90년의 "얌니아 회의"를 가리킵니다. 주후 70년 예루살렘이 멸망당하자 90년 유대인들은 그들의 단합을 기하기 위해 유럽 세계 랍비대회를 열었습니다. 이 회의에서 유대인들은 구약 39권을 정경으로 채택했고 유대교의 부흥을 위해 모든 이방종교를 정죄하였습니다. 이 중에 기독교도 포함되었습니다. 그리하여 예수를 믿는 유대인들을 회당에서 출교하기 시작하였습니다. 이 사실이 요한복음 9장 22절에 나옵니다. 이 회의에서 유대인들은 예수를 믿는 유대인들을 아브라함의 자손이 아니라고 천명하고 그들의 18기도문에 기독교인을 저주하는 기도문을 넣었습니다. 그러나 요한계시록 3장 7절을 보면 다윗의 열쇠를 가지신 분은 예수님이십니다. 주님께서 우리에게 구원의 문을 열어주시는 것입니다. 유대인들이 아무리 저주해도 구원의 문의 열쇠를 가지신 분은 예수님이신 것입니다. 이 모든 상황을 볼 때 요한계시록의 기록연대를 A.D. 90년대 초로 볼 수 있습니다 (A.D. 90~95년 사이).

4. 수신자

요한계시록 1장 4절에 보면 아시아에 있는 일곱 교회(에베소, 서머나, 버가모, 두아디라, 사데, 빌라델비아, 라오디게아—현 터키지역)가 수신자입니다. 이 도시들은 로마 순환도로 상에 있던 도시들입니다.

이 교회들은 사도 요한의 교구에 있던 교회들이었습니다. 밧모섬으로 유배를 가게 된 요한은 자기가 목회하는 교회에게 황제숭배를 배격할 것을 권면하기 위해 편지를 쓴 것입니다.

5. 목적과 주제

1) 목적

예언의 글, 즉 권면하고 위로하고 안위하고 격려하고 굳게 하기 위해 쓴 글입니다. 미래를 보여주는 것은 위의 목적을 위한 수단에 불과한 것입니다. 요한계시록은 위로의 말로 가득합니다(1:17[2]); 2:10[3]); 5:5[4])). 요한계시록은 하늘나라의 모습을 보여주는 가운데 성도들에게 소망을 주는 것입니다(7:15 – 17[5]); 21:3 – 5[6])). 요한은 요한계시록을 목회적 배려(pastoral care)의 심정으로 쓰고 있습니다. 요한계시록은 단

---

[2]) (계 1:17) "내가 볼 때에 그의 발 앞에 엎드러져 죽은 자 같이 되매 그가 오른손을 내게 얹고 이르시되 두려워하지 말라. 나는 처음이요 마지막이니"

[3]) (계 2:10) "너는 장차 받을 고난을 두려워하지 말라. 볼지어다. 마귀가 장차 너희 가운데에서 몇 사람을 옥에 던져 시험을 받게 하리니 너희가 십 일 동안 환난을 받으리라. 네가 죽도록 충성하라 그리하면 내가 생명의 관을 네게 주리라."

[4]) (계 5:5) "장로 중의 한 사람이 내게 말하되 울지 말라. 유대 지파의 사자 다윗의 뿌리가 이겼으니 그 두루마리와 그 일곱 인을 떼시리라 하더라."

[5]) (계 7:15~17) "[15] 그러므로 그들이 하나님의 보좌 앞에 있고 또 그의 성전에서 밤낮 하나님을 섬기매 보좌에 앉으신 이가 그들 위에 장막을 치시리니 [16] 그들이 다시는 주리지도 아니하며 목마르지도 아니하고 해나 아무 뜨거운 기운에 상하지도 아니하리니 [17] 이는 보좌 가운데에 계신 어린 양이 그들의 목자가 되사 생명수 샘으로 인도하시고 하나님께서 그들의 눈에서 모든 눈물을 씻어 주실 것임이라."

[6]) (계 21:3~5) "[3] 내가 들으니 보좌에서 큰 음성이 나서 이르되 보라 하나님의 장막이 사람들과 함께 있으매 하나님이 그들과 함께 계시리니 그들은 하나님의 백성이 되고 하나님은 친히 그들과 함께 계셔서 [4] 모든 눈물을 그 눈에서 닦아 주시니 다시는 사망이 없고 애통하는 것이나 곡하는 것이나 아픈 것이 다시 있지 아니하리니 처음 것들이 다 지나갔음이러라. [5] 보좌에 앉으신 이가 이르시되 보라 내가 만물을 새롭게 하노라 하시고 또 이르시되 이 말은 신실하고 참되니 기록하라 하시고"

순히 미래를 점치는 책이 아닙니다. 요한계시록은 교회를 위한 교회의 책입니다. 그러므로 목회자의 심정에서 읽히고 해석되어야 합니다. 목회적 배려와 관심에서 읽히고 해석되어야 하는 것입니다. 그렇기 때문에 묵시와 예언을 동시에 관찰해야 합니다. 예언(권면)의 방향으로 메시지를 이끌어 내야 하는 것입니다. 요한계시록은 "십자가의 신학"을 가르칩니다. 참고 인내하라는 것입니다.

요한의 역사관은 역사를 비관적으로 보고 역사로부터 기독교를 분리시키는 "비관주의적 역사관"도, 자유주의자들처럼 인간을 낙관적으로 보는 "낙관적인 역사관"도 아닙니다. 요한의 역사관은 "눈에 보이는 것이 전부가 아니다"라는 것을 인식하는 "희망의 역사관"입니다. 희망의 역사관은 이 역사가 파국으로 갈 위험과 죄악의 심각성을 잘 알고 있습니다. 그럼에도 불구하고 희망을 버리지 않습니다. 예수 그리스도가 다스리시고 승리하심을 믿습니다. 주님은 지금도 우주 만물을 다스리시고 계시지만 마침내 악의 통치를 종결시키고 완전한 예수 그리스도의 통치가 나타날 것입니다. 주님의 승리가 역사 내에서 나타나는 것입니다. 마침내 주님께서 승리하십니다. 요한계시록은 어두운 현실에서 희망을 전하는 하나님의 권면과 위로의 말씀인 것입니다.

2) 주제

"현세(現世)에 대한 하나님의 심판과 교회의 궁극적인 승리"가 요한계시록의 주제입니다. 세상과 사탄은 승리하는 것 같으나 패배하고, 교회는 패배하는 것 같으나 승리하는 것입니다(요한복음 16:33

"세상에서는 너희가 환난을 당하나 담대하라. 내가 세상을 이기었노라"). 불신자들은 애가(哀歌)를 부르고 신자들은 찬송을 부릅니다. 요한계시록은 승리한 교회의 찬미의 책입니다. 요한계시록에서 예수님은 언제나 승리자의 모습으로 나타납니다. 사물은 보이는 대로가 아니며 만물을 주관하시는 이는 사탄이 아닌 하나님이심을 요한계시록은 주장하고 있습니다. 교회가 비록 지금은 환난을 당하나 결국 승리할 것입니다.

6. 구조

우리는 요한계시록을 하나의 통일된 메시지를 가진 하나의 글(one-piece)로 보아야 합니다. 요한계시록의 구조를 보는 견해에는 1) 연대적 순서로 보는 견해(chronological structure)와 2) 반복적으로 보는 견해(recapitulative structure, topical structure)가 있습니다. 위의 견해 모두 다 장점이 있습니다. 우리는 요한계시록을 "반복적인 점진", 혹은 "점진적 반복구조"로 보아야 합니다[progressive recapitulative structure(점진적 반복 구조), spiral staircase style(나선형 구조)]. 요한계시록은 반복하며 나아갑니다. 전진하면서 반복하는 것입니다.

점진적인 부분은 "본경(本景)"에 해당하며, 이는 재앙 시리즈(일곱 인, 일곱 나팔, 일곱 대접), 예수님의 재림, 최후의 심판, 새 하늘과 새 땅 등으로 나아갑니다. 본경의 주제는 현세의 심판과 교회의 승리 및 구원입니다. 이 본경은 연대기적으로 점진적으로 진행하는 것입니다.

반복, 설명적인 부분은 "삽경(挿景, interlude: 본경과 본경 사이에 끼

어든 계시)에 해당하며, 이 삽경은 앞에 나온 계시를 설명해 주거나 앞으로 나올 계시를 미리 보여 주는 역할을 합니다. 이 삽경을 이러한 의미에서 "중간계시", "막간계시"라고 하기도 합니다. 삽경은 반복적인 기능을 하며 역사적 사건의 진행보다는 한 사건에 대한 신학적 해석을 제공합니다.

삽경의 예로, 7장은 6장의 마지막 질문 "누가 능히 서리요?"에 대한 답변으로서의 삽경입니다. 즉, 교회만이, 하나님의 백성만이 심판의 때에 능히 설 수 있다는 것입니다(계 7:4의 인 맞은 자 144,000명은 구원받은 하나님 백성의 총수를 가리킵니다. 이는 또한 계 7:9의 "아무도 능히 셀 수 없는 흰 옷 입은 큰 무리"를 가리킵니다).

10장은 입으로는 꿀같이 달아 먹었으나 배에서는 쓴 "작은 책의 계시", 즉 교회가 당하게 될 고난을 설명하는 삽경입니다.

11장은 10장에 나온 교회가 당하게 될 고난에 대한 설명으로서의 삽경입니다. 10장의 작은 책은 교회의 운명을 적어 놓은 책인데, 그 내용은 아주 고통스러운 것입니다. 11장에는 그에 대한 설명으로 두 증인의 순교, 즉 교회의 수난과 박해와 순교가 나옵니다.

12장은 요한계시록 11장 7절(무저갱으로부터 올라 온 짐승이 두 증인을 죽인다)에 대한 신학적 설명으로서의 삽경입니다. 왜 용과 짐승이 이 세상의 교회를 핍박하는가? 용이 아이(그리스도)를 삼키려 하다가 실패하자 분풀이로 여자(하나님의 백성, 교회)를 박해하는 것입니다. 예수님을 미워하기에 교회를 미워하는 것입니다.

13장은 두 짐승에 대한 설명입니다. 앞의 요한계시록 11장 7절의 무저갱으로부터 나온 짐승을 상세히 설명해 주는 것입니다. 교회를 박해하는 그 짐승이 도대체 무엇이냐? 바다에서 나오는 짐승은 교회를 핍박하는 세상제국을 의미합니다(당시는 로마제국). 땅에서 나오는 짐승은 교회를 혼란스럽게 하는 거짓선지자, 이단을 의미합니다(당시는 영지주의). 이 짐승은 12장에서 여자를 박해하는 용(사탄)의 구체적인 화신(化身)들입니다. 그 이유는 짐승의 모습이 용의 모습과 똑같기 때문입니다(일곱 머리, 열 뿔). 이렇게 용(사탄)이 두 짐승(로마와 영지주의)을 사용하여 여자(교회)를 핍박하는 것입니다.

14장의 내용은 "그럼 이런 박해를 받을 때 교회는 어떻게 해야 하는가?"입니다. 짐승에게 경배하고(황제숭배) 짐승의 표를 받아야 할 것인가? 아니면 죽기까지 하나님만을 섬겨야 할 것인가? 14장은 짐승의 우상에게 경배하고 표를 받는 자의 결국을 보여주고 경배하지 않은 자의 결국을 보여줌으로써 신자들에게 결단을 요구하고 있습니다. 즉 짐승의 우상에게 경배하지 아니하고 표를 받지 않은 자 144,000명(하나님의 백성의 총수)은 시온산에 의인으로 서게 될 것입니다. 그러나 짐승의 우상에게 경배하고 표를 받은 자는 불과 유황으로 고난을 받을 것입니다(계 14:10).

16장에서 드디어 음녀 바벨론이 멸망합니다. 이것이 계시록의 절정입니다. 이렇게 중요한 바벨론의 멸망을 저자는 그냥 넘어갈 수가 없습니다. 그래서 저자는 17장과 18장에서 바벨론의 멸망에 대해 부연 설명하고 있습니다(17장-큰 음녀 바벨론의 받을 심판, 18장-바벨론의 멸망과 무역상들의 애가).

1장-서설
2~3장-아시아에 있는 일곱 교회에 보내는 편지
4장-심판의 사령부인 하늘보좌의 모습

5장-심판자 어린 양 예수

6장-일곱 인

7장-삽경, 6장의 마지막 질문 "누가 능히 서리요?"에 대한 대답으로서, 하나님의 백성이 선다는 것이다.

8~9장-일곱 나팔

10장-입에는 꿀같이 다나 먹은 후에 배에서는 쓴 작은 책(교회가 당할 고통을 설명)

11장-10장의 작은 책의 계시에 대한 설명(두 증인의 순교, 즉 교회의 고난)

12장-왜 용과 짐승이 이 세상의 교회를 핍박하는가에 대한 신학적 설명. 용이 아이(그리스도)를 삼키려 하다가 실패하자 분풀이로 여자(교회)를 박해하는 것이다. 예수님을 미워하기에 교회를 미워하는 것이다.

13장-두 짐승에 대한 설명이다. 요한계시록 11장 7절의 무저갱으로부터 나온 짐승을 상세히 설명해 주는 것이다. 교회를 박해하는 그 짐승이 도대체 무엇이냐? 바다에서 나오는 짐승은 교회를 핍박하는 세상제국을 의미한다(당시는 로마제국). 땅에서 나오는 짐승은 교회를 혼란스럽게 하는 거짓선지자, 이단을 의미한다. 이 짐승은 12장에서 여자를 박해하는 용의 구체적인 화신이다. 그 이유는 짐승의 모습이 용의 모습과 똑같기 때문이다(일곱 머리, 열 뿔). 이렇게 용(사탄)이 두 짐승(로마와 거짓선지자)을 사용하여 여자(교회)를 핍박하는 것이다.

14장-그럼 이런 박해를 받을 때 교회는 어떻게 해야 하는가? 짐승에게 경배하고(황제승배) 짐승의 표를 받아야 할 것인가? 아니면 죽기까지 하나님만을 섬겨야 할 것인가? 14장은 짐승의 우상에게 경배하고 표를 받는 자의 결국을 보여주고 경배하지 않은 자의 결국을 보여줌으로써 신자들에게 결단을 요구하고 있다. 즉, 짐승의 우상에게 경배하지 아니하고 표를 받지 않은 자 144,000명(하나님의 백성의 총수)은 시온산에 의인으로 서게 될 것이다. 그러나 짐승의 우상에게 경배하고 표를 받은 자는 불과 유황으로 고난을 받을 것이다(계 14:10).

15장－마지막 재앙인 일곱 대접 준비

16장－일곱 대접

17장－음녀 바벨론의 정체

18장－바벨론의 멸망

19장－교회와 성도의 승리

20장－천년왕국과 사탄의 멸망

21장～22:5－새 하늘과 새 땅, 새 예루살렘

22:6～22:21－후기

II

본문 해설

1. 예수 그리스도의 계시(요한계시록 1:1~20)

1절a: 예수 그리스도의 계시라

계시를 헬라어로 "Ἀποκάλυψις(아포칼륍시스)"라고 하는데 이는 "벗기다"라는 뜻을 가진 접두어 "απο(아포)"와 "감추다"라는 뜻을 지닌 κάλυψις(칼륍시스)의 합성어로서 "감춰진 것을 벗기다"라는 의미입니다.

1절b: 이는 하나님이 그(예수)에게 주사 반드시 속히 일어날 일들을 그 종들에게 보이시려고 그의 천사를 그 종 요한에게 보내어 알게 하신 것이라

계시의 경로는 "하나님 → 예수님 → 천사 → 요한 → 성도들"입니다.

2절: 요한은 하나님의 말씀과 예수 그리스도의 증거 곧 자기가 본 것을 다 증언하였느니라

주님의 증인은 하나님의 말씀과 예수님의 증거와 자기가 본 것만을 증언해야 합니다.

3절: 이 예언의 말씀(요한계시록, 성경)을 읽는 자와 듣는 자(들)와 그 가운데에 기록한 것을 지키는 자(들)는 복이 있나니 때가 가까움이라

요한계시록에 나타난 일곱 가지 복은 다음과 같습니다.

1) 계 1:3

"이 예언의 말씀(요한계시록, 성경)을 읽는 자와 듣는 자(들)와 그 가운데에 기록한 것을 지키는 자(들)는 복이 있나니 때가 가까움이라."

2) 계 14:13

"또 내가 들으니 하늘에서 음성이 나서 이르되 기록하라 지금 이후로 주 안에서 죽는 자들은 복이 있도다 하시매 성령이 이르시되 그러하다 그들이 수고를 그치고 쉬리니 이는 그들의 행한 일이 따름이라 하시더라."

3) 계 16:15

"보라 내가 도둑 같이 오리니 누구든지 깨어 자기 옷을 지켜 벌거벗고 다니지 아니하며 자기의 부끄러움을 보이지 아니하는 자는 복이 있도다."

4) 계 19:9

"천사가 내게 말하기를 기록하라 어린 양의 혼인 잔치에 청함을 받

은 자들은 복이 있도다 하고 또 내게 말하되 이것은 하나님의 참되신 말씀이라.”

5) 계 20:6

“이 첫째 부활[7]에 참여하는 자들은 복이 있고 거룩하도다. 둘째 사망[8]이 그들을 다스리는 권세가 없고 도리어 그들이 하나님과 그리스도의 제사장이 되어 천 년 동안 그리스도와 더불어 왕 노릇 하리라.”

6) 계 22:7

“보라 내가 속히 오리니 이 두루마리의 예언의 말씀을 지키는 자는 복이 있으리라 하더라.”

7) 계 22:14

“자기 두루마기를 빠는(wash their robes) 자들은 복이 있으니 이는 그들이 생명나무에 나아가며 문들을 통하여 성에 들어갈 권세를 받으려 함이로다.”(계 7:14, “어린 양의 피에 그 옷을 씻어 희게 하였느니라.”)

4절a: 요한은 아시아에 있는 일곱 교회에 편지하노니

요한이 편지를 보낸 아시아에 있는 일곱 교회는 “에베소 교회, 서머나 교회, 버가모 교회, 두아디라 교회, 사데 교회, 빌라델비아 교회, 라오디게아 교회”입니다.

---

7) 첫째 부활은 성도의 부활을 가리킵니다.

8) 둘째 사망은 불신자들이 지옥에 들어가는 최후의 심판을 가리킵니다.

4절b~5절a: 이제도 계시고 전에도 계셨고 장차 오실 이(성부 하나님)시며 그의 보좌 앞에 있는 일곱 영(성령 하나님)과 또 충성된 증인으로 죽은 자들 가운데에서 먼저 나시고 땅의 임금들의 머리가 되신 예수 그리스도로 말미암아 은혜와 평강이 너희에게 있기를 원하노라

"이제도 계시고 전에도 계셨고 장차 오실 이"는 성부 하나님을 가리키며, "그의 보좌 앞에 있는 일곱 영"은 성령 하나님을 가리킵니다. 참된 은혜와 평강은 삼위일체 하나님으로부터 오는 것입니다.

5절b~6절: 우리를 사랑하사 그의 피로 우리 죄에서 우리를 해방하시고 그의 아버지 하나님을 위하여 우리를 나라와 제사장으로 삼으신 그에게 영광과 능력이 세세토록 있기를 원하노라 아멘

하나님은 "우리를 사랑하사 예수 그리스도의 피로 우리 죄에서 우리를 해방하시고", "우리를 나라와 제사장으로" 삼으셨습니다.

7절a: 볼지어다. 그(예수 그리스도)가 구름을 타고 오시리라

주님이 구름을 타고 온다는 말은 영광 가운데 오신다는 말입니다.

7절b: 각 사람의 눈이 그를 보겠고 그를 찌른 자들도 볼 것이요 땅에 있는 모든 족속이 그로 말미암아 애곡하리니 그러하리라 아멘

예수님의 초림은 비밀스럽게 초라하게 오셨지만, 재림은 공식적으로 영광스럽게 오실 것입니다. "그를 찌른 자들도 볼 것이요"라는 말은 예수님을 십자가에 단 자들이 살아생전에 주님의 재림을 본다는 말이 아니라, 모든 사람이 부활하여 주님의 재림을 목도할 것이

라는 말입니다.

8절: 주 하나님이 이르시되 나는 알파와 오메가라 이제도 있고 전에도 있었고 장차 올 자요 전능한 자라 하시더라

알파와 오메가는 헬라어 알파벳의 처음과 마지막 글자로서 하나님은 모든 것의 처음이요 마지막이 된다는 의미입니다.

9절: 나 요한은 너희 형제요 예수의 환난과 나라와 참음에 동참하는 자라 하나님의 말씀과 예수를 증언하였음으로 말미암아 밧모라 하는 섬에 있었더니

저자 요한이 자기소개를 하고 있습니다. "너희 형제"라는 표현을 통해 요한은 예수님을 믿는 자들은 다 한 형제요, 자매라는 사실을 밝히고 있습니다. 요한은 "예수의 환난과 나라와 참음에 동참하는 자"로서 하늘나라에 대한 소망을 품고 예수 복음 때문에 핍박을 받은 자였습니다. 그는 복음을 증언하다가 지금 밧모라는 섬에 유배가게 된 것입니다.

10절: 주의 날에 내가 성령에 감동되어 내 뒤에서 나는 나팔 소리 같은 큰 음성을 들으니

"주의 날"은 주일(主日)을 뜻합니다. 저자는 주일에 성령에 감동이 된 것입니다.

11절: 이르되 네가 보는 것을 두루마리에 써서 에베소, 서머나, 버가모, 두아디라, 사데, 빌라델비아, 라오디게아 등 일곱 교회에 보내라 하시기로

하나님께서 계시를 주신 목적입니다.

12~16절: 몸을 돌이켜 나에게 말한 음성을 알아보려고 돌이킬 때에 일곱 금 촛대를 보았는데 촛대 사이에 인자 같은 이가 발에 끌리는 옷을 입고 가슴에 금띠를 띠고 그의 머리와 털의 희기가 흰 양털 같고 눈 같으며 그의 눈은 불꽃 같고 그의 발은 풀무불에 단련한 빛난 주석 같고 그의 음성은 많은 물소리와 같으며 그의 오른손에 일곱 별이 있고 그의 입에서 좌우에 날선 검이 나오고 그 얼굴은 해가 힘 있게 비치는 것 같더라

"일곱 금 촛대"는 20절에 나와 있는 대로 11절에 나와 있는 일곱 교회를 의미합니다. 예수님은 일곱 교회 사이를 거니시면서 그 교회를 돌보시고 계신 것입니다.

이하에서 "인자 같은 이, 즉 예수 그리스도의 모습"을 기록하고 있습니다.

"발에 끌리는 옷을 입고 가슴에 금띠를 띠고"는 왕과 제사장과 같은 위엄 있는 모습니다.

"그의 머리와 털의 희기가 흰 양털 같고 눈 같으며"는 지혜를 상징하기도 하고, 다니엘 7장 9절의 말씀 "내가 보니 왕좌가 놓이고 옛 적부터 항상 계신 이(하나님)가 좌정하셨는데 그의 옷은 희기가 눈 같고 그의 머리털은 깨끗한 양의 털 같고"를 보건대 예수님의 하나님 되심을 말하는 것이기도 합니다.

"그의 눈은 불꽃 같고"는 모든 것을 꿰뚫어 보시는 예수님의 통찰력을 의미합니다.

"그의 발은 풀무불에 단련한 빛난 주석 같고"는 심판주 되시는 예수님을 말하는 것입니다.

"그의 음성은 많은 물소리와 같으며"는 위엄에 찬 목소리를 말합니다.
"그의 오른손에 일곱 별이 있고"에서 일곱 별은 요한계시록 1장 20절에 나와 있듯이 일곱 교회의 사자입니다. 이는 일곱 교회의 사자를 주관하시는 예수님의 모습입니다.

"그의 입에서 좌우에 날선 검이 나오고"에서 입에서 나오는 날선 검은 하나님의 말씀입니다. 히브리서 4:12~13 "하나님의 말씀은 살아 있고 활력이 있어 좌우에 날선 어떤 검보다도 예리하여 혼과 영과 및 관절과 골수를 찔러 쪼개기까지 하며 또 마음의 생각과 뜻을 판단하나니 지으신 것이 하나도 그 앞에 나타나지 않음이 없고 우리의 결산을 받으실 이의 눈앞에 만물이 벌거벗은 것같이 드러나느니라."
"그 얼굴은 해가 힘 있게 비치는 것 같더라"는 위엄에 찬 모습을 말하는 것입니다.

17~19절: 내가 볼 때에 그의 발 앞에 엎드러져 죽은 자 같이 되매 그가 오른손을 내게 얹고 이르시되 두려워하지 말라 나는 처음이요 마지막이니 곧 살아 있는 자라 내가 전에 죽었었노라 볼지어다. 이제 세세토록 살아 있어 사망과 음부의 열쇠를 가졌노니 그러므로 네가 본 것과 지금 있는 일과 장차 될 일을 기록하라

예수님도 자신을 가리켜서 "나는 처음이요 마지막이니"라고 말씀하십니다. 이는 하나님께서 8절에서 "나는 알파와 오메가라" 하신 것을 볼 때, 예수님의 하나님 되심을 말하고 있는 것입니다.
"살아 있는 자라 내가 전에 죽었었노라"에서는 죽음에서 부활하신 주님을 말하고 있는 것입니다.
"볼지어다. 이제 세세토록 살아 있어 사망과 음부의 열쇠를 가졌노니”에서 주님이 사망과 음부의 열쇠를 가졌다는 것은 생(生)과 사(死)의 주관이, 심판이 주님의 손에 달렸다는 것을 의미하는 것입니다.

20절: 네가 본 것은 내 오른손의 일곱 별의 비밀과 또 일곱 금 촛대라 일곱 별은 일곱 교회의 사자요 일곱 촛대는 일곱 교회니라

“일곱 별은 일곱 교회의 사자”인데 일곱 교회의 사자에서 사자는 헬라어로 “앙겔로스”입니다. 앙겔로스는 angel, 즉 천사를 의미합니다. 이 앙겔로스가 무엇이냐? 여기에는 두 가지 해석이 있습니다. 먼저는 일곱 교회 각각의 수호천사라는 해석입니다. 그러나 이 해석의 문제점은 신화적인 냄새가 난다는 것과 이 말씀의 내용이 교회에 주는 말씀이지 천사에게 주는 말씀이 아니라는데 있습니다. 다음으로 일곱 교회의 목회자로 보는 해석입니다. 그러나 이러한 해석에도 요한계시록에서는 앙겔로스를 천사 이외의 다른 말로 사용한 적이 없다는 문제점이 존재합니다. 하지만 각각의 교회의 목회자들을 그 교회의 수호천사(앙겔로스)로 보면 이해 가능합니다. 그러므로 일곱 별은 각각의 교회의 목회자를 의미한다고 볼 수 있습니다.

2. 에베소교회(요한계시록 2:1~7)

1절a: 에베소 교회의 사자(앙겔로스)에게 편지하라

에베소는 요한 당시 아시아에서 가장 큰 항구도시였습니다. 모든 길은 에베소로 통할 정도였습니다. 본 절에 나오는 “사자”는 교회의 지도자, 감독자, 목회자를 의미합니다.

1절b: 오른손에 있는 일곱 별을 붙잡고 일곱 금 촛대 사이를 거니시는 이가 이르시되

일곱 별은 일곱 교회의 사자이고, 일곱 금 촛대는 일곱 교회를 의미합니다. 주님은 모든 교회를 돌보시는 분이시고, 그 교회의 지도자들을 붙들고 계시는 분이십니다.

2절a: 내가 네 행위와 수고와 네 인내를 알고

"너의 행위, 즉 너의 수고와 인내를 안다"라는 의미입니다.

2절b: 또 악한 자들을 용납하지 아니한 것과 자칭 사도라 하되 아닌 자들을 시험하여 그의 거짓된 것을 네가 드러낸 것과

본 절은 에베소 교회의 수고의 내용입니다. 에베소 교회는 악한 자들, 즉 자칭 사도라 하되 아닌 자들을 시험(test)하여 그들의 거짓된 것을 드러내는 일을 하였습니다. 말씀을 기준으로 하여 이단을 색출해 낸 것입니다. 이들은 요한일서 4장 1절의 말씀 "사랑하는 자들아, 영을 다 믿지 말고 오직 영들이 하나님께 속하였나 분별하라. 많은 거짓 선지자가 세상에 나왔음이라"라는 말씀을 실제로 실행에 옮기며 살았던 것입니다. 여기에는 특별히 다음 절에 나오는 니골라 당을 받아들이지 않은 것에 대한 주님의 칭찬이 있습니다.

3절: 또 네가 참고 내 이름을 위하여 견디고 게으르지 아니한 것을 아노라

본 절은 에베소 교회의 인내에 대한 내용을 말하고 있습니다. 에베소 교회는 주님의 이름을 위하여 참고 견뎠으며, 신앙생활을 게으르게 하지 않았던 것입니다.

4절: 그러나 너를 책망할 것이 있나니 너의 처음 사랑을 버렸느니라

그러나 주님께서는 이러한 에베소 교회의 이단 색출의 수고와 인내하는 신앙생활에도 불구하고 책망할 것이 있다고 말씀하십니다. 에베소 교회는 말씀과 진리와 교리로 이단 색출을 하다가 그만 사랑을 잃어버리게 된 것입니다. 우리는 진리와 사랑을 늘 함께 생각해야합니다. 사도 바울은 에베소서 4장 15절에서 "오직 사랑 안에서 참된 것을 하라"고 우리에게 권면하고 있습니다.

5절: 그러므로 어디서 떨어졌는지를 생각하고 회개하여 처음 행위를 가지라 만일 그리하지 아니하고 회개하지 아니하면 내가 네게 가서 네 촛대를 그 자리에서 옮기리라

주님은 본 절에서 에베소 교회에게 회개를 권면하십니다. 참된 회개는 먼저 자신의 잘못을 "생각하고", 그다음에 "마음으로 뉘우치고", 마지막으로 "행동으로 옮기는 것"입니다.

만약 에베소 교회가 회개하지 않으면 주님께서 "촛대를 옮기시겠다"라고 하신 말씀은 더 이상 교회로서의 역할을 맡기지 않으시겠다는 뜻입니다.

6절: 오직 네게 이것이 있으니 네가 니골라 당의 행위를 미워하는도다 나도 이것을 미워하노라

니골라 당은 요한계시록 2장 14절에서는 "발람의 교훈"으로, 요한계시록 2장 20절에서는 "이세벨"로 등장합니다. 이들은 공히 "우상의 제물을 먹게 하고", "행음하게 하는 죄"를 범하게 하는 교훈을 가르쳤습니다.

7절: 귀 있는 자는 성령이 교회들에게 하시는 말씀을 들을지어다 이기는 그에게는 내가 하나님의 낙원에 있는 생명나무의 열매를 주어 먹게 하리라

마지막으로 주님은 이기는 자에 대한 상급을 약속하십니다.

"귀 있는 자는 들을지어다"라는 말씀의 의미는 그 마음을 주님을 향하여 열라는 말씀입니다.

"이기는 그"란 믿음을 끝까지 지킨 성도들을 의미합니다.

"생명나무의 열매"는 영생(永生)을 의미합니다. 끝까지 주님께 대한 믿음을 지킨 자는 영생을 얻게 된다는 것입니다.

3. 서머나 교회(요한계시록 2:8~11)

8절a: 서머나 교회의 사자에게 편지하라

서머나는 에베소에서 북쪽으로 120km 떨어진, 에베소 다음으로 부유하고 번영한 항구도시입니다. B.C. 1200년에 건설되었고, B.C. 575년에 아디아의 왕 알리아테스(Alyattes)에 의해 파괴되었다가, 알렉산더 대왕과 그의 후계자들인 안티고누스(Antigonus)와 리시마쿠스(Lysimachus)에 의해 재건되었습니다. 말 그대로 "죽었다가 다시 살아난"(계 2:8) 도시입니다.

서머나 교회는 "폴리갑의 전기"에 의하면 바울이 에베소에 있을 때 그가 이곳까지 와서 교회를 세웠다고 합니다. 서머나 교회는 빌라델비아 교회와 함께 책망을 받지 않은 교회에 속합니다.

8절b: 처음이며 마지막이요 죽었다가 살아나신 이가 이르시되

요한계시록 1장 17~18절에 나온 주님의 모습의 재연입니다. "처음이며 마지막"이라는 말은 역사의 시작과 끝을 주관하시는 주님의 모습을 말하는 것입니다. 또한 요한계시록 1장 8절에서 성부 하나님께서 "나는 알파와 오메가"라고 하셨는데, 예수님 역시 "알파와 오메가"되시므로 예수님의 하나님 되심을 말하고 있는 것입니다. "죽었다가 살아나셨다"라는 것은 예수님의 지상에서의 십자가의 죽음과 부활을 말하는 것입니다. 이처럼 주님은 죽음의 권세를 이기시고 부활하셔서 이제부터 사망과 음부의 열쇠를 가지게 된 것입니다(계 1:18). 이는 10절의 "죽도록 충성하라"는 말씀과도 연결이 되는데, 사망권세를 이기신 주님이 계시니 죽음을 두려워 말라는 뜻입니다. 사도 요한의 제자이자 서머나 교회의 감독이었던 폴리갑이 순교한(A.D. 155) 순교의 교회에 어울리는 주님의 모습입니다.

9~10절a: 내가 네 환난(affliction, 고통, 고생)과 궁핍(poverty)을 알거니와 실상은 네가 부요한 자니라 자칭 유대인이라 하는 자들의 비방(slander)도 알거니와 실상은 유대인이 아니요 사탄의 회당이라 너는 장차 받을 고난을 두려워하지 말라 볼지어다 마귀가 장차 너희 가운데에서 몇 사람을 옥에 던져 시험을 받게 하리니 너희가 10일 동안 환난을 받으리라

9~10절에서는 서머나 교회가 당하고 있는 고난의 내용을 기술하고

있습니다.

먼저 서머나 교회에는 환난이 있었습니다. 여기서 말하는 환난이란 견디어내기 어려운 압제하에서 당하는 고통과 고뇌를 의미합니다. 다음으로 서머나 교회는 궁핍(가난)하였습니다. 서머나 교회가 가난할 수밖에 없는 이유가 무엇이었을까? 서머나는 경제적 구조가 황제숭배를 중심으로 이우러져 있었습니다. 황제숭배가 사회의 각 분야에 스며들어 있어서 황제숭배를 거부하는 그리스도인들은 직장을 잃고 직업을 얻는 것이 불가능하였습니다. 그러므로 황제숭배에 관련될 수 없었던 부류들은 가난해질 수밖에 없었습니다. 서머나 교회의 가난과 궁핍의 원인은 "타협하지 않는 그리스도인들이 이교적인 환경 속에서 사는 것이 어렵기 때문"입니다. 또한 그리스도인들에 대한 재산압수가 서머나 교회가 가난하게 된 이유 중의 하나였습니다. 그러나 서머나 교회는 이처럼 세상에서는 가난하였지만 실상 하나님 앞에서는 부유한 자들이었습니다.

서머나 교회는 또한 비방을 받았습니다. 당시 그리스도인들에 대한 비방 6가지가 있었습니다.

① 이것은 나의 몸이요, 나의 피라는 성만찬의 말에 근거하여 기독교인들이 식인종이라는 이야기가 널리 퍼졌습니다.

② 기독교인들이 자신들의 공동식사를 "아가페", 즉 "사랑의 잔치"라고 지칭하였으므로 그들의 모임은 정욕과 부도덕의 방탕한 모임이라고 규정지었습니다.

③ 기독교가 간혹 가족 중 어떤 이는 교인이고 나머지는 교인이 아닐 때 그 가족을 분리시켰기 때문에 기독교인들은 가정을 파괴

하고 가족관계를 악화시킨다는 비난을 받았습니다. 이처럼 가족 간을 분리시킨 이유는 기독교인들을 박해하기 때문에 다른 가족들의 피해를 줄이기 위해서 그렇게 한 것입니다. 또한 성직자들이 가정을 이루지 아니하고 독신으로 지낸 것도 이러한 박해 때문이기도 합니다.

④ 이방인들은 신상 없이 예배하는 기독교인들을 향하여 무신론자라고 비난하였습니다.

⑤ 기독교인들은 로마황제를 "주인(퀴리오스)"이라고 부르기를 거부하기 때문에 정치적으로 불충성스러운 시민이요, 잠재적 혁명가라는 비난을 받았습니다.

⑥ 기독교인들은 불과 파괴로 끝나는 세계의 종말에 대하여 예언하였기 때문에 방화자라는 비난을 받기도 하였습니다.

요한은 그리스도인들을 박해하는 유대인들을 가리켜 "사탄의 회당"이라고 지칭합니다. 상당히 오래전부터 예루살렘에서 서머나로 이주해 온 유대인들은 회당(synagogue)을 중심으로 민족적, 종교적으로 단합하여 하나의 강력한 세력기구를 형성하였습니다. 그런데 그들이 로마 정부와 야합하여 기독교를 박해하는 일에 주도적인 역할을 수행하였던 것입니다.

마지막으로 요한은 서머나 교회가 장차 받을 고난, 즉 투옥(投獄)에 대하여 말합니다. "10일 동안"의 10일은 실제적인 열흘을 말하는 것이 아니고 상징적인 표현입니다. 요한계시록에서 10은 세상만수, 충만수, 완전수입니다. 완전히 끝을 보는 시간입니다. 여기서는 종말적인 고난의 철저성과 완결성을 상징적으로 표현한 숫자라고 볼 수 있습니다. 그 뒤의 "네가 죽도록 충성하라"라는 표현을 보면 이를 알 수 있습니다. 그러므로 영원하지 않고 언젠가는 끝이 나겠지만 완전히 끝을 보는 환난과 고난을 당하게 된다는 말입니다.

10절b: 네가 죽도록 충성하라 그리하면 내가 생명의 관(the crown of life)을 네게 주리라

본 절에는 이기는 자에게 주어지는 복이 기록되어 있습니다. 주님은 우리에게 고난을 두려워하지 말고 죽도록 충성하라고 말씀하십니다. 그리하면 생명의 관이 주어질 것입니다. "생명의 관"은 영생(永生)을 의미하는 것입니다.

11절: 귀 있는 자는 성령이 교회들에게 하시는 말씀을 들을지어다. 이기는 자는 둘째 사망(the second death)의 해를 받지 아니하리라

첫째 사망은 자연적 죽음이고, 둘째 사망은 지옥에 처해지는 영원한 죽음입니다. 첫째 사망은 신자와 불신자가 모두 당하는 죽음인 반면에(성도의 죽음을 성경에서는 사망이라 표현하지 않고 '잔다'라고 표현합니다), 둘째 사망은 불신자에게만 해당하는 죽음입니다. 이기는 자는 둘째 사망을 당하지 않는 것입니다.

4. 버가모 교회(요한계시록 2:12~17)

12절a: 버가모 교회의 사자에게 편지하라

아시아의 수도였던 버가모는 언덕 위에 세워진 도시로서 로마와 아시아를 이어주는 교통중심지이며, 상업과 무역이 발달한 부요한 도시였습니다.

12절b: 좌우에 날선 검을 가지신 이가 이르시되

버가모에 있던 로마 총독은 소위 "칼의 권한"을 가지고 있었는데, 그러한 총독이 비록 육신의 생명은 주관할지 모르지만 삶과 죽음의 궁극적인 심판의 권한은 그리스도에게 속한다는 것을 의미하는 것입니다.

13절: 네가 어디에 사는지를 내가 아노니 거기는 사탄의 권좌(throne)가 있는 데라 네가 내 이름을 굳게 잡아서 내 충성된 증인 안디바가 너희 가운데 곧 사탄이 사는 곳에서 죽임을 당할 때에도 나를 믿는 믿음을 저버리지 아니하였도다

"살다"라는 말은 임시 체류한다는 말이 아니라 영구 거주한다는 말입니다. 버가모의 기독교인들은 버가모를 빠져나갈 생각을 하지 않고 거기에 살면서 신앙생활을 계속한 것입니다. 기독교인의 임무는 도피가 아니라 우리의 생이 우리에게 정해 준 그 자리에서 그리스도를 증거하는 것입니다.

"사탄의 권좌(throne)"란 사탄이 통치하는 중심지를 말하는 것입니다. 여기서는 황제 숭배를 의미합니다.

"내 충성된 증인 안디바"라는 구절에 나오는 안디바는 터툴리안이 전하는 전설에 의하면 놋쇠 가마 속에서 서서히 구워져서 죽음을 당했다고 합니다. 요한계시록 1장 5절과 3장 14절에서 예수 그리스도를 가리켜 "충성된 증인"이라 부르고 있습니다. 충성된 증인은 바로 예수님의 명칭입니다. 그런데 이 예수님의 명칭을 지금 주님께서 안디바에게 붙여주고 계신 것입니다. 주님은 하나님께 신실한 자들에게 자신의 명예와 칭호를 주시는 것입니다.

14절: 그러나 네게 두어 가지 책망할 것이 있나니 거기 네게 발람의 교훈을 지키는 자들이 있도다 발람이 발락을 가르쳐 이스라엘 자손 앞에 걸림돌을 놓아 우상의 제물을 먹게 하였고 또 행음하게 하였느니라

"발람의 교훈"(민 25:1~9)은 우상숭배와 음행의 죄를 의미합니다.

15절: 이와 같이 네게도 니골라 당의 교훈을 지키는 자들이 있도다

"니골라 당의 교훈"이란 교회로 하여금 이 세상의 관습, 도덕과 타협하라고 권장했던 사상을 말합니다. 니골라 당의 잘못은 세상을 기독교 수준으로 끌어올리려는 것이 아니라, 기독교를 세상의 수준에 맞추려고 했다는 데 있습니다. 그들은 수정주의를 채택하고 있는데, 그 이유는 환난이 두려워 그것을 피하기 위해 타협의 길을 택한 것입니다.

16절: 그러므로 회개하라 그리하지 아니하면 내가 네게 속히 가서 내 입의 검으로 그들과 싸우리라

"내 입의 검"이란 무엇인가? 바로 하나님의 말씀입니다. 히브리서 12:12~13 "하나님의 말씀은 살아 있고 활력이 있어 좌우에 날선 어떤 검보다도 예리하여 혼과 영과 및 관절과 골수를 찔러 쪼개기까지 하며 또 마음의 생각과 뜻을 판단하나니 지으신 것이 하나도 그 앞

에 나타나지 않음이 없고 우리의 결산을 받으실 이의 눈앞에 만물이
벌거벗은 것 같이 드러나느니라.” 에베소서 6:17 “성령의 검, 곧 하
나님의 말씀.”

**17절: 귀 있는 자는 성령이 교회들에게 하시는 말씀을 들을지어다
이기는 그에게는 내가 감추었던 만나를 주고 또 흰 돌을 줄 터인데
그 돌 위에 새 이름을 기록한 것이 있나니 받는 자밖에는 그 이름을
알 사람이 없느니라**

“감추었던 만나”란 무엇인가? 먼저 랍비들의 전설에 의하면 솔로몬
성전이 바벨론에 의해 파괴될 때에 예레미야가 법궤 안에 들어 있던
만나 항아리를 시내산 절벽에 감추었다고 합니다. 그런데 메시아가
오시면 그 감추었던 만나를 찾아내게 된다는 것입니다. 그러므로 유
대인들에게 있어서 감추었던 만나를 먹는다는 것은 바로 메시아 시
대의 복을 누리는 것을 말하는 것입니다. 다음으로 만나는 하늘에서
내려온 하늘 양식을 의미합니다. 그러므로 하늘 양식인 만나를 먹게
되리라는 것은 이 세상의 더러운 음식을 먹지 못한다 할지라도 하늘
의 양식을 먹게 되리라는 말입니다. 마지막으로 예수님께서 요한복
음 6장에서 자신을 가리켜 “생명의 빵”이라고 하셨습니다. 즉, 감추
었던 만나가 바로 예수님인 것입니다. 주님은 바로 자신을 믿고 섬
기는 자에게 자기 자신을 주신다고 말씀하고 있는 것입니다. 생명을
주시는 것입니다.

“새 이름이 기록된 흰 돌”이란 무엇인가? 먼저 호패를 의미한다는
해석이 있습니다. 이 호패가 있어야 통행이 자유로울 수 있는 것입
니다. 다음으로 고대인들은 부적처럼 돌 위에 신의 이름을 써서 지

니고 다녔다고 합니다. 그러나 그리스도인들은 그런 부적이 필요 없습니다. 하나님이 그들의 보호자가 되기 때문입니다. 마지막으로 흰색은 하늘의 색입니다. 그러므로 흰 돌이란 예수님을 믿어 거듭나서 하늘의 백성이 된 성도들을 가리킵니다. 또한 성경에 보면 하나님과의 관계성이 새롭게 된 자에게 하나님은 새 이름을 주시는 것을 보게 됩니다. 아브람에게 아브라함이라는 이름을 주셨으며, 야곱에게는 이스라엘이라는 새 이름을 주신 것입니다. 이방 세계에도 새로운 지위에 오르는 자에게 이름을 바꿔주는 관습이 있었습니다. 로마의 1대 황제 옥타비아누스는 황제가 되자 이름을 아우구스투스로 바꾸었습니다. 이처럼 새 이름을 얻는다는 것은 그의 신분과 지위가 바뀌었음을 의미하는 것입니다. 하나님께서 성도들에게 새 이름을 주신다는 것은 새로운 신분과 지위를 주신다는 말입니다.

5. 두아디라 교회(요한계시록 2:18～29)

18절a: 두아디라 교회의 사자에게 편지하라

두아디라는 버가모에서 남동쪽으로 약 60km쯤 떨어진 내륙에 위치한 공업 및 상업도시인데, Charles J. Hemer는 "일곱 편지 중 가장 긴 편지가 가장 작고 이름 없는 도시에 주어졌다"라고 말한 바 있습니다. 이는 작은 것을 멸시하지 않는 주님의 사랑과 두아디라 교회가 직면한 문제의 심각성을 말해주고 있는 것입니다.

18절b: 그 눈이 불꽃같고 그 발이 빛난 주석과 같은 하나님의 아들

예수님께서 "불꽃같은 눈"을 가지고 계시다는 것은 예수님께서 모든 것을 다 살피시고 감찰하신다는 뜻입니다. 예수님의 눈은 모든 것을 꿰뚫어 보시는 심판자의 눈이시며, 주님의 눈을 피할 수 있는 것은 아무것도 없는 것입니다.

예수님의 발이 "빛난 주석과 같다"는 것은 예수님의 통치와 지배가 견고하다는 것을 말하는 것입니다. 또한 주님의 엄위하심을 나타내는 것이며, 모든 악(惡)을 밟아 버리시는 심판의 주님을 말하는 것입니다. 마지막으로 예수님은 "하나님의 아들"이십니다. 이 말은 예수님이 바로 하나님이시라는 것을 말하는 것입니다.

19절: 내가 네 사업(deeds, 행위)과 사랑(love)과 믿음(faith)과 섬김(service)과 인내(perseverance)를 아노니 네 나중 행위가 처음 것보다 많도다

여기서의 "네 사업"은 요한계시록 2장 2절처럼 "네 행위"로 번역함이 좋습니다. "네 행위, 즉 사랑과 믿음과 섬김과 인내를 안다"라는 뜻입니다. 사랑이 가장 먼저 나온 것으로 보아 두아디라 교회의 포용주의를 엿볼 수 있습니다.

"네 나중 행위가 처음 것보다 많도다"라는 칭찬은 어찌 보면 가장 좋은 칭찬이 아닌가 생각됩니다. 나날이 좋아지고 나아지는 것이 가장 이상적인 삶의 태도이기 때문입니다. 우리도 나중의 행위가 처음의 행위보다 더 나아지고 많아지고 좋아지는 우리가 되기를 바랍니다.

20~21절: 그러나 네게 책망할 일이 있노라 자칭 선지자라 하는 여자 이세벨을 네가 용납함이니 그가 내 종들을 가르쳐 꾀어 행음하게

하고 우상의 제물을 먹게 하는도다 또 내가 그에게 회개할 기회를
주었으되 자기의 음행을 회개하고자 하지 아니하는도다

두아디라 교회가 주님으로부터 책망을 받게 된 이유는 자칭 선지자
라 하는 여자 이세벨을 용납했기 때문입니다. 에베소 교회의 자칭
사도(계 2:2), 서머나 교회의 자칭 유대인(계 2:9), 두아디라 교회의
자칭 선지자(계 2:20)에서 보듯이 주님께서 인정하지 않는 "자칭"(自
稱)은 언제나 악한 것입니다. 이세벨은 실제 이름이 아니라 그녀의
사상과 활동이 구약의 실제인물인 이세벨의 그것과 같음으로 인해
붙여진 이름입니다. 구약의 이세벨은 시돈왕의 딸로서 북이스라엘
의 아합 왕과 결혼하여 이스라엘에 바알 종교를 끌어들인 왕비입니
다. 그리하여 이세벨은 우상숭배를 퍼뜨리는 자의 대명사가 되었습
니다. 두아디라 교회에 있던 거짓 선지자 이세벨도 이처럼 성도들을
꾀어서 우상을 섬기게 하고 음행을 저지르게 하였던 것입니다. 당시
두아디라에는 각종 상인조합, 소위 길드(guild)가 발달했는데, 각각의
조합들은 자신들의 수호신을 가지고 있었습니다. 그래서 각 회원들
은 그 조합에서 행하는 제사의식에 참여해야 했으며 그 의식에 이어
서 음란한 행사가 이어졌습니다. 당시 두아디라에 살던 사람들이 살
아가려면 이 상인조합에 가입해야 했는데 그러면 우상숭배와 음행
에 가담해야 했던 것입니다. 그리스도인들은 이런 자리에 함께 할
수 없었는데, 그로 인해 많은 불이익을 당하게 되었습니다. 이때 이
세벨이 세상과 타협할 것을 종용한 것입니다. 이는 세상과 타협하게
만든 것입니다. 주님은 이러한 자칭 선지자라 하는 이세벨에게 회개
할 기회를 주셨습니다. 그러나 그녀는 회개하지 않았습니다. 하나님
께서는 우리에게도 회개할 기회를 주십니다. 우리가 그 기회를 놓치

면 안 됩니다. 하나님께서 기회를 주실 때에 우리의 행위를 고치고 회개해야 하는 것입니다.

22~23절: 볼지어다 내가 그를 침상에 던질 터이요 또 그와 더불어 간음하는 자들도 만일 그의 행위를 회개하지 아니하면 큰 환난 가운데에 던지고 또 내가 사망으로 그의 자녀를 죽이리니 모든 교회가 나는 사람의 뜻과 마음을 살피는 자인 줄 알지라 내가 너희 각 사람의 행위대로 갚아 주리라

주께서는 자칭 선지자라 하는 여자 이세벨을 침상에 던질 것입니다. 침상에 던진다는 것은 병들어 눕게 하겠다는 말입니다.

또한 그와 더불어 간음한 자들, 즉 이세벨을 따른 추종자들에게도 1) 큰 환난 가운데에 던지시고(세상의 종말 시에 있을 큰 환난), 2) 사망으로 그의 자녀를 죽이시고(철저하게 죽인다는 의미), 3) 각 사람의 행위대로 갚아줄 것을 말씀하십니다.

여기서 "뜻"은 히브리어로 "콩팥"을 가리키는 말입니다. 고대인들은 콩팥이 그 사람의 기질 또는 성질을 좌지우지한다고 보았습니다. "마음"은 "심장"을 뜻하는 말입니다. 그러므로 주님께서는 사람의 가장 깊은 욕구와 기질과 성질까지도 다 아신다는 것입니다. 주님은 사람의 마음의 중심을 보시는 분이신 것입니다.

24~25절: 두아디라에 남아 있어 이 교훈을 받지 아니하고 소위 사탄의 깊은 것을 알지 못하는 너희에게 말하노니 다른 짐으로 너희에게 지울 것은 없노라 다만 너희에게 있는 것을 내가 올 때까지 굳게 잡으라

그러나 두아디라 교회에는 이세벨의 교훈을 따르지 아니하고 믿음
의 정절을 지킨 성도들이 있었습니다. 그들은 "사탄의 깊은 것을 알
지 아니한" 자들입니다. 소위 "사탄의 깊은 것"에 관여하지 아니한
자들입니다. 곧 그들의 죄에 동참하지 않았다는 것입니다.

그런데 여기서 유의할 것은 거짓 선지자가 자신의 가르침을 "깊은
것"이라 불렀다는 것입니다. 곧 자기의 가르침은 깊은 진리요, 심오
한 깨우침이라고 주장한 것입니다. 오늘날 이단들도 자신들의 가르
침이 깊고 심오하다고 말합니다. 교회의 가르침은 너무 단순하고 쉬
우며 이러한 깊은 깨달음을 알지 못한다고 말합니다. 그러나 주님은
사탄의 깊은 것을 알지 아니하고 그 죄에 동참하지 않은 성도들에게
다른 짐을 지울 것이 없다고 말씀하십니다. 주님은 우리에게 없는
것을 잡으려고 하지 말고 다만 가지고 있는 것을 굳게 지키라고 하
십니다. "너희에게 있는 것"이란 앞서 말한 두아디라 교회의 행위들,
즉 사랑과 믿음과 섬김과 인내를 말하는 것입니다.

**26~27절: 이기는 자와 끝까지 내 일을 지키는 그에게 만국을 다스
리는 권세를 주리니 그가 철장(an iron scepter, 홀)을 가지고 그들
을 다스려 질그릇 깨뜨리는 것과 같이 하리라(시 2:9) 나도 내 아버
지께 받은 것이 그러하니라**

올리우신 그리스도께서 성부로부터 받은 권세로 나라들을 다스리듯
이 이기는 자에게도 이 같은 권세가 주어질 것이라는 것입니다. 이
기는 자에게는 그리스도와 함께 세상을 다스리는 권세를 주시겠다
는 말씀입니다. 이는 그리스도의 영광스러운 통치에 참여한다는 뜻
입니다. 예수를 믿는 자들은 예수님의 위엄과 통치에 참여하는 영광

을 누리게 될 것입니다.

**28~29절: 내가 또 그에게 새벽 별을 주리라 귀 있는 자는 성령이
교회들에게 하시는 말씀을 들을지어다**

요한계시록 22장 16절에서 예수님을 "광명한 새벽 별"이라고 부르
고 있습니다. 그러므로 이기는 자에게 새벽 별을 주겠다는 말씀은
예수님 자신을 주시겠다는 말씀인 것입니다. 또한 "새벽 별", 즉 금
성은 통치의 상징으로 사용되는 단어입니다. 그러므로 이기는 자에
게는 주께서 통치하는 권세를 주시는 것입니다.

6. 사데 교회(요한계시록 3:1~6)

1절a: 사데 교회의 사자에게 편지하라

사데는 고대 리디아(Lydia) 왕국의 수도로서 에베소에서 동쪽으로 약
80km 떨어진 곳의 트몰루스 산이라는 가파른 언덕 위에 세워진 도
시였습니다. 리디아 왕국은 페르시아 왕 고레스에게 정복당한 후에
알렉산더 대왕과 시리아의 안티오쿠스 3세의 통치를 거쳐 결국 로
마에 편입하게 됩니다. 사데는 로마 시대에 이르러 상업의 중심지로
발돋움하게 됩니다.

1절b: 하나님의 일곱 영과 일곱 별을 가지신 이가 이르시되

"하나님의 일곱 영"은 하나님의 영, 성령님을 가리킵니다. 성령은 예
수를 증거하시기 때문에 예수의 영이라 할 수 있습니다. "일곱 별"

은 일곱 교회의 사자, 즉 목회자를 가리킵니다. 주님은 교회의 사자를 주관하시는 분이십니다.

1절c: 내가 네 행위를 아노니 네가 살았다 하는 이름은 가졌으나 죽은 자로다

사데 교회의 현실은 이제까지의 다른 교회들보다도 더 비참합니다. 왜냐하면 비록 요한계시록 3장 4절 말씀에 "옷을 더럽히지 아니한 자 몇 명"에 대한 언급을 하고 있지만 서두 부분부터 책망하는 말로 시작하는 곳은 사데 교회가 처음이기 때문입니다.

사데 교회가 "살아 있다"라는 평을 들은 것으로 보아 사데 교회는 겉으로는 아무 문제가 없는 교회처럼 보였던 것 같습니다. 아니 오히려 생기 넘치고 살아 있는 교회로서 많은 사람들에게 칭찬과 부러움의 대상이었을지도 모릅니다. 그러나 실상 사데 교회는 하나님 보시기에 죽은 교회였습니다. 여기서 죽었다는 것은 영적인 죽음을 말하는 것입니다. 그런데 문제는 그들이 죽을 지경에 처해 있다는 사실을 모르고 있다는 것입니다. 디모데후서 3장 5절에 나오는 말씀 "경건의 모양은 있으나 경건의 능력은 부인하는 자"와 똑같다고 할 수 있습니다. 이처럼 사데 교회는 겉으로 보기에는 활기 넘치고 살아 있는 교회처럼 보였지만, 하나님 보시기에 사데 교회는 죽은 교회였던 것입니다.

2절a: 너는 일깨어 그 남은 바 죽게 된 것을 굳건하게 하라

아직 죽지 않고 남은 것이 조금은 있다는 말씀입니다. 여기에 희망이 있습니다. 깨어나면 되는 것입니다. 남아있는 것을 굳게 하면 되는 것입니다.

주님은 거의 죽게 된 사데 교회가 다시 살아날 방법 두 가지를 제시하십니다. 그것은 바로 영적인 잠에서부터 "깨어나는 것"이고 그리고 이제 그나마 얼마 남지 않은 좋은 것을 "강화시키는 것"입니다. "깨어나라"는 말은 정신적인, 신앙적인 각성을 하라는 말입니다. 사도 바울도 로마서 13장 11절에서 말씀하시기를 "또한 너희가 이 시기를 알거니와 자다가 깰 때가 벌써 되었으니 이는 이제 우리의 구원이 처음 믿을 때보다 가까웠음이라"라고 하십니다. "깰 때가 벌써 되었다"는 것입니다. 또한 고린도전서 16장 13절에서는 "깨어 믿음에 굳게 서라"고 말씀하십니다. "굳게 하라"는 말은 강화시키라는 말입니다. 거의 죽게 된 신앙을 살려서 강화시키라는 말입니다.

주님은 사데 교회를 향하여 "깨어나라"(Wake up!)고 명령하십니다. 우리는 우리의 겉모습에 취해 우리의 본질을 보지 못하는 잠에서 깨어나야 합니다. 바쁘게 돌아가고 부흥, 성장, 발전하는 교회라고 해서 모두 다 살아있는 교회는 아닌 것입니다. 겉으로 보기에는 살아있는 것 같아도 실제로는 죽은 교회가 있을 수 있는 것입니다. 그러므로 우리는 깨어나서 우리가 지금 바르게 신앙생활을 하고 있는지 되돌아보아야 합니다. 물질주의, 기복주의, 영광의 신학으로 우리의 마음이 물들어 있지 않은지 돌아보아야 하는 것입니다. 제자의 길은 자기를 부인하고 자기 십자가를 지고, 주님의 고난의 길을 따르는 것입니다. 우리는 영광의 신학이 아니라 십자가의 신학을 가져야 합니다. 우리는 편안함을 추구하는 안일주의도 버려야 합니다. 편하게 신앙생활 하려고 해서는 안 됩니다. 세상과 짝하며 사는 것이 아니라 세상을 거스르며 살아야 하는 것입니다. 신앙을 위해 나의 것을 손해 보아야 하는 것입니다.

2절b: 내 하나님 앞에 네 행위의 온전한 것을 찾지 못하였노니

사데 교회는 하나님 보시기에 "행위가 온전하지 못했습니다." 행위가 온전(complete)하지 못했다는 것은 1) 행위의 순도 부족, 2) 행위의 거짓됨, 3) 믿음과 행위가 일치하지 못함을 의미할 수 있습니다.

3절a: 그러므로 네가 어떻게 받았으며 어떻게 들었는지 생각하고 지켜 회개하라

먼저 "기억하라"라고 하십니다. 사데 교회가 처음에 복음을 받을 때에 기쁨으로 주를 믿고 따랐던 그때의 순수한 신앙을 회복하라는 말씀입니다. 주님은 해이해진 사데 교회에 그들이 어떤 열정과 감격으로 처음에 복음의 소식을 들었는지를 기억하라고 말씀하십니다. 우리는 우리의 신앙의 기본을 회복해야 합니다. 기본으로 다시 돌아가야 합니다. 운동선수들이 슬럼프에 빠지면 기본자세부터 다시 연습합니다. 겉멋이 들었다는 것입니다. 남들에게 보이려고 하다가 그만 기본자세를 잊어버린 것입니다. 남들의 칭송에 그만 우쭐해져 버린 것입니다. 교만하게 하다가 그만 기초를 상실한 것입니다. 우리는 잘못되었으면 창피하다고 생각하지 말고 기초부터 다시 시작해야 합니다. 에베소 교회가 처음 사랑을 회복해야 했다면, 사데 교회는 처음 말씀, 전승, 교리, 복음을 다시금 기억해야 했습니다. 기초가 중요합니다. 기초가 흔들리면 그동안 쌓아놓은 것이 와르르 무너지는 것입니다. 그동안 쌓은 것이 아깝다고, 또 다시 쌓는 것이 부끄럽다고 하여 기초를 튼튼히 하지 않고 계속 쌓아나가다 보면 언젠가 무너지고 마는 것입니다.

주님의 두 번째 명령은 "지키라"입니다. 여기서 지키라는 말은 "순종하라"는 말입니다.

복음에 순종하여 이제 세 번째 명령 "회개하라"로 이어집니다. 주님은 사데 교회에 그들이 처음 들은 복음을 다시금 회상하고, 기억하고, 그 말씀에 순종하여 회개하라고 말씀하시는 것입니다.

3절b: 만일 일깨지 아니하면 내가 도둑 같이 이르리니 어느 때에 네게 이를는지 네가 알지 못하리라

이는 과거 사데가 도시 경계를 게을리 하여 두 번이나 적의 기습공격으로 망한 것에 빗대어서 하신 말씀입니다. 깨어나서 말씀에 비추어 회개하지 아니하고 행위의 온전함을 회복하지 아니하면 주님께서 갑자기 들이닥쳐 심판하신다는 것입니다. 주님께서 도둑같이 재림하신다는 것은 그 사건이 예고됨 없이 돌발적으로 발생할 것을 말하는 것입니다. 여기서의 우리의 관심은 도둑에 두는 것이 아니라 재림의 때의 돌발성과 긴박성을 강조하는 데 두어야 합니다. 성부 하나님 외에 그 어느 누구도 주님께서 언제 오시는지 알지 못하는 것입니다. 그러므로 우리는 늘 깨어 있어 자신의 신앙을 점검해야 하는 것입니다.

4절: 그러나 사데에 그 옷을 더럽히지 아니한 자 몇 명이 네게 있어 흰 옷을 입고 나와 함께 다니리니 그들은 합당한 자인 연고라

아무리 죽은 교회라 할지라도 하나님께서는 남은 자를 남겨두십니다. "옷을 더럽히지 아니하였다"는 것은 죄와 타협하지 아니하고 믿음의 정절을 굳게 지키며 하나님의 말씀을 지킨 것을 의미합니다. 그들은 "흰 옷을 입고 주님과 함께 거닐 것"입니다. "흰 옷"은 하늘의 것을 상징하는 표현인데, 그들이 입게 될 주님의 피로 깨끗하게 된 예복을 말하는 동시에, 그들이 하늘나라에서 누리게 될 영광을 상징하는 것입니다. 또한 "주님과 함께 거닌다"는 것은 주님과 아주 친밀한 교제를 나누며 동시에 주님의 영광에 동참한다는 의미입니다.

5절: 이기는 자는 이와 같이 흰 옷을 입을 것이요 내가 그 이름을 생명책에서 결코 지우지 아니하고 그 이름을 내 아버지 앞과 그의 천사들 앞에서 시인하리라

이기는 자에 대한 보상으로 세 가지를 말하고 있습니다. "흰 옷을 입게 될 것"과 "생명책에 이름이 기록되는 것"과 "하나님과 천사들 앞에서의 주님의 시인"이 바로 그것입니다. "흰 옷"은 잔치와 승리와 순결과 구원과 부활의 몸을 상징합니다. 마태복음 10장 32~33절에서 예수님께서 다음과 같이 말씀하셨습니다. "누구든지 사람 앞에서 나를 시인하면 나도 하늘에 계신 내 아버지 앞에서 그를 시인할 것이요 누구든지 사람 앞에서 나를 부인하면 나도 하늘에 계신 내 아버지 앞에서 그를 부인하리라." 우리 모두 복음을 다시금 회복하여 회개함을 통해 신앙 안에서 승리하는 자가 되어 주께서 주시는 놀라운 은혜와 복을 받아 누리기를 바랍니다.

6절: 귀 있는 자는 성령이 교회들에게 하시는 말씀을 들을지어다

7. 빌라델비아 교회(요한계시록 3:7~13)

7절a: 빌라델비아 교회의 사자에게 편지하라

빌라델비아 교회는 서머나 교회와 함께 책망은 없고 칭찬만 받은 교회입니다.

7절b: 거룩하고 진실하사 다윗의 열쇠를 가지신 이 곧 열면 닫을 사람이 없고 닫으면 열 사람이 없는 그가 이르시되

"거룩하다"라는 칭호는 하나님께 사용된 칭호입니다. 이사야 6:3 "(스랍들이) 서로 불러 이르되 거룩하다 거룩하다 거룩하다 만군의 여호와여 그의 영광이 온 땅에 충만하도다 하더라."

"진실하다"는 것은 주님에게는 거짓이 없으시며 특별히 언약에 있어서 성실하신 분이라는 의미입니다. 주님은 신실하게 당신의 약속을 지키시는 분이십니다.

"다윗의 열쇠를 가지신 이, 곧 열면 닫을 사람이 없고 닫으면 열 사람이 없는 그"라는 칭호는 요한계시록 1장 18절의 "사망과 음부의 열쇠를 가진 자"에서 가져온 것입니다. 열쇠란 권위와 관리권을 상징하는 말입니다. 특별히 다윗의 열쇠란 계시록에서는 메시아 왕권을 뜻하는 말로 사용되고 있습니다. 그러므로 예수님께서 "다윗의 열쇠를 가졌다"라는 것은 예수님께서 생명과 사망, 천국과 지옥, 세상의 모든 권세를 가지고 계심을 나타내는 것입니다. 즉, 은혜와 심판에 대한 그리스도의 궁극적인 처분권을 의미하는 것입니다. 인간의 생사화복과 역사를 주관하시는 분은 바로 주님이십니다. 사람이 역사를 주관하는 것이 아닙니다. 마태복음 16장 19절에 나오는 주님께서 베드로에게 천국 열쇠를 준다는 것은 베드로처럼 주님께 대한 신앙고백을 하는 성도들의 기도를 주님께서 들어주신다는 의미입니다. 그러므로 다윗의 열쇠, 사망과 음부의 열쇠, 천국 열쇠는 모두 다 그리스도의 궁극적 처분권을 의미하는 것입니다.

8절a: (그러므로) 볼지어다 내가 네 앞에 열린 문을 두었으되 능히 닫을 사람이 없으리라

여기서 "열린 문"이란 생과 사의 전권을 가지고 계신 주님께서 열어 놓으신 구원의 문을 말하는 것입니다. 천국의 열쇠를 가지신 주님께서 빌라델비아 교회에 생명의 문을 열어놓으셨다는 것입니다. 따라서 본 구절은 그리스도께서 빌라델비아의 기독교인들을 위해 영원한 하나님의 나라로 들어가는 문을 열어 놓았으므로 아무도 그것을 닫을 수 없다는 것을 말하는 것입니다.

8절b: 내가 네 행위를 아노니 네가 작은 능력을 가지고서도 내 말을 지키며 내 이름을 배반하지 아니하였도다

빌라델비아 교회가 칭찬 받은 이유는 그들이 주님의 말씀을 지키고 배반하지 않았기 때문입니다. "작은 능력"이란 믿음이 작거나 영적인 면에서 부족하다는 의미가 아니라, 교인 수나 교인들의 사회적 지위, 부, 영향력 등이 약하다는 것을 말하는 것입니다. 빌라델비아 교회는 작은 교회였습니다. 성도들 수도 적고 부요하지도 않았습니다. 학식도 많지 않고 사회적으로도 권세가 없는 아주 미약한 교회였습니다. 그러나 이러한 악조건에도 불구하고 빌라델비아 교회는 그리스도의 말씀을 충성되게 지키고 그의 이름을 부인하지 않았던 것입니다. 능력이 많다고 큰일을 하는 것이 아닙니다. 다윗이 골리앗을 무찌른 이유는 그가 싸움을 잘해서가 아닙니다. 그는 믿음이 컸던 것입니다.

9절: 보라 사탄의 회당 곧 자칭 유대인이라 하나 그렇지 아니하고 거짓말 하는 자들 중에서 몇을 네게 주어 그들로 와서 네 발 앞에 절하게 하고(주의 도에 굴복) 내가 너를 사랑하는 줄을 알게 하리라
언젠가는 사탄이 성도들의 발 앞에 꿇어 엎드릴 것입니다. 성도들이 세상을 주관할 것입니다. 사도행전 6:7 "하나님의 말씀이 점점 왕성하여 예루살렘에 있는 제자의 수가 심히 많아지고 허다한 제사장의 무리도 이 도에 복종하니라." 사도행전 14:1 "이고니온에서 두 사도가 함께 유대인의 회당에 들어가 말하니 유대와 헬라의 허다한 무리가 믿더라." 고린도전서 6:2-3 "성도가 세상을 판단할 것을 너희가 알지 못하느냐. 세상도 너희에게 판단을 받겠거든 지극히 작은 일 판단하기를 감당하지 못하겠느냐. 우리가 천사를 판단할 것을 너희가 알지 못하느냐. 그러하거든 하물며 세상 일이랴." 이사야 60:14 "너를 괴롭히던 자의 자손이 몸을 굽혀 네게 나아오며, 너를 멸시하던 모든 자가 네 발 아래 엎드려 너를 일컬어 여호와의 성읍이라, 이스라엘의 거룩한 이의 시온이라 하리라."

10절: 네가 나의 인내의 말씀을 지켰은즉 내가 또한 너를 지켜 시험의 때를 면하게 하리니 이는 장차 온 세상에 임하여 땅에 거하는 자들을 시험할 때라
"인내의 말씀을 지켰다"라는 것은 인내하라는 주님의 말씀을 빌라델비아 교회가 잘 지켰다는 것을 의미합니다.

"시험의 때"란 주님의 재림 전에 있을 환난을 말합니다.

"땅에 거하는 자들"이란 요한계시록에서는 항상 사탄에게 속하여 기독교인들을 박해하는 비기독교인들을 가리킬 때 사용하는 용어입니다.

"면하게 하리니"는 헬라어 원문에 "~로부터 지키리니"라는 εκ(out of)로 되어있지, 면제를 뜻하는 απο로 되어 있지 않습니다. 그러므로 "시험을 면하게 한다"는 것의 의미는 아예 시험이 없게 해주겠다는 말이 아니라, 시험 가운데에서 지키시고 보호해 주시겠다는 말씀입니다. 주님께서 당신의 백성들을 시험 가운데서 지켜주시는 것입니다.

11절: 내가 속히 오리니 네가 가진 것을 굳게 잡아 아무도 네 면류관을 빼앗지 못하게 하라.

주님께서 속히 오신다는 말씀이 요한계시록 곳곳에 기록되어 있습니다. 요한계시록 22:7 "보라 내가 속히 오리니 이 두루마리의 예언의 말씀을 지키는 자는 복이 있으리라." 요한계시록 22:12 "보라 내가 속히 오리니 내가 줄 상이 내게 있어 각 사람에게 그가 행한 대로 갚아 주리라." 요한계시록 22:20 "이것들을 증언하신 이가 이르시되 내가 진실로 속히 오리라 하시거늘 아멘 주 예수여 오시옵소서."

"네가 가진 것"이란 예수님에 대한 빌라델비아 교회의 신실한 태도를 의미하는 것입니다.

"면류관"은 마지막 때의 구원을 가리키는 것입니다.

여기서 성경은 아무리 모범적인 교회라 할지라도 하나님의 은혜로 이미 받은 구원을 잃어버릴 수 있다고 말하고 있습니다. 빌립보서 2:12 "그러므로 나의 사랑하는 자들아 너희가 나 있을 때뿐 아니라 더욱 지금 나 없을 때에도 항상 복종하여 두렵고 떨림으로 너희 구원을 이루라."

12절: 이기는 자는 내 하나님 성전에 기둥이 되게 하리니 그가 결코 다시 나가지 아니하리라. 내가 하나님의 이름과 하나님의 성 곧 하늘에서 내 하나님께로부터 내려오는 새 예루살렘의 이름과 나의 새 이름을 그이 위에 기록하리라.

첫째, 이기는 자는 하나님 성전의 기둥이 됩니다. "하나님 성전"은 하나님의 임재를 상징하는 것입니다. 요한계시록 21:22 "성 안에서 내가 성전을 보지 못하였으니 이는 주 하나님 곧 전능하신 이와 및 어린 양이 그 성전이심이라." 그리고 "기둥"은 안정성과 영구성을 상징하는 것입니다. 이는 하나님께서 성도의 구원을 확고하게 보장하신다는 말입니다. 또한 매우 중요한 사람을 가리켜서 우리는 기둥이라고 말합니다. 젊은이를 나라의 기둥이라 하고, 한 가정의 가장을 그 가정의 기둥이라 하지 않습니까? 그러므로 하나님 나라에서 중역을 담당하리라는 말씀입니다. 즉, 이기는 자는 반드시 마지막 때의 구원 공동체 안으로 들어가게 해 줄 뿐만 아니라, 그 안에서 중요한 자리를 차지하게 해주겠다는 약속의 말씀인 것입니다.

둘째, 이기는 자는 결코 다시 나가지 아니합니다. 빌라델비아에는 지진이 잦았고 그때마다 사람들은 집밖으로 도망 나가는 괴로움을 당하였습니다. 매일 불안하게 살았던 것입니다. 그러나 이기는 자는 하나님의 나라에서 다시 나가는 일이 없을 것입니다. 이는 하나님 나라의 안전함과 영원함을 확증해 주는 말이며, 구원의 확실함을 말하는 것입니다.

셋째, 하나님께서 이기는 자 위에 하나님의 이름, 새 예루살렘의 이름, 그리스도의 새 이름을 새기십니다. 이름을 새긴다는 것은 그 이름의 소유물이 된다는 의미입니다. 우리도 자신의 물건에 이름을 새기지 않습니까? 이기는 자에게 하나님의 이름을 새긴다는 것은 그가 하나님의 소유가 된다는 의미입니다. 새 예루살렘의 이름을 새긴다는 것은 그들이 새 예루살렘의 이름을 지니고 있기 때문에 구원의 때에 하나님의 새로운 도성의 시민권을 얻게 된다는 의미입니다. 그리스도의 새 이름을 새긴다는 것은 그리스도의 소유가 된다는 의미입니다. 이기는 자는 하나님과 그리스도의 이름을 지니고 있고 하나님과 그리스도의 소유가 되었기 때문에 파멸의 세력들 앞에서 보호를 받게 되는 것입니다.

13절: 귀 있는 자는 성령이 교회들에게 하시는 말씀을 들을지어다

8. 라오디게아 교회(요한계시록 3:14~22)

14절a: 라오디게아 교회의 사자에게 편지하라

라오디게아는 상업의 중심지, 금융의 중심지로서 부유하였습니다. 또한 비옥한 땅과 좋은 목초지를 가지고 있어서 아마포와 흑양모가 많이 생산되어 옷이 풍부하였습니다. 마지막으로 라오디게아에는 유명한 의학대학이 있었으며, 눈에 바르는 안약으로 유명했던 곳입니다. 이처럼 부유하고, 좋은 안약이 있으며, 옷이 풍부한 도시에 살던 라오디게아 교회가 정작 가난하고, 눈이 멀고, 벌거벗었다는 사

실은 참으로 아이러니가 아닐 수 없습니다.

14절b: 아멘이시요 충성되고 참된 증인이시요 하나님의 창조의 근본이신 이가 이르시되

본 절은 라오디게아 교회를 향한 주님의 모습을 묘사하고 있습니다. 먼저 주님은 "아멘"이십니다. 아멘의 의미가 무엇인가? 아멘은 언제 사용하는가?

1) 진술한 내용이 진실임을 확인할 때(truly, 진실로)

열왕기상 1:36 "여호야다의 아들 브나야가 왕께 대답하여 이르되 아멘(진실로) 내 주 왕의 하나님 여호와께서도 이렇게 말씀하시기를 원하오며."

2) 진술한 내용에 동의할 때(agreement)

민수기 5:22 "이 저주가 되게 하는 이 물이 네 창자에 들어가서 네 배를 붓게 하고 네 넓적다리를 마르게 하리라 할 것이요 여인은 아멘 아멘 할지니라."

3) 하나님께 송축을 드린 후에

역대상 16:36 "여호와 이스라엘의 하나님을 영원부터 영원까지 송축할지로다 하매 모든 백성이 아멘하고 여호와를 찬양하였더라."

4) 맹세를 확인할 때

느헤미야 5:12-13 "그들이 말하기를 우리가 당신의 말씀대로 행하여 돌려보내고 그들에게서 아무 것도 요구하지 아니하리이다 하기로 내가 제사장들을 불러 그들에게 그 말대로 행하겠다고 맹세하게 하고 내가 옷자락을 털며 이르기를 이 말대로 행하지 아니하는 자는 모두 하나님이 또한 이와 같이 그 집과 산업에서 털어 버리실지니 그는 곧 이렇게 털려서 빈손이 될지로다 하매 회중이 다 아멘 하고 여호와를 찬송하고 백성들이 그 말한 대로 행하였느니라."

5) 율법을 선포하고 거기에 동의할 때

신명기 27:15-26 "장색의 손으로 조각하였거나 부어 만든 우상은 여호와께 가증하니 그것을 만들어 은밀히 세우는 자는 저주를 받을 것이라 할 것이요 모든 백성은 응답하여 말하되 아멘 할지니라. 그의 부모를 경홀히 여기는 자는 저주를 받을 것이라 할 것이요 모든 백성은 아멘 할지니라. 그의 이웃의 경계표를 옮기는 자는 저주를 받을 것이라 할 것이요 모든 백성은 아멘 할지니라. 맹인에게 길을 잃게 하는 자는 저주를 받을 것이라 할 것이요 모든 백성은 아멘 할지니라. 객이나 고아나 과부의 송사를 억울하게 하는 자는 저주를 받을 것이라 할 것이요 모든 백성은 아멘 할지니라. 그의 아버지의 아내와 동침하는 자는 그의 아버지의 하체를 드러냈으니 저주를 받을 것이라 할 것이요 모든 백성은 아멘 할지니라. 짐승과 교합하는 모든 자는 저주를 받을 것이라 할 것이요 모든 백성은 아멘 할지니라. 그의 자매 곧 그의 아버지의 딸이나 어머니의 딸과 동침하는 자는 저주를 받을 것이라 할 것이요 모든 백성은 아멘 할지니라. 장모와 동침하는 자는 저주를 받을 것이라 할 것이요 모든 백성은 아멘 할지니라. 그의 이웃을 암살하는 자는 저주를 받을 것이라 할 것이요 모든 백성은 아멘 할지니라. 무죄한 자를 죽이려고 뇌물을 받는 자는 저주를 받을 것이라 할 것이요 모든 백성은 아멘 할지니라. 이 율법의 말씀을 실행하지 아니하는 자는 저주를 받을 것이라 할 것이요 모든 백성은 아멘 할지니라.”

6) 감격스러울 때

로마서 9:5 “조상들도 그들의 것이요 육신으로 하면 그리스도가 그들에게서 나셨으니 그는 만물 위에 계셔서 세세에 찬양을 받으실 하나님이시니라. 아멘.”

7) 편지 끝에

갈라디아서 6:18 “형제들아 우리 주 예수 그리스도의 은혜가 너희 심령에 있을지어다. 아멘.”
유다서 1:25 “곧 우리 구주 홀로 하나이신 하나님께 우리 주 예수 그리스도로 말미암아 영광과 위엄과 권력과 권세가 영원 전부터 이제와 영원토록 있을지어다. 아멘.”
로마서 16:27 “지혜로우신 하나님께 예수 그리스도로 말미암아 영광이 세세무궁하도록 있을지어다. 아멘.”

8) 하나님께 영광을 돌릴 때

고린도후서 1:20 "하나님의 약속은 얼마든지 그리스도 안에서 예가 되니 그런즉 그로 말미암아 우리가 아멘 하여 하나님께 영광을 돌리게 되느니라."

9) 기도가 끝난 후에

고린도전서 14:16 "그렇지 아니하면 네가 영으로 축복할 때에 알지 못하는 처지에 있는 자가 네가 무슨 말을 하는지 알지 못하고 네 감사에 어찌 아멘 하리요."

10) 확신할 때

요한계시록 1:7 "볼지어다. 그가 구름을 타고 오시리라. 각 사람의 눈이 그를 보겠고 그를 찌른 자들도 볼 것이요 땅에 있는 모든 족속이 그로 말미암아 애곡하리니 그러하리라. 아멘."

11) 예수님을 지칭할 때

요한계시록 3:14 "아멘이시요 충성되고 참된 증인이시요 하나님의 창조의 근본이신 이가 이르시되."

다음으로 주님은 "충성되고 참된 증인"이십니다. 예수님은 하나님의 말씀을 신실하게 그리고 있는 그대로 증거하신 분이십니다.

마지막으로 주님은 "하나님의 창조의 근본"(태초, 시작)이십니다. 여기서 말하는 근본(根本)이란 헬라어 "아르케"로, 근원(根源)이라는 뜻입니다. 이는 그리스도께서 모든 피조물들을 존재하게 한 원인(原因)이라는 의미입니다. 하나님의 창조는 그리스도와 연관이 있습니다. 이는 예수 그리스도의 선재(先在, pre-existence)사상과 창조의 중재직에 관한 사상을 상기시킵니다. 요한복음 1:3 “만물이 그로 말미암아 지은 바 되었으니 지은 것이 하나도 그가 없이는 된 것이 없느니라.” 골로새서 1장 15절과 18절에서도 예수 그리스도를 가리켜서 “모든 피조물보다 먼저 나신 자”, “그가 근본이시다.”라고 말하고 있습니다. 이는 예수님이 모든 피조물의 머리가 되신다는 의미입니다.

15~16절: 내가 네 행위를 아노니 네가 차지도 아니하고 뜨겁지도 아니하도다 네가 차든지 뜨겁든지 하기를 원하노라 네가 이같이 미지근하여 뜨겁지도 아니하고 차지도 아니하니 내 입에서 너를 토하여 버리리라

주님은 라오디게아 교회의 미지근한 신앙을 책망하십니다. 미지근하다는 것은 요한계시록 3장 19절의 말씀처럼 “열심이 없는 신앙태도”를 말하는 것입니다. 이는 라오디게아 교인들의 행위가 그 도시에 사는 다른 사람들과 별반 다를 것이 없다는 것을 가리키는 것입니다. 라오디게아 교회의 교인들은 우유부단(優柔不斷)한 태도로 살았습니다. 신앙의 결단을 내려야 할 때 그렇게 하지 못했던 것입니다. 고난을 두려워하고 신앙대로 살지를 못했던 것입니다. 그러므로 주님께서 뜨겁든지 차갑든지 하라는 것입니다. 한쪽을 분명히 택하라는 것입니다. 입장을 분명히 하라는 것입니다. 분명한 입장을 취하는 것은 영적인 열정과 밀접한 관련이 있습니다. 왜냐하면 영적인 열정의 결함은 위선적이며, 결단력이 없으며, 우유부단하고, 타협하며, 입으로만 고백하고, 기계적인 예배만이 있으며, 삶의 열매가 없기 때문입니다.

"그리스도의 입"은 "심판자로서의 그리스도"의 기능과 관련이 있습니다. 열심이 없는 교회, 태도가 분명치 못한 교회, 미지근한 교회는 주님께서 내치시는 것입니다.

그렇다면 라오디게아 교회의 신앙태도가 미지근하게 된 이유가 무엇일까요? 라오디게아 교회는 자기착각과 교만에 빠진 교회였습니다.

17절a: 네가 말하기를 나는 부자라 부요하여 부족한 것이 없다 하나

라오디게아 교회는 영적인 자만에 빠져 있었습니다. 라오디게아 교회는 외적인 박해도, 내적인 이단활동도 없는 신앙의 무풍지대(無風地帶)에서 부유하고 편리한 세속도시 안에 살면서 비장한 결단도, 불타는 열정도 없이 자기만족과 자아도취에 빠져 미지근한 신앙상태에 안주하고 있던 교회였습니다.

17절b: 네 곤고한 것과 가련한 것과 가난한 것과 눈먼 것과 벌거벗은 것을 알지 못하는도다

본 절은 라오디게아 교회의 실상을 말하고 있습니다. 라오디게아 교회는 자신들은 부요하다고 자부하였지만 실상은 영적으로 빈곤한 자들이었습니다. 그들은 좋은 안약을 가지고 있었으면서 실상은 보지 못하는 자들이었습니다. 좋은 옷을 입고 있다고 생각하였으나 사실은 벌거벗고 있었습니다.

18절: 내가 너를 권하노니 내게서 불로 연단한 금을 사서 부요하게

하고 흰 옷을 사서 입어 벌거벗은 수치를 보이지 않게 하고 안약을 사서 눈에 발라 보게 하라.

주님은 라오디게아 교회에 대하여 다음과 같이 권면하십니다.

첫째, 불로 연단한 금을 사라. 이는 영적인 가난을 회복하는 방법입니다. "불로 연단한 금"이란 "죄를 씻음으로 자신의 삶을 정결하게 하는 것"을 은유적으로 표현한 말입니다. 욥기 23:10 "그러나 내가 가는 길을 그가 아시나니 그가 나를 단련하신 후에는 내가 순금 같이 되어 나오리라." 말라기 3:3 "그가 은을 연단하여 깨끗하게 하는 자 같이 앉아서 레위 자손을 깨끗하게 하되 금, 은 같이 그들을 연단하리니 그들이 공의로운 제물을 나 여호와께 바칠 것이라." 라오디게아 교회에게 연단한 금을 사라고 한 것은 자신들의 삶을 정결하게 하여 영적인 부요를 얻으라고 촉구하는 것입니다.

둘째, 흰 옷을 입으라. 이는 벌거벗음을 회복하는 방법입니다. 라오디게아의 특산품인 흑양모로 만든 의류는 세계적으로 유명하였습니다. 그러나 주님께서는 라오디게아 교회가 "영적으로 벌거벗어 수치 가운데 있다"라고 말씀하시면서 주님께서 주시는 흰 옷을 입으라고 말씀하십니다. 흰 옷은 그리스도를 믿음으로 말미암아 입게 된 의의 옷입니다. 하늘나라에서 입게 될 영광스러운 옷입니다. 이 옷을 입을 때 우리의 수치가 가려지게 될 것입니다.

셋째, 안약(眼藥)을 바르라. 이는 눈먼 것을 회복하는 방법입니다. 라오디게아에서 생산되는 안약이 아니라 주님께서 주시는 진짜 안약을 발라 보라는 것입니다. 라오디게아 교회는 영안이 어두워져 영적 분별력이 결여되어 있었습니다. 자신의 영적인 가난함과 벌거벗음을 보지 못한 것입니다. 그들에게 필요한 것은 영적인 것을 볼 수 있는 영적인 통찰력인 것입니다.

19절: 무릇 내가 사랑하는 자를 책망하여 징계하노니 그러므로 네가 열심을 내라 회개하라

아직까지 주님은 라오디게아 교회를 사랑하십니다. 사랑하시기에 책망하시는 것입니다. 히브리서 12:6 "주께서 그 사랑하시는 자를 징계하시고 그가 받아들이시는 아들마다 채찍질하심이라." 잠언 3:11~12 "내 아들아 여호와의 징계를 경하게 여기지 말라. 그 꾸지람을 싫어하지 말라. 대저 여호와께서 그 사랑하시는 자를 징계하시기를 마치 아비가 그 기뻐하는 아들을 징계함같이 하시느니라." 여기서 말하는 책망은 일방적으로 꾸짖기만 하는 것이 아니라, 잘못을 깨우치게 하여 수긍하도록 만드는 것입니다. 그리하여 결국 자신의 잘못을 깨닫고 회개하도록 인도하는 것입니다. 하나님의 책망은 돌아옴과 회복을 그 목적으로 하는 책망인 것입니다.

20절: 볼지어다 내가 문 밖에 서서 두드리노니 누구든지 내 음성을 듣고 문을 열면 내가 그에게로 들어가 그와 더불어 먹고 그는 나와 더불어 먹으리라

우리는 여기서 인간을 찾아오시는 그리스도의 호소를 발견하게 됩니다. "두드린다"는 것은 계속적인 동작, 지속적인 동작을 나타냅니다. 주님은 지금도 계속하여 안일하고 나태해진 성도의 마음 문을 두드리시며 회개를 촉구하고 계시는 것입니다. 다음으로 본 절에서 우리는 주님의 요청에 대해 인간은 응답해야 된다는 사실을 알게 됩니다. 그리스도의 요청에 대해 인간은 응답할 수도, 응답하지 않을 수도 있습니다. 그리스도는 문을 부수고 들어오지 않으십니다. 문을 열고 주님을 모셔 들여야 하는 것입니다. 그리스도는 자신을 강요하지 않으시는 것입니다. 주님께서 문을 두드리는 유명한 그림을 그린 홀만 헌트의 그림에 보면 문손잡이가 없다는 것을 알게 됩니다. 안에서 열어주지 않으면 주님은 문을 열 수가 없는 것입니다. 인간의 마음의 문은 오직 안에서만 열 수 있는 것입니다.

"함께 먹는다"는 것은 용서와 애정과 화해와 신뢰와 친밀함의 표시입니다. 그러므로 "주님과 더불어 먹는다"는 것은 주님과의 축복된 교제, 친밀한 교제를 말하는 것이며, 궁극적으로는 마지막 때에 그리스도에게 속한 성도들이 그리스도와 함께 영원히 하나님 나라에서 식탁의 교제를 나누는 것을 의미하는 것입니다.

21절: 이기는 그에게는 내가 내 보좌에 함께 앉게 하여 주기를 내가 이기고 아버지 보좌에 함께 앉은 것과 같이 하리라

주님께서 이기시고 하나님 보좌에 함께 앉으신 것처럼 이긴 자는 주님의 보좌에 함께 앉게 될 것입니다. 주님의 보좌는 심판의 보좌이며, 권능과 주권의 보좌입니다. 그러므로 "주님의 보좌에 함께 앉게 해 주겠다"는 것은 주님이 가지신 영광에 동참하고 그리스도의 통치에 함께 참여할 것을 말하는 것입니다.

22절: 귀 있는 자는 성령이 교회들에게 하시는 말씀을 들을지어다

9. 보좌 위에 앉으신 이(요한계시록 4:1~11)

1절: 이 일 후에 내가 보니 하늘에 열린 문이 있는데 내가 들은바 처음에 내게 말하던 나팔 소리 같은 그 음성이 이르되 "이리로 올라오라. 이후에 마땅히 일어날 일들을 내가 네게 보이리라" 하시더라

"이 일 후에"라는 것은 요한이 소아시아 일곱 교회에 보낼 편지에 대한 계시를 받은 후에라는 뜻입니다. 요한은 요한계시록의 묵시적 본론부분을 이제부터 시작하는 것입니다.

묵시문학에서 "하늘 문이 열려 있다"라는 표현은 하늘의 비밀들을 선택된 사람들에게 계시할 때 사용하는 표현입니다. 하늘의 열린 문은 예언자적인 경험을 표현하는 말로 이해할 수 있습니다. 에스겔 1:1 "제삼십년 사월 오일에 내가 그발 강가 사로잡힌 자 중에 있더니 하늘이 열리며 하나님의 이상을 내게 보이시니"

성경에 나오는 하늘이 열린 예는 다음과 같습니다.

1) 예수님께서 세례 요한에게 세례를 받으실 때

누가복음 3:21 "백성이 다 세례를 받을새 예수도 세례를 받으시고 기도하실 때에 하늘이 열리며"

2) 스데반의 환상

사도행전 7:56 "말하되 보라 하늘이 열리고 인자가 하나님 우편에 서신 것을 보노라 한 대"

3) 베드로의 환상

사도행전 10:11 "하늘이 열리며 한 그릇이 내려오는 것을 보니 큰
보자기 같고 네 귀를 매어 땅에 드리웠더라."

"나팔 소리 같은 그 음성"은 요한계시록 1장 10절에 나오는 그리스
도의 음성입니다.

"이리로 올라오라"는 말씀은 세대주의자들이 말하는 것처럼 교회에
게 하신 말씀이 아니라(소위 그들이 말하는 휴거(the Rapture)가 아니
라), 요한 개인에게 하신 말씀입니다. 그 목적은 이후에 마땅히 일어
날 일들을 보이기 위함입니다.

"이후에 마땅히 일어날 일들"이란 요한계시록 1장 19절에 나오는
"장차 될 일"을 가리키는 표현입니다.

**2절: 내가 곧 성령에 감동되었더니 보라 하늘에 보좌를 베풀었고 그
보좌 위에 앉으신 이가 있는데**

"성령에 감동되었다"는 것은 "엔 프뉴마티", "성령 안에서"라는 뜻
입니다. 요한은 1장 10절처럼 다시 성령에 감동되어 환상을 보게 된
것입니다. 이는 요한의 영적 체험을 말하는 것입니다.

"하늘에 보좌를 베풀었고"는 "하늘에 한 보좌가 놓여 있고"라는 뜻
으로서, 신약에서 보좌라는 단어가 62회 등장하는데 그중 3/4에 해
당하는 47회가 요한계시록에 나옵니다.

"보좌 위에 앉으신 이"는 요한계시록에 모두 12회 나오는데 이는 요
한이 성부 하나님을 일컫는 표현방식입니다. "보좌"는 하나님의 왕

권, 주권, 통치에 대한 요한의 표현방식입니다. 여기에는 실제로 이 세상을 통치하는 분이 누구인가를 밝히려는 요한의 입장이 내포되어 있는 것입니다. 요한계시록 4장 11절의 하나님을 향한 찬양과 요한계시록 4장 8절의 "주 하나님"이라는 칭호는 로마 황제에 대한 찬양과 로마 황제의 칭호와 병행되는 말입니다. 이러한 맥락에서 볼 때 요한이 하나님의 유일하신 절대주권을 표현하기 위해 보좌라는 말을 사용했음을 알 수 있습니다. 지상의 보좌들은 하늘 보좌에 비하면 단지 미약한 모방과 흉내에 불과한 것입니다. 이 세상을 참으로 운행하는 자는 로마의 황제가 아니라, 하나님이신 것입니다.

3절: 앉으신 이의 모양이 벽옥과 홍보석 같고 또 무지개가 있어 보좌에 둘렸는데 그 모양이 녹보석 같더라

"앉으신 이의 모양이 벽옥과 홍보석 같고"에서 요한은 하나님의 모습을 보석들의 광채로 표현하고 있습니다. 하나님의 모습은 빛으로밖에는 묘사할 수 없는 것입니다. 보석들은 접근할 수 없는, 찬란한 빛에 둘러싸인 하나님의 위엄을 상징적으로 나타내고 있습니다. 시편 104:2 "주께서 옷을 입음 같이 빛을 입으시며", 디모데전서 6:16 "오직 그에게만 죽지 아니함이 있고 가까이 가지 못할 빛에 거하시고 어떤 사람도 보지 못하였고."

"무지개가 있어 보좌에 둘렸는데 그 모양이 녹보석 같더라"에서의 무지개는 우리에게 노아언약(창 9:8~17)을 상기시킵니다. 무지개는 하나님의 자비하심과 구원을 내포하는 것으로서 자신의 백성들에 대한 하나님의 약속이행의 성실성을 상징하는 것입니다. 그러므로 여기서의 무지개는 앞으로 있을 파멸의 환상들 속에서도 하나님께

서 노아언약을 완전히 잊으신 것이 아니라는 것을 말해주고 있는 것
입니다. 녹보석은 앞서 나온 벽옥과 홍보석과 마찬가지로 하나님의
영광의 빛남을 상징적으로 표현하는 것입니다.

**4절: 또 보좌에 둘려 이십사 보좌들이 있고 그 보좌들 위에 이십사
장로들이 흰 옷을 입고 머리에 금관을 쓰고 앉았더라**

흰 옷을 입고 금관을 머리에 쓴 24장로가 24개의 보좌 위에 앉아 있
다는 묘사는 다른 그 어디에서도 찾아볼 수 없는 내용입니다. 24장
로에 대한 언급은 요한계시록에 모두 12번 나오는데, 그들이 하는 일
은 하나님과 그리스도에게 찬송으로 영광을 돌리는 일(4:10~11; 5:8,
12, 14; 11:16~18; 19:4), 성도들의 기도를 그리스도께 전달하는 일(5:8),
그리고 요한에게 환상을 해석해 주는 일(5:7; 7:13~14) 등입니다.
24장로는 누구인가? 이들은 하나님을 가장 가까이서 모시고 있는
"천사 왕들(angelic kings)"9)입니다. 이들은 천사들 중에 가장 높은 계
급을 가진 존재들로서 요한계시록 5장 11절에 나오는 다른 천사들
과 구별되는 존재들입니다. 이들을 영화롭게 된 성도들로 보기는 어
렵습니다. 왜냐하면 요한계시록 7장 14절에서 요한이 이들 중 하나
에게 "내 주여"라고 말하고 있기 때문입니다.
이들을 왜 장로라고 부르는 것일까? 이는 이사야 24장 23절에 근거
한 말씀으로 해석됩니다. "그 때에 달이 수치를 당하고 해가 부끄러
워하리니 이는 만군의 여호와께서 시온 산과 예루살렘에서 왕이 되
시고 그 장로들 앞에서 영광을 나타내실 것임이라."

---

9) an exalted angelic order(or king) who serve and adore God.

24라는 숫자는 어디서 온 것인가? 이는 역대상 24장 7~18절의 24제
사장 반열과 역대상 25장 9~31절의 24찬양대 반열에서 비롯된 것으
로 보입니다. 왜냐하면 24장로가 성도들의 기도를 그리스도께 전달
하는 제의적 기능과 찬양의 기능을 하고 있기 때문입니다.

**5절: 보좌로부터 번개와 음성과 우렛소리가 나고 보좌 앞에 켠 등불
일곱이 있으니 이는 하나님의 일곱 영이라**

"보좌로부터 번개와 음성과 우렛소리가 난다"는 것은 하나님의 권
능과 영광과 임재를 상징하는 것입니다. 구약에서는 이러한 현상을
통해 하나님의 임재를 나타내는 것이 상례였습니다. 이것은 하나님
께서 천둥, 번개와 함께 불과 연기 가운데 강림하신 시내산의 위대
한 하나님의 임재를 상기시킵니다.

"보좌 앞에 켠 등불 일곱이 있으니 이는 하나님의 일곱 영이라"는
바로 성령을 가리킵니다.

**6절: 보좌 앞에 수정과 같은 유리 바다가 있고 보좌 가운데와 보좌
주위에 네 생물이 있는데 앞뒤에 눈들이 가득하더라**

"수정과 같은 유리 바다"는 1) 고귀함, 2) 깨끗함과 순결함, 3) 창조
주와 피조물 간의 크고 먼 거리를 나타냅니다.

"보좌 가운데와 보좌 주위에 네 생물"은 에스겔 1장 4~25절에서 유
래한 것입니다. 에스겔에서는 앞은 사람, 오른쪽은 사자, 왼쪽은 소,
뒤는 독수리의 얼굴을 한 네 생물이 등장합니다. 이 네 생물은 그룹
(케루빔)을 의미하는데(겔 10:20), 이것은 요한계시록 4장 7절의 네
생물의 모습과 일치합니다. 요한계시록 4장 7절 "그 첫째 생물은 사

자 같고 그 둘째 생물은 송아지 같고 그 셋째 생물은 얼굴이 사람 같고 그 넷째 생물은 날아가는 독수리 같은데"

"앞뒤에 눈들이 가득하다"는 것은 어떤 것도 그들의 눈에서 벗어날 수 없는 그들의 파수꾼의 기능을 말하는 것이다. 이들은 하나님 보좌 가까이에서 파수꾼의 사명을 담당하고 있는 것입니다.

8절: 네 생물은 각각 여섯 날개를 가졌고 그 안과 주위에는 눈들이 가득하더라 그들이 밤낮 쉬지 않고 이르기를 거룩하다 거룩하다 거룩하다 주 하나님 곧 전능하신 이여 전에도 계셨고 이제도 계시고 장차 오실 이시라 하고

"네 생물은 각각 여섯 날개를 가졌고 그 안과 주위에는 눈들이 가득하더라"에서 눈들이 가득하다는 표현을 반복한 것은 이 네 생물의 파수꾼 직책이 얼마나 중요한지를 보여주는 대목입니다.

한편 이들은 이사야 6장 2~3절의 스랍들(세라핌)과도 닮은 점이 있습니다. "스랍들이 모시고 섰는데 각기 여섯 날개가 있어 그 둘로는 자기의 얼굴을 가리었고 그 둘로는 자기의 발을 가리었고 그 둘로는 날며 서로 불러 이르되 거룩하다 거룩하다 거룩하다 만군의 여호와여 그의 영광이 온 땅에 충만하도다 하더라."

네 생물은 밤낮 쉬지 않고 끊임없이 찬양을 합니다. 이들의 찬양을 세 부분으로 나눌 수 있습니다.

1) "거룩하다 거룩하다 거룩하다" — 하나님의 거룩성 찬양

2) "전능하신 이" — 하나님의 전능성 찬양

3) "전에도 계셨고 이제도 계시고 장차 오실 이" — 하나님의 영원성 찬양

9절: 그 생물들이 보좌에 앉으사 세세토록 살아 계시는 이에게 영광과 존귀와 감사를 돌릴 때에

이들이 드리는 찬양의 내용은 "영광과 존귀와 감사"입니다.

10절: 이십사 장로들이 보좌에 앉으신 이 앞에 엎드려 세세토록 살아 계시는 이에게 경배하고 자기의 관을 보좌 앞에 드리며 이르되

24장로들이 자신의 관을 하나님께 벗어 드린다는 것은 하나님의 통치권을 인정하는 절대적인 복종과 경외를 나타내는 행동입니다.

11절: 우리 주 하나님이여 영광과 존귀와 권능을 받으시는 것이 합당하오니 주께서 만물을 지으신지라 만물이 주의 뜻대로 있었고 또 지으심을 받았나이다 하더라

하나님께서 우주만물을 창조하셨기 때문에 하나님만이 영광과 존귀와 권능을 받으실 만한 분이십니다.

10. 어린 양(요한계시록 5:1~14)

1절: 내가 보매 보좌에 앉으신 이의 오른손에 두루마리가 있으니 안팎으로 썼고 일곱 인으로 봉하였더라

하나님의 오른손에 있는 일곱 인으로 봉하여진 안팎으로 글이 써져 있는 두루마리가 과연 무엇인가? 이것은 에스겔이 소명 환상 중에 하나님으로부터 넘겨받은 두루마리에 대한 묘사와 유사합니다. 에스겔 2:9~10 "내가 보니 보라 한 손이 나를 향하여 펴지고 보라 그

안에 두루마리 책이 있더라. 그가 그것을 내 앞에 펴시니 그 안팎에 글이 있는데 그 위에 애가와 애곡과 재앙의 말이 기록되었더라.” 에스겔에 나오는 두루마리 책이 미래에 하나님의 심판과 판결의 계획에 대한 내용을 지니고 있는 것과 마찬가지로 요한계시록 5장에 나오는 두루마리 역시 6~18장까지 전개될 하나님을 향해 대적하는 세력들에 대한 하나님의 심판의 계획을 기록해 놓은 책입니다. 이 두루마리는 하나님의 섭리의 책이요, 세계의 운명의 책이요, 마지막 날에 일어날 일들을 기록하고 있으며, 세계의 역사를 미리 기록해 놓은 책입니다. 이것은 운명론, 결정론을 말하는 것이 아니라, 하나님에게는 이 우주에 대한 계획이 있고 섭리가 있다는 것을 말하고자 하는 것입니다.

이 책이 “안팎으로 글이 써졌다”는 것은 그 내용의 많다는 것을 말하는 것입니다.

이 책이 “일곱 인으로 봉하여졌다”는 것은 유대묵시문학의 “봉인 모티브”에서 그 유래를 찾아야 합니다. 다니엘 마지막 부분을 보면 다니엘이 책 전체를 봉해 두라는 지시를 받는 내용이 나옵니다. 다니엘 12:4 “다니엘아 마지막 때까지 이 말을 간수하고 이 글을 봉함하라.” 다니엘 12:9 “그가 이르되 다니엘아 갈지어다. 이 말은 마지막 때까지 간수하고 봉함할 것임이니라.” 묵시문학에서 하나님의 계시의 말씀을 봉인하는 것은 그 말씀이 여러 세대에 걸쳐 감추어져 있다가 마지막 때에야 비로소 사람들에게 알려지게 될 것임을 말하려는 의도가 담겨져 있습니다. 또한 그 내용이 마지막 때까지 알려지지 말아야 할 절대 불가침의 비밀이라는 것을 말하는 것입니다. 마지막으로 요한이 강조하고자 하는 것은 이 책에 기록된 마지막 때의 하나님의 계획은 오직 어린 양 예수 그리스도를 통해서만 밝혀지게 되리라는 것입니다. 이 책의 내용은 하나님만 아시는, 그리고 오직 그리스도만이 그 봉인을 떼어내고 펼칠 수 있는 절대비밀의 책인 것입니다. 여기에 완전수 7이 사용된 것도 바로 그러한 의미인 것입니다. 완전한 비밀에 붙여진 내용이라는 것입니다.

2절: 또 보매 힘 있는 천사가 큰 음성으로 외치기를 누가 그 두루마리를 펴며 그 인을 떼기에 합당하냐 하나

"힘 있는 천사"라는 표현은 이곳을 포함해서 요한계시록에 세 번(계 10:1; 18:21) 나옵니다. 이는 비교적 높은 위치에 있는 천사를 말하는 것으로 보입니다. 그는 봉인을 떼고 두루마리 책을 펴기에 합당한 자가 누구인지를 묻습니다. 여기의 "합당하다"라는 말은 적합한 자격을 가진 자가 누구인가 하는 것입니다.

3절: 하늘 위에나 땅 위에나 땅 아래에 능히 그 두루마리를 펴거나 보거나 할 자가 없더라

하늘 위 천상의 세계에도, 땅 위의 인간세계에도, 땅 아래 죽은 자들의 세계에도 봉인된 두루마리를 펴기에 합당한 자가 없는 것입니다. 온 우주 안에 봉인된 책을 펴기에 합당한 자가 없다는 말입니다.

4절: 그 두루마리를 펴거나 보거나 하기에 합당한 자가 보이지 아니하기로 내가 크게 울었더니

요한은 두 가지 이유에서 울었다고 볼 수 있습니다. 첫째는, 봉인된 두루마리 책이 펼쳐지지 않을 경우 이후의 계시를 알 수 없게 되기 때문에 몹시 낙담하여 운 것입니다. 둘째로, 하나님의 계시를 받을 만한 사람이 없다는 사실에 대해 운 것입니다. 이 세상에는 하나님의 예언적인 계시를 받을 만한 사람이 없다는 것입니다. 하나님은 하나님의 메시지를 받을 만한 사람이 없으면 메시지를 주실 수 없는 것입니다. 우리도 준비되어 있지 않다면 하나님께서 우리에게 당신의 말씀을 주시려고 해도 주실 수 없다는 사실을 명심해야 합니다.

5절: 장로 중의 한 사람이 내게 말하되 울지 말라 유대 지파의 사자 다윗의 뿌리가 이겼으니 그 두루마리와 그 일곱 인을 떼시리라 하더라
하나님은 장로 중 하나를 보내어 요한에게 울지 말라고 위로하십니다. 요한은 사실 울 필요가 없었습니다. 사람들은 가끔 쓸데없이 우는 경우가 있습니다. 그것은 충분히 알지 못함에서 기인하는 것입니다. 우리가 하나님을 믿고 기다린다면 하나님은 우리의 눈물의 원인을 해결해 주실 것입니다.

"유대 지파의 사자", "다윗의 뿌리"는 모두 메시아를 가리키는 칭호입니다. "유대 지파의 사자(lion)"는 창세기 49장 9~10절에서 유래한 표현으로서, 거기서 유다는 사자 새끼에 비유되어 만백성이 순종하게 될 참된 통치자가 올 때까지 통치권이 유다를 떠나지 아니할 것이라는 야곱의 유언이 기록되어 있습니다. 창세기 49:9~10 "유다는 사자 새끼로다. 내 아들아 너는 움킨 것을 찢고 올라갔도다. 그가 엎드리고 웅크림이 수사자 같고 암사자 같으니 누가 그를 범할 수 있으랴. 규가 유다를 떠나지 아니하며 통치자의 지팡이가 그 발 사이에서 떠나지 아니하기를 실로가 오시기까지 이르리니 그에게 모든 백성이 복종하리로다."

"다윗의 뿌리"는 "다윗의 조상"이라는 뜻으로 이사야 11장 10절의 말씀 "그날에 이새의 뿌리에서 한 싹이 나서 만민의 기치로 설 것이요 열방이 그에게로 돌아오리니 그가 거한 곳이 영화로우리라"로부터 유래한 말로서, 로마서 15장 12절에서 받아들여지고 요한계시록 22장 16절에서는 그리스도의 칭호로 사용됩니다. 요한계시록 22장 16절 "나 예수는 교회들을 위하여 내 사자를 보내어 이것들을 너희에게 증언하게 하였노라. 나는 다윗의 뿌리요 자손이니 곧 광명한 새벽 별이라."

"이겼다"는 것은 그리스도께서 단회적인 십자가의 죽음과 부활 사건을 통해 죄와 죽음과 사탄의 권세를 이겼다는 것을 말하는 것입니다. 이처럼 죄와 죽음을 이기시고 부활하신 그리스도만이 봉인된 일곱 인을 떼시고 마지막 역사의 계획이 들어 있는 두루마리를 펴실 수 있는 것입니다.

6절: 내가 또 보니 보좌와 네 생물과 장로들 사이에 한 어린 양(아르니온)이 서 있는데 일찍이 죽임을 당한 것 같더라 그에게 일곱 뿔과 일곱 눈이 있으니 이 눈들은 온 땅에 보내심을 받은 하나님의 일곱 영이더라

"어린 양"은 요한계시록에 29회 나타나며, 예수 그리스도를 가리킵니다. 초기 기독교 전통에서 그리스도는 출애굽의 유월절 어린 양으로 이해되었습니다. 고린도전서 5:7 "너희는 누룩 없는 자인데 새 덩어리가 되기 위하여 묵은 누룩을 내버리라. 우리의 유월절 양 곧 그리스도께서 희생되셨느니라."

"일찍이 죽임을 당한 것 같더라"에서 죽임을 당하다는 "도살당하다"

라는 뜻의 헬라어 "스파조"가 사용되었습니다.

"일곱 뿔"은 그리스도의 완전한 능력을 의미합니다. 뿔은 권력을 상징하는 것이고, 일곱은 완전수이기 때문입니다.

"일곱 눈"은 그리스도의 완전한 통찰력으로서 "하나님의 일곱 영", 즉 성령을 가리킵니다. 성령은 온 세상에 두루 행하는 여호와의 눈인 것입니다(슥 4:10).

7절: 그 어린 양이 나아와서 보좌에 앉으신 이의 오른손에서 두루마리를 취하시니라

어린 양이 하나님으로부터 두루마리 책을 받았다는 것은 이제 궁극적으로 마지막 때의 사건이 진행하게 됨을 의미하는 것입니다.

8절: 그 두루마리를 취하시매 네 생물과 이십사 장로들이 그 어린 양 앞에 엎드려 각각 거문고와 향이 가득한 금 대접을 가졌으니 이 향은 성도의 기도들이라

어린 양이 하나님으로부터 두루마리 책을 받아 들자 네 생물과 24장로가 어린 양 앞에 엎드려 경배를 드립니다. 그들은 거문고와 향이 가득한 금대접을 가지고 있습니다. 그 향은 성도들의 기도들입니다. 기도를 향에 비교하는 것은 시편 141편 2절에도 나옵니다. "나의 기도가 주의 앞에 분향함과 같이 되며 나의 손드는 것이 저녁 제사같이 되게 하소서."

이제 어린 양께 드리는 세 겹의 찬양이 울려 퍼집니다.

먼저 9~10절에서 "24장로들의 찬양"이 나옵니다.

9~10절: 그들이 새 노래를 불러 이르되 두루마리를 가지시고 그 인봉을 떼기에 합당하시도다 일찍이 죽임을 당하사 각 족속과 방언과 백성과 나라 가운데에서 사람들을 피로 사서 하나님께 드리시고 그들로 우리 하나님 앞에서 나라와 제사장들을 삼으셨으니 그들이 땅에서 왕 노릇 하리로다 하더라

"새 노래"라는 표현은 이사야 42장 10절의 말씀 "항해하는 자들과 바다 가운데의 만물과 섬들과 거기에 사는 사람들아 여호와께 새 노래로 노래하며 땅 끝에서부터 찬송하라"와 관련해서 생각할 수 있는 것인데, 이는 새로 지은 노래를 말하는 것이 아니라, 이전과는 전혀 다른 새로운 마음으로 부르는 노래를 의미합니다.

24장로들의 찬양의 주제는 어린 양이 "두루마리를 가지시고 그 인봉을 떼기에 합당하시다."는 것입니다.

그 이유로

① "일찍이 죽임(스파조)을 당하사" - 십자가의 대속의 죽음
   제물로 바쳐져 도살된 제물은 속죄력을 가지게 됩니다.

② "각 족속과 방언과 백성과 나라 가운데에서(구원의 보편성) 사람들을 피로 사서(속량) 하나님께 드리시고" - 십자가 사건의 해석(칭의) 어린 양 그리스도는 자신의 피로 죄의 값을 치르시고 사람들을 속량하여 하나님의 백성이 되게 하셨습니다.

③ "그들로 우리 하나님 앞에서 나라와 제사장들을 삼으셨으니 그들이 땅에서 왕 노릇 하리로다" - 십자가 사건의 결과
   성도들은 그리스도의 십자가의 죽음과 그의 피로 말미암아 하나님의 백성이 되었고, 하나님을 섬기는 제사장이 되었으며, 왕

노릇하게 된 것입니다.

이제 11~12절에 "천사들의 찬양"이 나옵니다.

11~12절: 내가 또 보고 들으매 보좌와 생물들과 장로들을 둘러 선 많은 천사의 음성이 있으니 그 수가 만만이요 천천이라 큰 음성으로 이르되 죽임을 당하신 어린 양은 능력과 부와 지혜와 힘과 존귀와 영광과 찬송을 받으시기에 합당하도다 하더라

"만만이요 천천이라"는 수효가 많음을 뜻하는 것입니다.

그리스도를 찬양하기 위해 7개의 명사들이 사용됩니다.

"능력(듀나미스)"과 "힘"은 "강함"을 나타내는 것인데, 이 능력과 힘은 오직 하나님에게만 사용되는 단어입니다.

"부(富)"는 고린도후서 8장 9절에서 그리스도를 가리키는 데 사용됩니다. "우리 주 예수 그리스도의 은혜를 너희가 알거니와 부요하신 이로서 너희를 위하여 가난하게 되심은 그의 가난함으로 말미암아 너희를 부요하게 하려 하심이라."

"지혜(소피아)"는 바로 성자 하나님을 가리키는 말입니다.

"존귀(티메)"는 고위층 사람들이 누리는 특권을 가리키는 말입니다.

"영광(독사)"은 존귀 쌍을 이루는 단어로써, 주로 하나님에게 사용되는 단어입니다.

"찬송"은 높이 칭송하는 것입니다.

마지막으로 13~14절에서 "전(全) 우주의 찬송"이 터져 나옵니다.

13~14절: 내가 또 들으니 하늘 위에와 땅 위에와 땅 아래와 바다 위

에와 또 그 가운데 모든 피조물이 이르되 보좌에 앉으신 이와 어린 양에게 찬송과 존귀와 영광과 권능을 세세토록 돌릴지어다 하니 네 생물이 이르되 아멘 하고 장로들은 엎드려 경배하더라.

11. 일곱 인(요한계시록 6:1~17)

이제부터 일곱 인, 일곱 나팔, 일곱 대접의 세 재앙 시리즈가 나타나게 됩니다. 여기에 나오는 재앙 묘사에는 시대적 배경을 암시하는 표현들, 유대교의 묵시문학적 도식에서 비롯된 표현들, 영적인 은유들, 그리고 신앙고백적인 언어들이 많이 사용되고 있습니다. 세 재앙 시리즈의 기록 목적을 다음 세 가지로 말할 수 있습니다.

① 요한은 그리스도인들에게 어떠한 박해와 환난 가운데서도 죽도록 충성하고 끝까지 인내하도록 촉구하고 있습니다.
② 요한은 불신자들에게 경고함으로써 회개할 것을 촉구하고 있습니다.
③ 세 재앙 시리즈는 하나님의 주권을 강조하고 어린 양 예수 그리스도의 왕권을 인정하고 있습니다.

1~2절: 내가 보매 어린 양이 일곱 인 중의 하나를 떼시는데 그때에 내가 들으니 네 생물 중의 하나가 우렛소리 같이 말하되 오라 하기로 이에 내가 보니 흰 말이 있는데 그 탄 자가 활을 가졌고 면류관을 받고 나아가서 이기고 또 이기려고 하더라

구약에서 하나님의 음성이 종종 우렛소리로 묘사됩니다. 여기서 네 생물 중의 하나가 우렛소리 같이 말하였다는 것은 하나님의 위임을 받아서 한 행동인 것입니다. 네 생물 중의 하나가 "오라"고 하자 흰 말과 그 말을 탄 자가 등장합니다.

"말"은 스가랴 1장 8~7절과 6장 1~8절에 근거한 상징으로서, 지상의 변동과 군세를 가리킵니다.

흰 말과 그 말을 탄 자가 누구인가에 대해서 많은 주장들이 있어 왔는데 다음의 세 가지가 대표적인 주장들입니다.

1) 그리스도라는 해석

① 요한계시록 19장 11절에서 그리스도가 백마를 타고 그의 적들을 패배시킵니다.

② 요한계시록 14장 14절에서 그리스도가 심판을 수행하기 위해 머리에 금 면류관을 쓰고 손에 낫을 들고 있습니다.

③ 요한계시록 3장 21절, 5장 5절, 17장 14절에서 그리스도는 이기는 자로 나타납니다.

④ 흰색은 천국과 관련된 색(흰 두루마기, 흰 옷, 흰 돌, 흰 구름, 흰 말, 흰 세마포, 흰 보좌 등)으로서 하나님과 그리스도 그리고 성도들의 순결과 승리를 상징합니다.

⑤ 첫째 말 탄 자에게는 다른 말 탄 자와는 다른 긍정적인 면이 있는데, 다른 세 말과는 달리 흰 말 뒤에는 아무런 재앙이 뒤따르지 않습니다.

그러나 흰 말 탄 자를 요한계시록 19장의 그리스도와 동일화시키기 어려운 이유는 봉인을 떼는 자가 어린 양 그리스도 자신인데, 그가 첫째 봉인을 떼었을 때 명령을 받아 자기 자신이 말 탄 자가 되어 나온다는 것이 우스꽝스러워 보이는 것입니다.

2) 복음의 승리라는 해석

마가복음 13장 10절에 의하면 세상의 끝이 오기 전에 "복음이 먼저 만국에 전파되어야 한다"라고 되어 있기 때문입니다.

3) 국제전쟁이라는 해석

본문에서는 그 말 탄 자가 활을 가졌고 이기고 또 이기려고 하였다는 사실과 다른 세 말과 마찬가지로 흰 말도 지상에 내리는 재앙이라는 맥락에서 볼 때 흰 말은 그 당시의 역사적 상황을 고려해서 생각해야 합니다. 요한 당시 주후 62년에 로마제국은 로마의 동쪽 변경인 유브라데강 부근에 살고 있던 팔디아와의 전쟁에서 패한 적이 있었습니다. 그 팔디아 군들은 기병이 막강했으며 백마를 타고 활을 가지고 달리면서 싸웠던 것입니다. 이로 인해 로마인들은 팔디아 군대를 두려워하게 되었으며 요한은 이를 사용하여 지상에 내릴 재앙을 묘사하고 있는 것입니다. 그러므로 여기서의 흰 말은 팔디아 군대의 말 색깔과 동일하므로 전쟁을 의미하는 색이며, 국제전쟁을 의미한다고 보아야 합니다.

3~4절: 둘째 인을 떼실 때에 내가 들으니 둘째 생물이 말하되 오라

하니 이에 다른 붉은 말이 나오더라 그 탄 자가 허락을 받아 땅에서
화평을 제하여 버리며 서로 죽이게 하고 또 큰 칼을 받았더라

여기서 붉은 색은 피를 상징합니다. 이는 죽음과 살육을 나타내는
것입니다. 붉은 말을 탄 자가 받은 "큰 칼"은 μαχαιρα(마카이라)인데
이는 암살용 단검을 의미합니다. 그런데 이 칼이 크다는 것은 암살
이나 살육이 많다는 것을 의미하는 것입니다. 요한 당시 네로가 죽
은 뒤 1년 사이에 3명의 황제가 서로를 죽이고 황제가 되었습니다.
그러므로 붉은 말은 내란, 혁명, 살육, 암살, 국내전을 의미합니다.

**5~6절: 셋째 인을 떼실 때에 내가 들으니 셋째 생물이 말하되 오라
하기로 내가 보니 검은 말이 나오는데 그 탄 자가 손에 저울을 가졌
더라 내가 네 생물 사이로부터 나는 듯한 음성을 들으니 이르되 한
데나리온에 밀 한 되요 한 데나리온에 보리 석 되로다 또 감람유와
포도주는 해치지 말라 하더라**

검은 색은 죽음을 나타내는 부정적인 색깔입니다.

"손에 저울을 가졌다"는 것은 저울은 곡식의 무게를 다는 도구인데,
이것을 손에 가졌다는 것은 양식이 귀하다는 것을 말하며, 이는 흉
년과 기근을 상징하는 것입니다. 에스겔 4:16 "인자야 내가 예루살
렘에서 의뢰하는 양식을 끊으리니 백성이 근심 중에 떡을 달아 먹고
두려워 떨며 물을 되어 마시다가" 레위기 26:26 "내가 너희가 의뢰
하는 양식을 끊을 때에 열 여인이 한 화덕에서 너희 떡을 구워 저울
에 달아 주리니 너희가 먹어도 배부르지 아니하리라."

"한 데나리온에 밀 한 되요, 한 데나리온에 보리 석 되"－한 되는 약
1리터로서 이는 한 사람의 하루 식량 소비량입니다. 한 데나리온은

장정 1인의 하루 품삯입니다. 한 데나리온으로 하루치 식량밖에 구입할 수 없는 것입니다. 이는 당시 곡물 값의 8배 이상 비싸게 주고 사는 것입니다. 이는 치솟는 물가고의 상승을 말하는 것입니다. "감람유와 포도주는 해치지 말라"는 것은 기근이 있는 가운데 기근이 없는 지역이 있을 것을 보여주는 것입니다. 오늘날에도 기근이 심한 곳이 있는 반면에 기근이 없는 곳이 있는 것입니다.

7~8절: 넷째 인을 떼실 때에 내가 넷째 생물의 음성을 들으니 말하되 오라 하기로 내가 보매 청황색 말이 나오는데 그 탄 자의 이름은 사망이니 음부가 그 뒤를 따르더라 그들이 땅 사분의 일의 권세를 얻어 검과 흉년과 사망과 땅의 짐승들로써 죽이더라

청황색은 푸르고 누런색으로 시체의 부패한 색깔을 상징합니다. 이는 악한 질병을 의미합니다. "그들이 땅 사분의 일의 권세를 얻어 검과 흉년과 사망과 땅의 짐승들로써 죽이더라"에서 검(劍)은 흰 말과 붉은 말과 관련이 있고, 흉년은 검은 말과 관련이 있으며, 사망은 청황색 말과 관련됩니다. 이는 에스겔 14장 21절의 영향을 받은 것으로 보입니다. "주 여호와께서 이같이 이르시되 내가 나의 네 가지 중한 벌 곧 칼과 기근과 사나운 짐승과 전염병을 예루살렘에 함께 내려 사람과 짐승을 그 중에서 끊으리니 그 해가 더욱 심하지 아니하겠느냐."

9~11절: 다섯째 인을 떼실 때에 내가 보니 하나님의 말씀과 그들이 가진 증거로 말미암아 죽임을 당한 영혼들이 제단 아래에 있어 큰 소리로 불러 이르되 거룩하고 참되신 대주재여 땅에 거하는 자들을 심판하여 우리 피를 갚아 주지 아니하시기를 어느 때까지 하시려 하

**나이까 하니 각각 그들에게 흰 두루마기를 주시며 이르시되 아직 잠
시 동안 쉬되 그들의 동무 종들과 형제들도 자기처럼 죽임을 당하여
그 수가 차기까지 하라 하시더라**

다섯째 인을 떼자 순교자들의 심판에 대한 탄원과 위로가 나타납니다.
"하나님의 말씀과 그들이 가진 증거로 말미암아 죽임을 당한 영혼
들"은 순교자들의 영혼들로서 그들은 지금 하늘나라에 있습니다. 믿
는 자는 죽음 이후 즉시로 하늘나라로 가서 주님의 품에서 안식을
누리는 것입니다. 그들은 하나님의 말씀과 주님께 대한 신앙을 지키
다가 죽은 자들입니다. 우리도 죽기까지 하나님을 사랑하고 우리의
신앙을 지키는 자가 되어야 하는 것입니다.

순교자들의 영혼이 "제단 아래에 있다"는 것은 그들의 생명인 피가
하나님께 제물로 드려졌다는 것을 의미하는 것입니다. 순교자의 생
명은 하나님께 드려지는 제사인 것입니다. 사도 바울에게서도 이러
한 사상을 볼 수 있습니다. 빌립보서 2:17 "만일 너희 믿음의 제물과
섬김 위에 내가 나를 전제(a drink offering)로 드릴지라도 나는 기뻐하
고 너희 무리와 함께 기뻐하리니" 디모데후서 4:6 "전제와 같이 내
가 벌써 부어지고 나의 떠날 시각이 가까웠도다" 또한 제단 아래는
하나님과 가장 가까운 자리인 것입니다.

"거룩하고 참되신 대주재"라는 표현은 하나님을 지칭하는 형용사입
니다. "대주재(데스포테스)"란 노예가 그 주인에 대하여 부르는 칭호
입니다. 통치자, 주권자, 주인, 상전이라는 뜻입니다. 하나님은 거룩
하시고 참되시고 통치자요 주권자이십니다.

"땅에 거하는 자들을 심판하여 우리 피를 갚아 주지 아니하시기를
어느 때까지 하시려 하나이까"는 순교자들의 탄원의 내용입니다.

"땅에 거하는 자들"이란 그리스도인들을 박해한 비그리스도인들을 가리키는 말입니다. 여기서의 순교자들의 탄원은 개인의 복수를 바라는 것이 아니라 하나님의 공의가 드러나 악을 물리쳐 주시기를 바라는 것입니다.

"각각 그들에게 흰 두루마기를 주시며"에서 흰 옷(두루마기)은 승리와 영생을 보증하는 옷으로 이기는 자에게 주어지는 보상의 상징입니다. 이는 순교자들의 존귀와 복을 재확인해주며 그들을 위로하고 격려해주는 것을 의미하는 것입니다.

"아직 잠시 동안 쉬되 그들의 동무 종들과 형제들도 자기처럼 죽임을 당하여 그 수가 차기까지 하라"라는 표현에서 보듯이 "심판이 있기 전까지 순교자의 일정한 수가 차야 한다"는 것은 고난이 그리스도인들에게 필요불가결한 것이라는 점과 그것이 시간적으로 한정되어 있다는 것을 말하는 것입니다. "잠시 동안"과 "차기까지"는 종말의 임박성과 신자의 인내해야 함을 동시에 말하고 있는 것입니다. 아직은 좀 더 기다려야 한다는 것입니다.

12~14절: 내가 보니 여섯째 인을 떼실 때에 큰 지진이 나며, 해가 검은 털로 짠 상복 같이 검어지고 달은 온통 피같이 되며 하늘의 별들이 무화과나무가 대풍에 흔들려 설익은 열매가 떨어지는 것 같이 땅에 떨어지며 하늘은 두루마리가 말리는 것 같이 떠나가고 각 산과 섬이 제 자리에서 옮겨지매

앞서 네 개의 봉인이 지상적, 역사적 맥락 안에서 발생하는 재앙들인 데 반하여, 본문의 재앙들은 우주적 재앙으로 그 지평이 확대되어 나타납니다. 여기에는 다섯 가지의 현상이 나타납니다.

1) "큰 지진이 나며"

이사야 선지자는 이사야 13장 13절에서 지진을 하나님의 심판의 맥락 속에서 언급합니다. "그러므로 나 만군의 여호와가 분하여 맹렬히 노하는 날에 하늘을 진동시키며 땅을 흔들어 그 자리에서 떠나게 하리니." 요한은 이런 배경 하에서 지진을 하나님의 날의 심판의 은유로 사용한 것입니다.

2) "해가 검은 털로 짠 상복 같이 검어지고 달은 온통 피 같이 되며"

해와 달이 변하는 것은 요엘 2장 31절에 언급된 것과 유사합니다. "여호와의 크고 두려운 날이 이르기 전에 해가 어두워지고 달이 핏빛 같이 변하려니와"

3) "하늘의 별들이 무화과나무가 대풍에 흔들려 설익은 열매가 떨어지는 것 같이 땅에 떨어지며"

고대인들은 별들이 하늘에 붙어있는 것으로 생각하였습니다. 고대 유대교에서 별들은 해와 달과 함께 우주 질서의 중요한 대들보로 간주되어 별들의 마지막은 곧 세계의 마지막을 의미하는 것으로 생각되었습니다.

4) "하늘은 두루마리가 말리는 것 같이 떠나가고"

하늘이 두루마기가 말리듯이 사라진다는 말입니다. 이러한 사상은 이사야 34장 4절에도 나와 있습니다. "하늘의 만상이 사라지고 하늘들이 두루마리 같이 말리되”

5) “각 산과 섬이 제 자리에서 옮겨지매”

“각 산과 섬이 제 자리에서 옮겨진다”는 것은 하나님의 나타나심 또
는 하나님의 심판의 맥락에서 나오는 것입니다.

**15~17절: 땅의 임금들과 왕족들과 장군들과 부자들과 강한 자들과
모든 종과 자유인이 굴과 산들의 바위틈에 숨어 산들과 바위에게 말
하되 우리 위에 떨어져 보좌에 앉으신 이의 얼굴에서와 그 어린 양
의 진노에서 우리를 가리라 그들의 진노의 큰 날이 이르렀으니 누가
능히 서리요 하더라**

15~17절까지는 이러한 우주적 재앙에 대한 사람들의 반응을 기록
하고 있습니다.

“땅의 임금들과 왕족들과 장군들과 부자들과 강한 자들과 모든 종
과 자유인이 굴과 산들의 바위틈에 숨어”라는 표현 속에는 일곱 계
층의 인간들이 나열되어 있습니다. 이들은 왕으로부터 종까지 모든
계층의 인간들을 포함하고 있으며, 이들은 요한계시록 6장 10절의
“땅에 거하는 자들”을 가리키는 것입니다. 이들은 사회 전체 사람들
가운데 그리스도인들을 제외한 불신자들을 말하는 것입니다. 그러
므로 하나님의 진노의 날에 두려워하는 자들은 불신자들이라는 점
을 요한은 말하고자 하는 것입니다.

“산들과 바위에게 말하되 우리 위에 떨어져 보좌에 앉으신 이의 얼
굴에서와 그 어린 양의 진노에서 우리를 가리라”는 불신자들이 산

과 바위를 향하여 자신들을 숨겨달라고 하는 이 장면은 호세아 10장 8절의 말씀 "그 때에 그들이 산더러 우리를 가리라 할 것이요 작은 산더러 우리 위에 무너지라 하리라"에 상응하는 장면입니다. 요한은 호세아를 인용하여 하나님의 진노 앞에서 두려워 떠는 자들을 묘사한 것입니다.

"그들의 진노의 큰 날이 이르렀으니 누가 능히 서리요"는 하나님의 진노의 날을 누가 견딜 수 있겠는가? 그 답은 아무도 견딜 수 없다는 것입니다. 그렇다면 그리스도인들은 어떻게 되는가? 그 답은 다음 장인 요한계시록 7장에 나옵니다. 바로 144,000명으로 상징되는 그리스도인들만이 하나님의 심판을 통과할 수 있는 것입니다.

12. 144,000명(요한계시록 7:1~8)

첫째부터 여섯째 봉인에서는 하나님을 대적하는 불신자들에 대한 재앙이 기록되어 있는 반면에 본 장에는 신실한 그리스도인들에 대한 하나님의 보호하심과 구원이 기록되어 있습니다.

1절: 이 일 후에 내가 네 천사가 땅 네 모퉁이에 선 것을 보니 땅의 사방의 바람을 붙잡아 바람으로 하여금 땅에나 바다에나 각종 나무에 불지 못하게 하더라

여기에 나오는 "네 천사"는 2절 말씀에 나와 있는 대로 "땅과 바다를 해롭게 할 권세를 받은" 천사들인데, 땅의 사방의 바람을 붙잡아 불지 못하게 함으로 아직 자신들의 역할을 보류하고 있는 상태입니다. 자연의 모든 힘을 하나님의 위임 아래 천사들이 관리한다는 생각이 당시 일반적인 사고였습니다.

"바람"은 격동과 재난과 멸망을 초래하는 힘을 상징합니다. 예레미야 49:36 "하늘의 사방에서부터 사방 바람을 엘람에 오게 하여 그들을 사방으로 흩으리니 엘람에서 쫓겨난 자가 가지 않는 나라가 없으리라." 다니엘 7:2~3 "다니엘이 진술하여 이르되 내가 밤에 환상을 보았는데 하늘의 네 바람이 큰 바다로 몰려 불더니 큰 짐승 넷이 바다에서 나왔는데 그 모양이 각각 다르더라." 스가랴 6:5 "천사가 대답하여 이르되 이는 하늘의 네 바람인데 온 세상의 주 앞에 서 있다가 나가는 것이라 하더라." 특별히 고대인들은 동서남북에서 불어오는 바람은 좋은 바람이지만, 모퉁이에서 대각선으로 불어오는 바람은 악하고 해로운 바람으로 생각했습니다.

"땅의 네 모퉁이"는 당시 사람들은 지구를 네 모퉁이를 가진 평평한 정사각형이나 직사각형으로 생각했으며 땅이 물 위에 떠 있다고 생각하였습니다.

"서 있다"는 것은 지금 준비하고 있는 자세를 표현하는 것입니다.

2~3절: 또 보매 다른 천사가 살아 계신 하나님의 인을 가지고 해 돋는 데로부터 올라와서 땅과 바다를 해롭게 할 권세를 받은 네 천사를 향하여 큰 소리로 외쳐 이르되 우리가 우리 하나님의 종들의 이마에 인치기까지 땅이나 바다나 나무들을 해하지 말라 하더라

네 천사 말고 다른 천사가 해 돋는 동쪽으로부터 올라옵니다. 해가 떠오르는 동쪽은 구원을 상징합니다. 에스겔 43장을 보면 하나님께서 성전의 동쪽 문을 통하여 성전으로 들어가시는 모습이 기록되어 있습니다.

"살아 계신 하나님의 인(印)"에서 인(印)은 보통 왕권을 상징하는 도장이나 인장반지를 의미합니다. 고대 사회에서는 자신의 소유에 대한 문서의 법률적 효력을 위해 인장을 사용하였습니다. 또 노예나 가축들에게 소유주의 인장 모양으로 낙인을 만들어 찍어서 그 소유를 표시하였습니다.

본 절 말씀에 "천사가 살아 계신 하나님의 인장을 가지고 하나님의 종들의 이마에 인을 친다"는 것은 그들이 하나님께 속한 사람으로서 하나님의 보호하심과 구원하심을 받는다는 의미가 들어 있는 것입니다. 본 절의 좋은 병행구절을 에스겔 9장 1~6절에서 찾아볼 수 있습니다. "또 그가 큰 소리로 내 귀에 외쳐 이르시되 이 성읍을 관할하는 자들이 각기 죽이는 무기를 손에 들고 나아오게 하라 하시더라. 내가 보니 여섯 사람이 북향한 위 문 길로부터 오는데 각 사람의 손에 죽이는 무기를 잡았고 그중의 한 사람은 가는 베옷을 입고 허리에 서기관의 먹그릇을 찼더라. 그들이 들어와서 놋 제단 곁에 서더라. 그룹에 머물러 있던 이스라엘 하나님의 영광이 성전 문지방에 이르더니 여호와께서 그 가는 베옷을 입고 서기관의 먹그릇을 찬 사람을 불러 여호와께서 이르시되 너는 예루살렘 성읍 중에 순행하여 그 가운데에서 행하는 모든 가증한 일로 말미암아 탄식하며 우는 자의 이마에 표(ㄲ, 타우)를 그리라 하시고 그들에 대하여 내 귀에 이르시되 너희는 그를 따라 성읍 중에 다니며 불쌍히 여기지 말며 긍휼을 베풀지 말고 쳐서 늙은 자와 젊은 자와 처녀와 어린이와 여자를 다 죽이되 이마에 표 있는 자에게는 가까이하지 말라. 내 성소에서 시작할지니라 하시매 그들이 성전 앞에 있는 늙은 자들로부터 시작하더라." 하나님의 인을 맞은 자는 하나님께 속한 사람들이기 때문에 이 땅에서의 위험과 시련과 고난 등으로부터 하나님의 특별한 보호를 받게 되는 것입니다. 인을 맞은 자들은 앞으로 있을 일곱 나팔의 재앙과 일곱 대접의 재앙을 두려워할 필요가 없습니다. 그 환난들은 교회를 핍박하는 악한 세력을 향한 것이지 그리스도인들을 향한 것이 아니기 때문입니다. 왜냐하면 요한계시록 9장 4절에 "이마에 하나님의 인침을 받지 아니한 사람들만 해하라"라고 기록되어 있기 때문입니다. 그러나 그리스도인들이 이러한 재앙으로부터 제외된다는 뜻은 아닙니다. 그리스도인들도 이 재앙을 함께 겪을 것입니다. 요한계시록 7장 14절 말씀처럼 큰 환난을 경험하게 될 것입니다. 그러나 하나님께서 그 가운데 지켜 보호하시는 것입니다. 유월절의 죽음의 사자가 어린 양의 피가 발라져 있는 집을 넘어가듯이, 고센 땅에는 하나님의 재앙이 내리지 않은 것처럼 환난 가운데 하나님의 돌보심과 보호하심이 함께 하는 것입니다.

그렇다면 여기서 말하는 "인(印)"은 무엇을 의미하는가? 두 가지 해석이 있어왔습니다. 첫째는 "성령"을 의미한다는 것입니다. 고린도후서 1:22 "그(하나님)가 또한 우리에게 인치시고 보증으로 우리 마음에 성령을 주셨느니라." 에베소서 1:13 "그(그리스도) 안에서 너희도 진리의 말씀 곧 너희의 구원의 복음을 듣고 그 안에서 또한 믿어 약속의 성령으로 인치심을 받았으니." 에베소서 4:30 "하나님의 성령을 근심하게 하지 말라. 그(성령) 안에서 너희가 구원의 날까지 인치심을 받았느니라." 둘째는 교회에서 행하는 "세례"를 의미한다는 것입니다. 세례라는 예식을 통해 신자는 예수님을 자신의 구주로 공적으로 인정하고 선포함으로 교회 공동체의 일원이 되며, 하나님의 소유가 되고, 하나님의 보호와 통치를 받게 되는 것입니다.

그리스도인은 성부로부터 "보호의 인"을 맞은 자들이고, 성자로부터 "소유의 인"을 맞은 자들이고, 성령으로부터 "확인의 인"을 맞은 자들입니다.

4절: 내가 인침을 받은 자의 수를 들으니 이스라엘 자손의 각 지파 중에서 인침을 받은 자들이 144,000이니

"인침을 받는다"에 해당하는 헬라어 "스프라기조"는 현재완료분사형으로서 과거의 행동이 현재에까지 영향을 미치는 것을 의미합니다. 성경은 인침을 받은 자들의 수가 144,000명이라고 말하고 있습니다. 여호와의 증인들은 이것을 문자적으로 해석하여 144,000명만 구원받는다고 말합니다. 그러나 144,000은 두 말할 것도 없이 상징수입니다. 이 수는 $12 \times 12 \times 10^3$인데, 12는 하나님의 백성의 수인 동시에 구원의 수입니다. 12×12는 구약과 신약을 통틀어 구원받는 하나님의 백성을 가리키고 1,000은 10^3으로 충만함을 의미하는 것입니다. 그러므로 144,000은 구원받은 하나님의 백성을 가리키는 상징수입니다. 하나님은 택하신 모든 사람들을 다 구원하십니다. 하나님의 구원에는 한계가 없습니다. 하나님은 아무도 멸망치 않고 다 회개하여 구원받기를 원하시는 것입니다(벧후 3:9).

요한계시록 7장 5~8절을 볼 때 144,000명은 구원받을 유대인의 숫자가 아니냐는 견해도 있지만 그렇지 않습니다. 왜냐하면 요한계시록 7장 9절에서 하나님의 백성들이 "각 나라와 족속과 백성과 방언에서" 나온다고 하였기 때문입니다. 물론 요한은 이스라엘의 12지파를 언급하는 가운데 이스라엘의 12지파가 장차 예수 그리스도를 믿고 구원에 이르게 될 것이라는 유대 기독교인들의 전통을 받아들입니다. 그러나 이는 단순히 과거 이스라엘 12지파의 회복을 말하는 것이 아니라, 영적인 이스라엘의 12지파로 비유되는 새 이스라엘, 교회와 관련시켜 말하고 있는 것입니다.

5~8절: 유다 지파 중에 인침을 받은 자가 일만 이천이요
르우벤 지파 중에 일만 이천이요
갓 지파 중에 일만 이천이요
아셀 지파 중에 일만 이천이요
납달리 지파 중에 일만 이천이요
므낫세 지파 중에 일만 이천이요
시므온 지파 중에 일만 이천이요
레위 지파 중에 일만 이천이요
잇사갈 지파 중에 일만 이천이요
스불론 지파 중에 일만 이천이요
요셉 지파 중에 일만 이천이요
베냐민 지파 중에 인침을 받은 자가 일만 이천이라
본문에 나오는 12지파의 명단은 원래 12지파의 명단과 비교해 볼 때 다음과 같은 차이점이 있습니다.

1) 르우벤 대신 유다 지파가 제일 앞에 나옵니다

이것은 메시아 되시는 예수 그리스도가 유다 지파로부터 나왔기 때문입니다.

2) 단 지파가 빠져 있습니다

구약에서 단 지파는 그리 높은 위치를 차지하지 못하는 것을 보게 됩니다. 그들은 사사기 18장에 기록된 대로 자주 우상숭배와 연관됩니다. 야곱도 단에 대해 유언하기를 "단은 길섶의 뱀이요, 샛길의 독사로다. 말굽을 물어서 그 탄 자를 뒤로 떨어지게 하리로다"라고 말하고 있습니다(창 49:17). 예레미야 8장 16절에 흥미로운 구절이 나오는데 "그 말의 부르짖음이 단에서부터 들리고 그 준마들이 우는 소리에 온 땅이 진동하며 그들이 이르러 이 땅과 그 소유와 성읍과 그중의 주민을 삼켰도다"라고 하고 있습니다. 이 구절에 나오는 말이 후에 적그리스도로 해석되어 적그리스도가 단 지파에서 나올 것으로 믿게 되었던 것입니다.

3) 므낫세 지파가 있음에도 불구하고 요셉 지파를 집어넣었습니다

요셉 지파는 므낫세 지파와 에브라임 지파로 구성되어 있습니다.

모든 지파가 공히 12,000명인 이유는 차별 없는 구원을 의미하는 것입니다.

13. 셀 수 없는 큰 무리(요한계시록 7:9~17)

9절: 이 일 후에 내가 보니 각 나라와 족속과 백성과 방언에서 아무도 능히 셀 수 없는 큰 무리가 나와 흰 옷을 입고 손에 종려 가지를

들고 보좌 앞과 어린 양 앞에 서서

앞 절에는 이스라엘의 모든 지파에서 나오는 144,000명이 언급되는 반면에 여기서는 모든 나라와 족속과 백성과 방언에서 나온 아무도 능히 셀 수 없는 큰 무리가 등장합니다. 이에 대해 어떤 주석가들은 144,000명을 유대인 기독교인들로, 그리고 본문에 나오는 큰 무리를 이방인 기독교인들 및 구원받은 자들로 보기도 하지만, 그러한 구별은 별로 합당치 않아 보입니다. 144,000명이나 본문에 나오는 큰 무리나 다만 표현에 있어서 차이가 있을 뿐 모두 다 구원받은 하나님의 백성, 그리스도인들을 가리키는 것입니다. 또한 큰 무리를 순교자들에 국한하여 생각하려는 시도가 있는데 이 또한 설득력이 약합니다. 요한계시록 3장 5절을 보면 순교자만이 아니라 이기는 모든 자에게 흰 옷이 주어지는 것입니다. "손에 종려가지를 들었다"는 것은 승리를 상징하는 것입니다. 그러므로 본문에 나오는 큰 무리는 환난과 핍박을 믿음으로 이기고 승리한 모든 그리스도인들을 가리킨다고 보아야 하는 것입니다.

10절: 큰 소리로 외쳐 이르되 구원하심이 보좌에 앉으신 우리 하나님과 어린 양에게 있도다 하니

큰 무리의 찬양의 내용입니다. 여기서 말하는 구원은 종말론적인 최종적인 승리의 구원을 말하는 것입니다. 오직 구원과 승리는 하나님과 그리스도에게 있다는 말입니다.

11~12절: 모든 천사가 보좌와 장로들과 네 생물의 주위에 서 있다가 보좌 앞에 엎드려 얼굴을 대고 하나님께 경배하여 이르되 "아멘

찬송과 영광과 지혜와 감사와 존귀와 권능과 힘이 우리 하나님께 세세토록 있을지어다 아멘" 하더라

11~12절에는 모든 천사들의 찬양이 등장합니다. 여기에는 하나님께 대한 7개의 찬사, 즉 찬송과 영광과 지혜와 감사와 존귀와 권능과 힘이 등장합니다. 이 7가지 찬사는 요한계시록 5장 12절의 목록과 비교해 볼 때 "부" 대신 "감사"가 들어가 있는 것 외에는 동일합니다. 여기 천사들의 찬양은 앞의 큰 무리들의 찬양에 대한 화답송의 성격이 있습니다.

13절: 장로 중 하나가 응답하여 나에게 이르되 이 흰 옷 입은 자들이 누구며 또 어디서 왔느냐

이제 각 나라와 족속과 백성과 방언에서 나온, 흰 옷을 입고 손에는 종려 가지를 든 아무도 능히 셀 수 없는 이 큰 무리가 누구인가에 대한 질문이 제기됩니다.

14절a: 내가 말하기를 내 주여 당신이 아시나이다 하니

장로의 질문에 대하여 요한은 대답해 줄 것을 다시 장로에게 요구합니다. 천사를 "주"라고 부른 것은 신성(神性)의 표시가 아니라 단지 존경의 의미입니다.

14절b: 그가 나에게 이르되 이는 큰 환난에서 나오는 자들인데 어린 양의 피에 그 옷을 씻어 희게 하였느니라

본 절은 9절의 "각 나라와 족속과 백성과 방언에서 나온, 흰 옷을 입고 손에는 종려 가지를 든 아무도 능히 셀 수 없는 큰 무리"에 대한 해석입니다. 이들은 환난과 핍박을 견디고 신앙을 지킨 그리스도인들입니다.

"어린 양의 피"는 구원의 의미를 담고 있는 예수 그리스도의 죽음을 말하는 것입니다. 그러므로 셀 수 없는 큰 무리는 바로 예수 그리스도의 대속의 죽음과 그 피 흘림을 믿음으로 말미암아 죄와 죽음으로부터 구원받은 그리스도인들인 것입니다.

"옷이 희게 되었다"는 것은 순결과 승리를 상징하는 것입니다.

"옷을 씻는다"는 것은 인간의 할 일을 말하는 것입니다. 인간을 구원하는 것은 그리스도의 일입니다. 그러나 인간은 어린 양의 피에 그 옷을 빨아야 합니다. 어떻게 그것이 가능합니까? 1) 회개를 통해서, 2) 믿음을 통해서, 3) 은혜의 수단(말씀, 기도, 성례)을 통해서 가능합니다.

15절: 그러므로 그들이 하나님의 보좌 앞에 있고 또 그의 성전에서 밤낮 하나님을 섬기매 보좌에 앉으신 이가 그들 위에 장막을 치시리니

본 절부터 마지막 17절까지는 요한계시록 21~22장처럼 그리스도인들이 받게 될 마지막 때의 구원의 모습입니다.

혹자는 요한계시록 21장 22절에 새 하늘과 새 땅에는 성전이 없다고 하는데, 본 절에 나오는 성전은 무엇인가라고 질문할 수 있을 것입니다. 요한은 하늘나라 자체를 하나의 성전으로 보고 있는 것입니다. 왜냐하면 주 하나님과 어린 양이 친히 성전이 되시기 때문입니다(계 21:22). 또한 본 절에서 말하는 성전은 하나님께 대한 그리스도인의 끊임없는 예배를 말하는 상징적인 표현인 것입니다.

"밤낮 하나님을 섬기매"에서 하나님을 섬기는 일은 제사장과 레위인들만 하는 일입니다. 그런데 하늘나라에서는 각 나라와 족속과 백성과 방언에서 나온 사람들이 모두 다 하나님께 가까이 나아가서 영원토록 하나님과 함께 있으면서 하나님을 섬기며 살 수 있게 된 것입니다. 하늘나라에서는 유대인이나 이방인이나 구별이 없는 것입니다. 이는 천국의 보편성을 말하는 것입니다.

"보좌에 앉으신 이가 그들 위에 장막을 치신다"는 구절의 말씀은 에스겔 37장 27절의 인용으로 보입니다. "내 처소가 그들 가운데에 있을 것이며 나는 그들의 하나님이 되고 그들은 내 백성이 되리라", "장막을 친다"는 것은 "함께 산다, 함께 거주한다"라는 의미로서 하나님의 임재(쉐키나)를 말하는 것입니다. 하나님께서 그리스도인들과 영원히 함께 하시고 함께 사시는 것입니다.

16~17절a: 그들이 다시는 주리지도 아니하며 목마르지도 아니하고 해나 아무 뜨거운 기운에 상하지도 아니하리니 이는 보좌 가운데에 계신 어린 양이 그들의 목자가 되사 생명수 샘으로 인도하시고

본 절은 이사야 49장 10절의 차용입니다. "그들이 주리거나 목마르지 아니할 것이며 더위와 볕이 그들을 상하지 아니하리니 이는 그들을 긍휼히 여기는 이가 그들을 이끌되 샘물 근원으로 인도할 것임이라." 원래 이사야에 나오는 이 구절은 바벨론으로부터 이스라엘로 귀환하는 사람들을 위로하고 격려하기 위해서 이사야가 출애굽 당시 이스라엘을 향하신 하나님의 돌보심과 보호하심을 회상하는 가운데 기술한 것인데, 이것을 지금 요한이 다시 그리스도인들을 위한 것으로 표현하고 있는 것입니다.

요한은 이사야에 나오는 "그들을 긍휼히 여기는 이"를 "보좌 가운데에 계신 어린 양"으로 바꾸어 놓음으로 해서 그리스도인을 보호하시고 돌보시는 이가 바로 그리스도라는 사실을 강조하고 있습니다. 어린 양의 역할은 그들의 목자가 된다는 것입니다. "목자와 양"의 도식은 "하나님과 그의 백성"의 관계를 설명할 때 자주 사용하는 도식입니다. 목자가 양을 돌보듯이 하나님께서 그 백성을 돌보신다는 것입니다.

목자 되신 어린 양 그리스도께서 하시는 일은 바로 그리스도인들을 "생명수 샘"으로 인도하는 것입니다. "생명수 샘(물)"은 요한계시록 21장 6절에도 나옵니다. 그리고 요한계시록 22장 1절에는 이와 비슷한 표현인 "생명수의 강"이 나오는데, 이 강은 하나님과 어린 양의 보좌로부터 흘러나온다라고 기록하고 있습니다. 이로 보건대 본 절의 "생명수 샘으로 인도한다"는 것은 바로 하나님과 그리스도와의 영원한 교제 가운데로 인도한다는 것을 의미하는 것입니다.

17절b: 하나님께서 그들의 눈에서 모든 눈물을 씻어 주실 것임이라
마지막으로 하나님께서 그리스도인들의 눈에서 눈물을 닦아 주실 것입니다. 본 절의 말씀은 이사야 25장 8절의 말씀 "주 여호와께서 모든 얼굴에서 눈물을 씻기시며"에서 취하여진 것으로 보입니다. 이와 같은 표현이 요한계시록 21장 4절에도 나옵니다. "모든 눈물을 그 눈에서 닦아 주시니."

그리스도인들에게는 다시는 "사망이나 애통하는 것이나 곡하는 것이나 아픈 것이 있지 아니할" 것입니다.

14. 첫째~넷째 나팔(요한계시록 8:1~13)

1절: 일곱째 인을 떼실 때에 하늘이 반시간쯤 고요하더니

주님께서 일곱 번째 인을 떼시자 약 반시간 동안 하늘에 침묵이 흐릅니다. 반시간은 상징적인 수이며, 한 시간의 절반으로 짧은 기간을 의미합니다. 여기서 일곱째 봉인은 일곱 나팔 재앙으로 넘어가는 연결고리와 같은 역할을 합니다.

반시간 동안 고요한 "하늘의 고요함"은 무엇을 의미하는가?

1) 하늘의 고요함은 하나님께서 성도들의 기도를 들으시는 시간입니다. 앞으로의 일곱 나팔 재앙은 성도들의 기도가 하나님에게 응답되어 내려지는 재앙입니다.

2) 하늘의 고요함은 새로운 환난을 대기하는 고요함입니다. 폭풍전야의 고요함입니다. 긴장감을 더욱 돋우어 주는 고요함입니다. 이는 극적인 고요함입니다. 영화 같은 데서도 보면 어떤 극적인 일이 발생하기 전에 고요하지 않습니까? 그와 같은 고요함인 것입니다.

여기서 우리가 또 하나 알 수 있는 것은 하나님은 고요함 가운데서도 역사하신다는 것입니다.

2절: 내가 보매 하나님 앞에 일곱 천사가 서 있어 일곱 나팔을 받았더라

유대교에서는 하나님 앞에 서있는 일곱 천사들은 일곱 천사장들이며, 그들의 이름은 "우리엘, 라파엘, 라구엘, 미가엘, 사라카엘, 가브리엘, 레미엘”로 봅니다(에녹 1서 20:2~8).

일곱 천사가 하나님 앞에 “서있다”는 것은 하나님의 명령이 떨어지면 즉시로 행동할 준비가 되어있음을 말하는 것입니다.

“나팔”은 하나님께서 역사에 개입하신다는 의미이며, 경고의 의미를 가지고 있습니다.

3절: 또 다른 천사가 와서 제단 곁에 서서 금향로를 가지고 많은 향을 받았으니 이는 모든 성도의 기도와 합하여 보좌 앞 금 제단에 드리고자 함이라

일곱 천사와는 다른 천사가 많은 향이 담긴 금향로를 가지고 제단 옆에 서 있습니다. 이 천사가 받은 많은 향은 모든 성도들의 기도와 함께 보좌 앞에 있는 금 제단에 드리기 위한 것입니다. 향제물에는 정화와 속죄의 의미가 담겨져 있습니다.

4절: 향연이 성도의 기도와 함께 천사의 손으로부터 하나님 앞으로 올라가는지라

요한계시록 5장 8절에서는 향과 성도의 기도가 동일한 것으로 기술되어 있지만, 본 절에서의 향의 연기는 성도의 기도와 동일한 것으로 여겨지지 않고 성도들의 기도가 하나님께 더 잘 상달되도록 돕는 역할을 하고 있습니다.

본 절에 나오는 성도의 기도의 내용은 요한계시록 6장 10절에 나오는 순교자들의 외침과 같은 불신자들에 대한 하나님의 신속한 의의 심판을 요청하는 기도로 생각됩니다.

5절: 천사가 향로를 가지고 제단의 불을 담아다가 땅에 쏟으매 우레와 음성과 번개와 지진이 나더라

본 절은 에스겔 10장 2절을 연상시킵니다. "하나님이 가는 베 옷을 입은 사람에게 말씀하여 이르시되 너는 그룹 밑에 있는 바퀴 사이로 들어가 그 속에서 숯불을 두 손에 가득히 움켜 가지고 성읍 위에 흩으라." 요한은 에스겔에 나오는 "불순종하는 이스라엘에 대한 하나님의 진노"의 표상을 차용하여 지금 "불신자들에 대한 하나님의 형벌"로 사용하고 있는 것입니다.

천사가 성도들의 기도와 함께 하나님께 올려드린 향을 담은 향로에 제단의 불을 담아다가 땅에 쏟았다는 것은 이 형벌이 성도들의 기도의 응답임을 말하고 있는 것입니다.

"하늘로부터 땅에 떨어지는 불"은 종종 심판과 형벌을 상징하는데 (창 19:24~25; 왕하 1:10, 12, 14; 시 11:6; 살후 1:8), 불을 땅에 쏟는 장면은 앞으로 닥쳐올 일곱 나팔 재앙을 예고하는 것입니다.

"우레와 음성과 번개와 지진"은 하나님 현현(theophany) 시 나타나는 전형적인 수반현상들입니다. 이것들은 하나님 심판의 전조인 것입니다.

6절: 일곱 나팔을 가진 일곱 천사가 나팔 불기를 준비하더라

이제부터 일곱 나팔의 재앙이 시작됩니다. 그런데 여기서 우리가 한 가지 주의해야 할 것은 일곱 인, 일곱 나팔, 일곱 대접 재앙들이 연대기적으로, 시간 순서적으로 발생하는 것이 아니라는 것입니다. 이는 여섯째 인의 내용(계 6:12~14)이 첫째 나팔보다 더 종말적이라는 사실만 보아서도 알 수 있습니다.

"일곱 인 재앙"은 예수님의 재림 시까지 임하게 될 일반적인 재앙,

재림의 징조에 관한 것이고, "일곱 나팔 재앙"은 그 가운데 신자들을 박해하는 불신자들에 대한 보복과 형벌로써 신자들의 기도의 응답적인 차원에서 내리는 재앙입니다.

또한 일곱 나팔 재앙은 지구의 1/3만을 해치는 부분적인 재앙입니다. 이 재앙의 목적은 불신자들에 대한 형벌의 의미도 있지만, 그 재앙이 경고를 의미하는 나팔이라는 점을 생각해볼 때 이 재앙은 불신자들을 심판하면서도 그들에게 회개의 기회를 주는 재앙입니다. 경고성의 이 재앙을 당하는 가운데 깨닫고 하나님께 돌아오기를 바라는 것입니다.

일곱 나팔 재앙은 뒤에 나오는 일곱 대접 재앙과 상당부분 유사합니다. 일곱 나팔 재앙을 심화 발전시킨 것이 바로 일곱 대접 재앙인 것입니다. 다른 점이 있다면, 전자는 예비적이고 후자는 최종적이며, 전자는 부분적이고 후자는 전체적이며, 전자는 회개할 기회가 있으나 후자는 회개할 기회가 더 이상 없다는 것이며, 전자는 그 정도가 약하나 후자는 완전한 성취인 것입니다.

일곱 나팔 재앙은 일곱 대접 재앙과 함께 출애굽 당시의 열 가지 재앙과 상당부분 닮은 것을 볼 수 있습니다.

<pre>
첫째 나팔   ─출애굽의 일곱 번째 재앙(우박)
둘째, 셋째 나팔 ─첫 번째 재앙(물이 피가 됨)
넷째 나팔   ─아홉 번째 재앙(흑암, 어두움)
다섯째 나팔   ─여덟 번째 재앙(황충, 메뚜기)
</pre>

7절: 첫째 천사가 나팔을 부니 피 섞인 우박과 불이 나와서 땅에 쏟아지매 땅의 삼분의 일이 타 버리고 수목의 삼분의 일도 타 버리고

각종 푸른 풀도 타 버렸더라.

피 섞인 우박과 불이 땅에 쏟아짐 ➜ 땅과 나무의 1/3이 타 버리고 각종 푸른 풀이 타 버림.

요한계시록 6장 8절에서는 땅의 1/4이 재앙을 당하였는데, 여기서는 1/3이 재앙을 당하는 모습을 보게 됩니다. 하나님의 심판과 진노의 강도가 점점 더 세어지는 것을 볼 수 있습니다.

8~9절: 둘째 천사가 나팔을 부니 불붙는 큰 산과 같은 것이 바다에 던져지매 바다의 삼분의 일이 피가 되고 바다 가운데 생명 가진 피조물들의 삼분의 일이 죽고 배들의 삼분의 일이 깨지더라

불붙는 큰 산과 같은 것이 바다에 던져짐 ➜ 바다의 1/3이 피가 되고, 바다의 피조물들의 1/3이 죽고, 배들의 1/3이 깨짐.

10~11절: 셋째 천사가 나팔을 부니 횃불 같이 타는 큰 별이 하늘에서 떨어져 강들의 삼분의 일과 여러 물샘에 떨어지니 이 별 이름은 쓴 쑥이라 물의 삼분의 일이 쓴 쑥이 되매 그 물이 쓴 물이 되므로 많은 사람이 죽더라

횃불같이 타는 쓴 쑥이라 불리는 큰 별이 강들의 1/3과 여러 물샘에 떨어짐 ➜ 물의 1/3이 쓴 물이 되어 많은 사람이 죽음.

"쑥"은 구약성경에서 하나님의 심판에 대한 은유로 사용됩니다. 예레미야 23:15 "그러므로 만군의 여호와께서 선지자에 대하여 이와 같이 말씀하시니라. 보라 내가 그들에게 쑥을 먹이며 독한 물을 마시게 하리니 이는 사악이 예루살렘 선지자들로부터 나와서 온 땅에 퍼짐이라."

12절: 넷째 천사가 나팔을 부니 해 삼분의 일과 달 삼분의 일과 별들의 삼분의 일이 타격을 받아 그 삼분의 일이 어두워지니 낮 삼분의 일은 비추임이 없고 밤도 그러하더라

해, 달, 별들의 1/3이 어두워지고 낮과 밤의 1/3이 어두워졌습니다.

13절: 내가 또 보고 들으니 공중에 날아가는 독수리가 큰 소리로 이르되 땅에 사는 자들에게 화, 화, 화가 있으리니 이는 세 천사들이 불어야 할 나팔 소리가 남아 있음이로다 하더라.

13절은 네 번째 나팔과 다섯 번째 나팔 사이에 삽입된 삽경입니다. 1~4번째 나팔 재앙은 땅, 바다, 강, 해, 달, 별과 같은 자연계에 발생하는 재앙인 반면에, 이제 5~7번째 나팔 재앙은 땅에 사는 자들, 즉 불신자 자체에 대한 재앙이 되는 것입니다. 앞의 재앙들은 자연계에 대한 재앙이었으나, 다음 재앙들은 인간계, 특별히 불신자들에 대한 재앙이며, 앞의 재앙들은 인간들에 대한 간접적인 재앙이었으나, 다음 재앙들은 불신자들에 대한 직접적인 재앙들이며, 앞의 재앙들은 경고적인 재앙들이었으나, 다음 재앙들은 심판적인 재앙들인 것입니다.

"독수리"는 불운(不運)을 예고하는 새입니다. 마태복음 24:28 "주검이 있는 곳에는 독수리들이 모일 것이니라."

15. 다섯째 나팔(요한계시록 9:1~12)

1절: 다섯째 천사가 나팔을 불매 내가 보니 하늘에서 땅에 떨어진 별 하나가 있는데 그가 무저갱의 열쇠를 받았더라

성서학자들 사이에 "하늘에서 땅에 떨어진 별"이 무엇을 의미하는가에 대하여 두 가지 견해로 나뉘어 있습니다.

첫째는 "하늘에서 땅에 떨어진 별"을 요한계시록 20장 1~3절에 나오는 무저갱을 담당하는 천사로 보는 견해입니다. "땅에 떨어졌다"고 하는 것은 타락했다는 의미가 아니라, 하나님의 명령을 받고 그 명령을 수행하기 위해 땅에 내려온 것으로 보는 것입니다. 유대교 전통에 의하면 무저갱을 담당한 천사는 천사장 중의 하나인 "우리엘"이라고 합니다.

또 다른 견해는 이 "하늘에서 땅에 떨어진 별"을 요한계시록 9장 11절에 나오는 "황충들의 왕", "무저갱의 사자(천사)"로 보는 것입니다. 즉, 타락한 천사인 사탄과 동일시하는 것입니다. 이렇게 보는 이유는 먼저 "별"은 유대교 전통에서 신적인 존재인 동시에 악마적인 존재로 인식되기 때문입니다.

그러나 이 "별"을 20장 1절에 나오는 "천사"와 동일시할 수 없는 이유는 여기서는 분명히 악마적인 의미를 가진 "별"이라고 말하고 있는 반면에 20장에서는 "천사"라고 또한 분명히 말하고 있으며, 여기서는 하늘에서 땅에 "떨어졌다"라고 말하는 반면에 20장에서는 하늘로부터 "내려왔다"라고 표현하고 있기 때문입니다. 떨어진 것과 내려온 것은 다르다는 것입니다. 떨어진 것은 타락했음을 의미하는 것이고, 내려온 것은 하나님의 사명을 받아 임무를 띠고 지상에 온 것을 말하기 때문입니다.

어쨌든 다섯째 나팔을 통해 무저갱이 열리게 된 것입니다.

2절: 그가 무저갱을 여니 그 구멍에서 큰 화덕의 연기 같은 연기가

올라오매 해와 공기가 그 구멍의 연기로 말미암아 어두워지며

무저갱(無底坑)이란 "밑바닥이 없는 구덩이"를 가리키는데 헬라어로
는 ἄβυσσος(아뷧소스; boundless, bottomless, the place of the dead), 영
어로는 abyss, 심연(深淵)을 가리킵니다. 고대인들은 이 세상이 하늘
과 땅과 지하세계로 이루어져 있다고 보았습니다. 그리고 지하세계
는 죽은 자들이 가는 곳으로 인식하였습니다. 고대인들은 무저갱이
불로 가득 차 있어서 열면 연기가 올라오고 그 연기로 인해 해가 어
두워진다고 생각하였습니다. 초기 유대교 묵시사상에서 무저갱은
악령들의 감옥으로 등장합니다. 무저갱은 하데스/스올과 동일시되
며, 귀신들이 갇혀 있는 장소이고 사탄의 거처입니다. 요한계시록
20장 1~3절에 의하면 사탄이 이 무저갱에 천 년 동안 갇히게 됩니
다. 무저갱, 즉 "아뷧소스"는 히브리어 "테홈"을 번역한 말인데, 테
홈은 "깊은 바다", "깊은 대양"을 의미합니다. 이처럼 무저갱은 바다
와 동일시되는데, 이는 요한계시록 13장 1절에서 적그리스도인 짐승
이 바다에서부터 나온다는 사실을 볼 때 바다로부터 나오는 짐승이
악마적인 존재라는 사실을 짐작게 하는 것입니다. 요한계시록에서
무저갱은 한정된 형벌의 장소입니다. 무저갱은 최후의 심판 때까지
악령과 거짓선지자와 짐승과 사탄이 형벌을 받는 곳입니다. 그들은
최후의 심판 이후 하나님을 대적하는 무리들의 최종적인 형벌의 장
소인 불과 유황 못, 즉 지옥에 들어가게 될 것입니다.

**3절: 또 황충이 연기 가운데로부터 땅 위에 나오매 그들이 땅에 있
는 전갈의 권세와 같은 권세를 받았더라**

"황충(蝗蟲)"(locust)은 헬라어로 ἀκρίς(아크리스)라고 하는데, 이는

"메뚜기"를 의미합니다. 성경에서 메뚜기는 파멸과 위협의 상징으로 사용되는데, 특별히 요엘 1~2장에서는 세상 마지막인 여호와의 날에 임할 재앙으로 메뚜기 재앙을 말하고 있습니다. 그런데 여기서의 메뚜기는 자연에 사는 곤충 메뚜기를 말하는 것이 아니라, 악령의 세력에 속한 존재를 가리키며, 이것이 아빗소스에서 나왔다는 것은 악마적인 재앙과 고통임을 말하는 것입니다.

본문에서 메뚜기가 전갈의 권세를 가졌다라고 말하고 있습니다. 이 이유는 5절에 나와 있듯이 아빗소스에서 나온 메뚜기들은 사람을 죽이지는 못하고 다섯 달 동안만 괴롭힐 수 있는 권세를 받았는데, 그 괴롭게 하는 아픔이 마치 전갈이 사람을 쏠 때의 아픔과 같기 때문입니다. 여기서 전갈도 메뚜기와 마찬가지로 악마적인 표상으로 사용되고 있음을 알 수 있습니다. 누가복음 10장 19절에도 전갈은 뱀과 함께 악마적인 것의 상징으로 사용되고 있는 것입니다. "내가 너희에게 뱀과 전갈을 밟으며 원수의 모든 능력을 제어할 권능을 주었으니 너희를 해칠 자가 결코 없으리라."

4절: 그들에게 이르시되 땅의 풀이나 푸른 것이나 각종 수목은 해하지 말고 오직 이마에 하나님의 인침을 받지 아니한 사람들만 해하라 하시더라

메뚜기들은 땅에 있는 풀이나 나무는 해치지 말고 하나님의 인치심을 받지 아니한 사람들만 괴롭히라는 명령을 받습니다. 여기서 우리가 알 수 있는 것은 마귀의 역사는 하나님의 인침을 받은 성도들을 해치지 못한다는 것입니다. 또한 메뚜기 재앙의 공격 목표는 자연계가 아니라 불신자들이라는 것입니다.

5절: 그러나 그들을 죽이지는 못하게 하시고 다섯 달 동안 괴롭게만 하게 하시는데 그 괴롭게 함은 전갈이 사람을 쏠 때에 괴롭게 함과 같더라

여기서 우리는 하나님께서 불신자들을 심판하시는데 악한 세력을 사용하신다는 사실을 알 수 있습니다.

"다섯 달"에서 5라는 숫자는 충만함과 완전함을 상징하는 완전수 10의 절반으로서 "다섯 달"이란 길지 않은 한정된 환난의 기간, 고난의 기간을 말하는 것입니다.

6절: 그 날에는 사람들이 죽기를 구하여도 죽지 못하고 죽고 싶으나 죽음이 그들을 피하리로다

메뚜기로 인해 고통당하는 자들의 반응을 말하고 있습니다. 한시적이기는 하지만 메뚜기가 주는 고통은 엄청나서 불신자들이 차라리 죽기를 바랄 정도인 것입니다. 그러나 죽지는 않는다라고 말하고 있습니다. 여기서 우리는 이 메뚜기의 재앙의 목적이 불신자들을 죽이기 위한 것이 아니라, 고통을 통해 자신들의 잘못을 깨닫고 회개하고 하나님께로 돌아오게 하기 위함이라는 사실을 알게 됩니다. 그러나 불신자들은 이러한 고통 가운데에서도 자신들의 죄를 회개하지 않는 것입니다(계 9:20~21).

7절: 황충들의 모양은 전쟁을 위하여 준비한 말들 같고 그 머리에 금 같은 관 비슷한 것을 썼으며 그 얼굴은 사람의 얼굴 같고

사도 요한은 7~10절까지 메뚜기의 모양을 서술하고 있습니다. 그들의 모양이 "전쟁을 위하여 준비한 말과 같다"는 것은 요엘 2장 4절의 말씀 "그의 모양은 말 같고 그 달리는 것은 기병 같으며"를 취한 것인데, 메뚜기가 군마(軍馬)와 같다는 것은 그 재앙의 위세가 빠르고 강력하다는 것을 말하는 것입니다.

"머리에 금 같은 관을 썼다"는 것은 메뚜기들의 강력한 권세를 말하는 것으로서, 자신들의 목적을 반드시 성취하는 권세를 받았음을 의미하는 것입니다. 그들은 왕의 권세로 자신들의 할 일을 수행하는 것입니다.

"사람의 얼굴을 가졌다"는 것은 여기의 메뚜기가 단순히 곤충이 아니라 생각하는 존재라는 것을 말하는 것인데, 사람이 피조물 중 가장 지혜롭고 지성적인 존재이므로 메뚜기가 지혜롭게 자신의 임무를 수행함을 말하는 것입니다.

8절: 또 여자의 머리털 같은 머리털이 있고 그 이빨은 사자의 이빨 같으며

"여자의 머리털"은 긴 머리털을 말하는데, 이는 매력(魅力)과 활력(活力)을 상징하는 것입니다. 이러한 매력과 활력으로 사람들을 유혹하는 것입니다. 사람들이 이러한 죄와 악의 아름다움에 미혹되어 따라가다가 멸망을 당하게 되는 것입니다.

"사자의 이빨"이라는 표현은 요엘 1장 6절의 말씀 "다른 한 민족이 내 땅에 올라왔음이로다. 그들은 강하고 수가 많으며 그 이빨은 사자의 이빨 같고 그 어금니는 암사자의 어금니 같도다"를 차용한 것인데, 거기서는 이스라엘을 침략하는 이방민족을 가리키나 여기서는 그러한 표상을 통해 메뚜기 재앙의 사나움과 잔인함과 파괴력을 말하고자 하는 것입니다.

9절: 또 철 호심경 같은 호심경이 있고 그 날개들의 소리는 병거와 많은 말들이 전쟁터로 달려 들어가는 소리 같으며

"철 호심경"은 가슴을 방어하는 갑옷인데 이는 메뚜기의 막강한 방어력을 말하는 것으로써, 결코 무찌를 수 없는 무적임을 말하는 것입니다. 즉, 이 재앙을 그 어느 누구도 물리칠 수 없다는 것입니다. "메뚜기들의 날개소리가 전쟁터로 달려 들어가는 소리와 같다"는 것은 두려움을 모르는 위세와 공격력을 말하는 것입니다.

10절: 또 전갈과 같은 꼬리와 쏘는 살이 있어 그 꼬리에는 다섯 달 동안 사람들을 해하는 권세가 있더라

여기의 메뚜기들은 자연의 메뚜기와는 달리 전갈처럼 쏘는 침이 있는 꼬리를 지니고 있습니다. 이는 메뚜기 재앙의 치명적인 공격력을 말하는 것입니다. 여기서 말하는 불신자들이 당하는 해받음이 무엇인지 정확히 알 수 없으나 주님 재림하시기 전에 불신자들이 당하는 유례없는 악마적인 어떤 고통을 말하는 것입니다.

11절: 그들에게 왕이 있으니 무저갱의 사자(앙겔로스)라 히브리어로는 그 이름이 아바돈이요 헬라어로는 그 이름이 아볼루온이더라

메뚜기들이 무저갱의 사자를 그들의 왕으로 모시고 있음을 말함으로 이 메뚜기 재앙이 궁극적으로 악마적인 세력임을 보여주고 있습니다.

여기서의 "사자"는 "앙겔로스"인데, 요한계시록 9장 1절에 나오는 하늘에서 떨어진 천사는 아닌 것으로 보입니다. 그 이름이 히브리어로는 "아바돈", 헬라어로는 "아볼루온"이라 불린다고 기록하고 있습

니다. "아바돈"은 "멸망"이라는 뜻이며, "아볼루온"의 정확한 발음은 "아폴뤼온"인데 이는 "파괴자"라는 뜻입니다. 메뚜기의 왕은 악마적인 세력을 가진 파괴자인 것입니다.

12절: 첫째 화는 지나갔으나 보라 아직도 이 후에 화 둘이 이르리로다.

요한계시록 8장 13절에 나오는 독수리가 말한 세 가지 화 중에 첫 번째 화가 끝난 것입니다. 이제 여섯째, 일곱째 나팔 재앙이 남은 것입니다.

16. 여섯째 나팔(요한계시록 9:13~21)

13절: 여섯째 천사가 나팔을 불매 내가 들으니 하나님 앞 금 제단 네 뿔에서 한 음성이 나서

여섯째 나팔을 불자 바로 재앙이 등장하는 것이 아니라, 하나님 앞 금 제단 네 뿔에서 한 음성이 들려옵니다. 여기서 "하나님 앞 금 제단"으로부터 한 음성이 나온다는 것은 이 여섯째 나팔 재앙이 요한계시록 8장 3~4절에 나오는 하나님의 보좌 앞 금 제단에 드려진 성도들의 기도에 대한 응답이라는 것을 암시하는 것입니다.

"네 뿔"에서 숫자 "4"는 "완전수"이고 "뿔"은 "능력"과 "힘"을 상징합니다. 그러므로 "금 제단 네 뿔에서 한 음성이 나온다"는 것은 하나님의 심판의 완전함, 충만함을 말하고 있는 것입니다.

요한계시록에서 제단은 하나님의 심판이 시작되는 곳으로 묘사되고 있습니다. 요한계시록 14:18 "또 불을 다스리는 다른 천사가 제단으로부터 나와 예리한 낫 가진 자를 향하여 큰 음성으로 불러 이르되 네 예리한 낫을 휘둘러 땅의 포도송이를 거두라. 그 포도가 익었느 니라 하더라."

14절: 나팔 가진 여섯째 천사에게 말하기를 큰 강 유브라데에 결박한 네 천사를 놓아 주라 하매

본 절에 나오는 네 천사들은 형벌을 담당한 천사들입니다. 여기서 말하는 네 천사는 앞서 7장 1절에 나온 네 천사와 동일한 천사로 볼 수도 있고 또 다른 천사들로 볼 수도 있습니다. 7장 1절에 나오는 네 천사는 바람을 붙잡아 파멸을 억제하는 역할을 감당하였는데, 여기에 나오는 네 천사는 불신자들의 심판을 위해 파괴의 능력의 억제로부터 풀려난 존재로 나타납니다. 이 네 천사가 유브라데 강에 결박되었다는 것은 문자 그대로 결박되었다는 것을 말하는 것이 아니라, 그들의 파괴의 능력이 지금까지 억제되었다는 것을 말하는 표현인 것입니다.

그들이 유브라데에 결박되었다가 풀려났다는 것은 그들의 침략성을 말하기 위함입니다. 왜냐하면 유브라데 강은 가나안 약속의 땅의 북동쪽 경계선으로써, 유브라데 강 너머의 북동쪽의 민족들은 보통 이스라엘 민족을 침략해 들어오는 적들을 말할 때 상징적으로 사용되었기 때문입니다(사 7:20; 8:7; 렘 46:10). 이 강은 예부터 앗수르나 바벨론과 같은 큰 침략자들이 생겨나서 이스라엘을 침공해 들어왔던 강입니다. 그리하여 유브라데 강은 하나님의 심판의 상징이 되었던 것입니다.

또한 유브라데 강에 결박되었다가 풀려난 네 천사를 팔디아 군으로 해석할 수도 있는데, 팔디아 군은 로마의 동쪽 변방에 위치해 있었고 당시 로마인들은 팔디아 군대에게 패한 이후에 팔디아 군을 매우 두려워하고 있었던 것입니다. 이처럼 여섯째 나팔 재앙은 전쟁을 통해 불신자들을 심판하는 재앙으로 볼 수 있는 것입니다.

15절: 네 천사가 놓였으니 그들은 그 년 월 일 시에 이르러 사람 삼분의 일을 죽이기로 준비된 자들이더라

유브라데 강에 결박되어 있다가 풀려난 네 천사는 정해진 날짜에 맞추어 사람들의 1/3을 죽이기로 예정된 존재들입니다. 그런데 그들의 행동의 시점을 정하는 것은 그들 자신이 아니라 하나님이신 것을 오늘 본 절은 말하고 있습니다. 또한 죽임을 당하는 숫자도 1/3로 제한되고 있습니다. 하나님의 승낙 없이는 그들은 아무 것도 할 수 없는 것입니다.

여기서 죽는 사람 1/3은 9장 4절과 20~21절을 볼 때 신자들을 제외한 불신자들만 해당되는 것을 알 수 있습니다. 불신자들의 1/3이 죽는 것입니다. 앞서 다섯째 나팔 재앙은 불신자들을 죽이지는 않고 단지 고통을 주는 재앙임(계 9:5~6)에 반하여, 여섯째 나팔 재앙은 불신자의 1/3이 죽임을 당하는 것입니다. 불신자의 1/3을 죽이는 여섯째 나팔 재앙은 사람의 1/4를 죽이는 넷째 인에 비해 좀 더 심화된 재앙인 것을 알 수 있습니다.

16절: 마병대의 수는 이만 만이니 내가 그들의 수를 들었노라

네 천사가 무엇을 의미하는지 좀 더 구체적으로 풀이한 것입니다. 그들은 마병대로서 그 수가 "이만 만", 즉 2억이라는 것입니다. 그런데 여기서 말하는 "이만 만"은 산술적인 의미가 아니라, 헤아릴 수 없이 아주 많다는 의미로 사용되고 있는 것입니다.

앞서 말했듯이 로마는 A.D. 62년에 팔디아의 볼로게제 왕에게 패하였는데, 그 때 팔디아 군이 백마를 타고 싸웠던 것입니다. 그 이후로 로마인들은 기마병, 마병대를 두려워하였던 것입니다.

17절: 이 같은 환상 가운데 그 말들과 그 위에 탄 자들을 보니 불빛과 자줏빛과 유황빛 호심경이 있고 또 말들의 머리는 사자 머리 같고 그 입에서는 불과 연기와 유황이 나오더라

본 절에서는 마병대의 모습을 묘사하고 있습니다. 말을 탄 자들이 입고 있는 호심경의 색깔(불빛과 자줏빛과 유황빛)과 말들의 입에서 나오는 세 가지 재앙(불과 연기와 유황)이 서로 대칭을 이루고 있습니다. "불"과 "유황"은 여섯째 나팔 재앙의 "악마적인 특성"을 말해주고 있습니다. 왜냐하면 불과 유황은 하나님을 대적하는 자들의 형벌의 장소인 지옥과 관련된 것이기 때문입니다.

"연기"는 앞서 언급된 다섯째 나팔 재앙에서 무저갱에서부터 올라온 연기로서, 이것 역시 여섯째 나팔 재앙의 악마적인 성격을 나타내는 것입니다.

"말들의 머리가 마치 사자와 같다"는 것은 이 재앙의 잔인하고 사납고 파괴적인 악마적인 본성을 강조하는 것입니다. 인정사정 봐주지 않는다는 것입니다.

그리고 그 입에서는 "불과 연기와 유황"이 나오는 것입니다.

18절: 이 세 재앙 곧 자기들의 입에서 나오는 불과 연기와 유황으로

말미암아 사람 삼분의 일이 죽임을 당하니라

말들의 입에서 나오는 세 재앙, 즉 불과 연기와 유황으로 인해 불신자의 1/3이 죽임을 당하는 것입니다. 이 재앙은 불과 유황으로 멸망시킨 소돔과 고모라의 재앙을 연상시킵니다. 하나님은 노아의 때에는 물로 심판하셨지만, 이제는 불로 심판하시는 것입니다. 물과 불은 심판과 멸망의 의미도 있지만 깨끗하게 함과 정결케 함의 의미도 있는 것입니다. 그러므로 하나님의 심판의 의미는 파괴와 멸망이 아니라 깨끗게 하고 정결케 하심에 있다는 것을 우리는 알 수 있습니다.

19절: 이 말들의 힘은 입과 꼬리에 있으니 꼬리는 뱀 같고 또 꼬리에 머리가 있어 이것으로 해하더라

말들의 힘은 입에만 있는 것이 아니라, 꼬리에도 있습니다. 말들의 꼬리는 뱀과 같으며 또 꼬리에 머리가 있다고 했습니다. 이 말들은 다섯째 나팔 재앙의 메뚜기들처럼 꼬리로도 해를 끼치는 것입니다. 꼬리를 뱀에 비유한 것은 이 말들의 악마적인 특성을 다시 한 번 말하고자 함인 것으로 생각됩니다. 왜냐하면 성경에서 뱀은 악마의 상징으로 사용되기 때문입니다.

팔디아 군대는 앞으로 공격할 때에도 힘이 있었으나 후퇴할 때에도 힘이 있었다고 합니다. 그들은 도망하면서도 뒤로 돌아 화살을 쏘았던 것입니다.

20~21절: 이 재앙에 죽지 않고 남은 사람들은 손으로 행한 일을 회개하지 아니하고 오히려 여러 귀신과 또는 보거나 듣거나 다니거나 하지 못하는 금 은 동과 목석의 우상에게 절하고 또 그 살인과 복술

과 음행과 도둑질을 회개하지 아니하더라

본 절에서는 재앙을 당한 불신자들의 반응에 대해서 말하고 있습니다. 결론적으로 말하면 불신자들은 이러한 재앙을 당하고도 회개하지 않는다는 것입니다. 여기서 우리는 하나님의 10가지 재앙을 당하고도 마음이 강팍하여 하나님의 뜻을 거부했던 애굽 사람들의 모습을 보게 됩니다. 불신자들이 망하는 이유는 회개하지 아니하는 본인 자신에게 있는 것입니다. 하나님은 분명히 불신자들에게 회개할 기회를 주시는데 사람들이 그것을 거부하는 것입니다. 예수님도 가룟 유다에게 자신의 계획을 돌이킬 기회를 여러 번 주셨습니다. 그러나 가룟 유다는 그러한 주님의 권면을 무시하고 악을 행했던 것입니다. 사도 바울도 로마서 2장 5절에서 이러한 사실을 다음과 같이 말씀하십니다. "다만 네 고집과 회개하지 아니한 마음을 따라 진노의 날, 곧 하나님의 의로우신 심판이 나타나는 그 날에 임할 진노를 네게 쌓는도다."

불신자들은 회개하지 않을 뿐만 아니라, 오히려 우상들에게 나아가 그들을 섬기는 것입니다. 그리고 그들이 행한 살인과 복술과 음행과 도둑질을 돌이키지 않는 것입니다. 세상을 사랑하고 우상을 숭배하는 불신자들의 행태가 살인과 복술과 음행과 도둑질로 나타나는 것입니다. "복술"이란 "매혹시키다", "마취시키다"라는 의미를 가지고 있습니다. 이단과 우상숭배는 항상 살인과 복술과 음행과 도둑질과 연관되어 있다는 사실을 우리는 알아야 합니다.

이단 사이비는 사람의 생명과 삶을 소중하게 생각하지 않습니다. 상식 이하의 이상한 짓거리를 하는 것입니다. 성적으로 문란하고 타락합니다. 그리고 물질에 대한 대단한 욕심이 있는 것입니다. 이처럼 세상을 사랑하는 우상숭배는 모든 악의 뿌리가 되는 것입니다.

17. 힘 센 천사와 작은 책(요한계시록 10:1~11)

본문의 내용은 여섯째 나팔과 일곱째 나팔 사이에 나오는 삽경으로서 "작은 두루마리 책" 환상입니다.

1절: 내가 또 보니 힘 센 다른 천사가 구름을 입고 하늘에서 내려오는데 그 머리 위에 무지개가 있고 그 얼굴은 해 같고 그 발은 불기둥 같으며

본 절에 "힘 센 다른 천사"가 등장합니다. 이 천사는 요한계시록 5장 2절에 나오는 "힘 있는 천사"와는 다른 천사로 보입니다.

이 천사가 "구름을 입고 하늘에서 내려온다"는 것은 이 천사가 신적인 세계에 속한 존재임을 말하는 것입니다. 하나님께서 구름 가운데 임재하시고, 그리스도도 마지막 때에 구름을 타고 오신다고 하기 때문입니다. 구름은 하나님의 현현을 상징하는 것입니다.

"머리 위에 무지개가 있다"는 것은 하나님의 영광을 반영하는 모습을 나타내는 것입니다.

"얼굴이 해와 같다"는 것은 그 천사가 하나님의 영광을 반영하고 있음을 말하는 것입니다.

"발이 불기둥과 같다"는 것은 이스라엘 백성들을 광야에서 인도하신 하나님의 불기둥을 연상시킵니다. 즉, 하나님의 현현을 나타내는 것입니다.

2절: 그 손에는 펴 놓인 작은 두루마리 책을 들고 그 오른발은 바다를 밟고 왼발은 땅을 밟고

천사가 손 안에 가지고 있는 작은 두루마리 책은 과연 무엇인가? 많은 학자들은 그 작은 두루마리 책의 내용을 다음에 나오는 요한계시록 11장 1~13절까지로 봅니다.

천사가 "오른발로는 바다를 밟고 왼발로는 땅을 밟고 서 있다"는 것은 이 천사에게 전(全) 세계에 대한 권세가 주어져 있음을 말하는 것입니다. 우리는 바다와 땅이 전(全) 세계를 의미한다는 것을 시편 69편 34절을 통해 알 수 있습니다. "천지가 그를 찬송할 것이요, 바다와 그 중의 모든 생물도 그리할지로다."

요한은 이 천사가 바다와 땅을 밟고 서 있다는 사실을 5절과 8절에서 두 번이나 반복함으로써 이러한 사실(이 천사에게 전(全) 세계에 대한 권세가 주어져 있음)을 강조하고 있습니다. 이러한 묘사를 통해 우리는 이 천사의 메시지가 전(全) 세계와 관련되어 있음을 알 수 있습니다.

3~4절: 사자가 부르짖는 것 같이 큰 소리로 외치니 그가 외칠 때에 (그) 일곱 우레가 소리를 내어 말하더라. 일곱 우레가 말을 할 때에 내가 기록하려고 하다가 곧 들으니 하늘에서 소리가 나서 말하기를 일곱 우레가 말한 것을 인봉하고 기록하지 말라 하더라.

이 천사가 "사자가 부르짖는 것같이 큰 소리로 외친다"는 것은 천사의 말이 위엄이 있다는 사실을 말하는 것입니다.

힘 센 천사가 큰 소리로 외칠 때에 "일곱 우레가 소리를 내어" 말합니다. 여기서 일곱 우레는 의인화되어 나타납니다. 시편 29편에서는 일곱 우레를 "하나님의 음성"에 비유하고 있습니다. 이처럼 일곱 우레를 하나님의 음성으로 볼 수도 있으나, 하나님의 음성으로 볼 때 문제가 발생합니다. 그것은 바로 4절에 나오는 일곱 우레가 말한 것을 기록하지 말라고 한 하늘의 음성과 충돌하기 때문입니다. 보통 구약성서에서는 정체가 확인되지 아니한 하늘의 음성은 주로 하나님을 지칭하는 경우가 많습니다. 이로 보건대 일곱 우레가 말한 것을 기록하지 말라고 한 하늘의 음성은 하나님으로 볼 수 있습니다. 그렇다면 일곱 우레는 하나님이 아닌 것입니다. 본문 요한계시록 10장 1~4절에 등장하는 세 인격체(힘 센 천사, 일곱 우레, 하늘의 음성)는 서로 다른 존재인 것입니다.

그런데 일곱 우레가 말한 내용은 일체 비밀사항입니다. 하나님께서 기록하지 말라고 하십니다. 사도 바울에게도 이런 경험이 있었습니다. 고린도후서 12:2~4 "내가 그리스도 안에 있는 한 사람을 아노니 그는 십사 년 전에 셋째 하늘에 이끌려 간 자라(그가 몸 안에 있었는지 몸 밖에 있었는지 나는 모르거니와 하나님은 아시느니라). 내가 이런 사람을 아노니(그가 몸 안에 있었는지 몸 밖에 있었는지 나는 모르거니와 하나님은 아시느니라) 그가 낙원으로 이끌려 가서 말로 표현할 수 없는 말을 들었으니 사람이 가히 이르지 못할 말이로다." 그러면 왜 하나님은 일곱 우레가 말한 내용을 기록하지 말라고 하셨을까? 이는 우리가 알 필요가 없기에 하나님께서 요한에게 기록하지 말라고 하신 것입니다. 하나님의 세계에는 인간이 알아야 할 것이 있고, 인간이 알지 말아야할 것이 있는 것입니다. 우리는 하나님께서 알려주시는 한도 내에서만 알 수 있는 것입니다. 우리가 모두 다 알려고 해서는 안 되는 것입니다. 하나님께서 알려주시는 한에 있어서는 우리는 열심히 하나님의 말씀을 탐구해 나가야 하지만 하나님께서 더 이상 알려주지 않는 부분에 대해서는 인간의 한계를 인정하고 멈추어서야 하는 것입니다. 이것이 바로 건전한 신앙입니다.

5~7절: 내가 본 바 바다와 땅을 밟고 서 있는 천사가 하늘을 향하여 오른손을 들고 세세토록 살아 계신 이 곧 하늘과 그 가운데에 있는 물건이며 땅과 그 가운데에 있는 물건이며 바다와 그 가운데에 있는 물건을 창조하신 이를 가리켜 맹세하여 이르되 지체하지 아니하리니 일곱째 천사가 소리 내는 날 그의 나팔을 불려고 할 때에 하나님이 그의 종 선지자들에게 전하신 복음과 같이 하나님의 그 비밀이 이루어지리라 하더라

바다와 땅을 밟고 서 있는 천사가 "하늘을 향하여 오른손을 들고 맹세"를 합니다. 누구를 가리켜 무엇을 맹세합니까? 하나님을 가리켜 일곱째 천사가 나팔을 불 때 하나님의 비밀한 일이 지체하지 아니하고 이루어질 것을 맹세하고 있습니다.

본문에서 하나님은 "세세토록 살아계신 이", "천지를 창조하신 분"으로 묘사되고 있습니다.

일곱째 나팔이 울려 퍼질 때 일어날 일들은 요한계시록 11장 15~19절에 기록되어 있습니다. 일곱째 나팔에 나타난 하나님의 비밀한 일이란 무엇입니까? 그것은 바로 세상나라가 그리스도의 나라가 되어 그리스도께서 세세무궁토록 왕 노릇 하신다는 것입니다(계 11:15). 그리고 주께서 세상을 심판하시는데 주를 경외하는 자에게는 상을 주시고 땅을 망하게 한 자들에 대하여는 그들을 멸망시키심으로 심판하신다는 것입니다(계 11:18). 세상나라가 그리스도의 나라가 되고 그리스도께서 세세무궁토록 그 나라를 다스리시며, 심판주가 되신다는 것이 바로 일곱째 나팔에 나타난 하나님의 비밀한 일이며, 이 일이 지체하지 않고 이루어질 것이라는 것입니다.

그런데 여기서 우리가 주목할 것은 하나님의 비밀이 "하나님께서

그의 종 선지자들에게 전하신” 그대로 이루어질 것이라는 사실입니다. 이는 아모스 3장 7절의 “주 여호와께서는 자기의 비밀을 그 종 선지자들에게 보이지 아니하시고는 결코 행하심이 없으시리라”는 사상과 같다고 볼 수 있습니다.

8절: 하늘에서 나서 내게 들리던 음성이 또 내게 말하여 이르되 네가 가서 바다와 땅을 밟고 서 있는 천사의 손에 펴 놓인 두루마리 책을 가지라 하기로

9~10절: 내가 천사에게 나아가 작은 두루마리 책을 달라 한즉 천사가 이르되 갖다 먹어 버리라 네 배에는 쓰나 네 입에는 꿀 같이 달리라 하거늘 내가 천사의 손에서 작은 두루마리 책을 갖다 먹어 버리니 내 입에는 꿀 같이 다나 먹은 후에 내 배에서는 쓰게 되더라

하나님의 말씀을 먹는다는 것은 에스겔 2장 8절~3장 3절에도 나오는 내용입니다. 말씀을 먹는다는 것은 하나님의 말씀을 피상적으로 아는 차원에 머무는 것이 아니라 말씀을 나의 말씀으로 내면화시켜서 말씀을 이해하고, 파악하고, 소화시키는 것을 말하는 것입니다. 하나님의 말씀이 “입에는 꿀같이 다나 먹은 후에 배에서 쓰게 된다”는 것은 무엇을 의미하는가? 하나님의 말씀이 꿀같이 달다는 것은 하나님 말씀을 사랑하고 사모하는 요한의 마음을 표현한 것입니다. 하나님의 말씀을 받게 되는 요한의 마음이 너무나 기쁘고 즐거웠다는 것입니다. 그런데 그 말씀이 배에서 쓰게 되었다는 것은 그 받은 바 계시의 말씀의 내용이 교회의 수난과 고난을 기록한 것이기에 그 말씀을 전해야 하는 요한에게 있어서 그것은 괴로운 것이라는 것을

말하는 것입니다. 하나님의 말씀은 들을 때에는 꿀같이 달지만, 전할 때에는 고난이 따르는 것입니다. 이 작은 두루마리 책의 내용은 다음에 나오는 요한계시록 11장 1~13절을 가리킵니다.

11절: 그가 내게 말하기를 네가 많은 백성과 나라와 방언과 임금에게 (마땅히) 다시 예언하여야 하리라 하더라

"예언하여야 하리라"는 '마땅히 ~을 해야 한다'라는 의미의 δει라는 단어가 사용되고 있습니다. 그리고 "다시 예언해야 한다"에서 '다시'는 '거듭'으로도 번역할 수 있는 단어입니다. '다시'로 번역한다면 이 말의 뜻은 여섯째 나팔 재앙이 끝나고 작은 두루마리 책을 소개하는 10장으로 인해 중단된 하나님의 심판의 내용들을 다시 이어서 계속하여 예언해야 한다는 것을 말하는 것이고, '거듭'으로 번역한다면 한 번만이 아니라 계속해서 반복적으로 예언을 해야 한다는 의미로 볼 수 있습니다.

요한이 예언을 해야 하는 대상은 "많은 백성과 나라와 방언과 임금"입니다. 요한은 인종과 방언과 계층과 국가를 초월해서 모든 사람들에게 예언해야 하는 사명을 받은 것입니다.

"예언한다"는 것은 복음을 전한다는 말입니다.

18. 교회의 사명, 고난, 승리(요한계시록 11:1~13)

요한계시록 11장 1~13절의 말씀은 바로 교회에 대한 말씀입니다. 본 말씀은 이 세상 마지막 때에 교회의 사명이 무엇이며 교회는 결국 어떻게 될 것인가를 말해 주고 있는 것입니다.

1절: 또 내게 지팡이 같은 갈대를 주며 말하기를 일어나서 하나님의 성전과 제단과 그 안에서 경배하는 자들을 척량하되

먼저 하나님께서 천사를 통해 요한에게 지팡이 같은 갈대를 주면서 하나님의 성전(temple)과 제단(altar)과 그 안에서 경배하는 자들을 측량하라(measure)고 말씀하십니다.

측량한다는 것에는 보존하다(preservation), 보호하다(protection)는 의미가 포함되어 있습니다. 즉, 성전 측량은 하나님께서 교회를 보존하시겠다는 것을 상징하는 표현입니다(겔 40~42장).

2절: 성전 밖 마당은 척량하지 말고 그냥 두라 이것을 이방인에게 주었은즉 저희가 거룩한 성을 마흔두 달 동안 짓밟으리라

그런데 하나님께서는 하나님의 성전과 제단과 그 안에서 경배하는 자들은 측량하라고 하시면서, 성전 바깥마당(the court which is outside the temple)은 측량하지 말고 그냥 두라고 하십니다. 그것은 이방인이 42개월 동안 짓밟을 것이라는 것입니다.

여기서 우리는 보존되는 하나님의 성전과 제단과 그 안에서 경배하는 자들과, 보호받지 못하는 성전 밖 마당이 있음을 알게 됩니다. 이것은 하나의 상징으로서, 주님께서 오시는 그 날까지 하나님께서는 신자들의 영혼과 신앙(하나님의 성전과 제단과 그 안에서 경배하는 자들)은 보존하시지만 그 육체(성전 밖 마당)는 고난을 당하리라는 것을 말씀하시고 계신 것입니다. 말세(末世)의 때에 신자들이 고난을 받을 것을 나타내는 것입니다. 그러나 그것은 육체에만 관련되어 있을 뿐 하나님께서 신자들의 영혼은 지키시겠다는 것입니다. 요한 당시 로마로부터 핍박받던 신자들에게 이 말씀은 큰 위로가 되었을 것입니다. 하나님이 지키신다는 것입니다.

우리는 이것을 알아야 합니다. 예수 믿는 자들이 주님 때문에 당하는 고난이 있다는 것을 기억해야 합니다. 각오를 하며 살아야 합니다. 편하게만 예수 믿으려고 해서는 안 됩니다. 예수를 믿으면 모든 일이 다 잘되고 고난과 고통도 없고 병에도 안 걸리고 그런 것이 아닙니다. 우리는 지금 천국에서 사는 것이 아님을 기억해야 합니다. 사탄이 밀 까부르듯 우리를 삼키려고 한다는 것을 기억해야 합니다(눅 22:31). 우리는 요셉과 욥과 베드로와 바울이 고난 받았다는 사실을 기억해야 합니다. 이 세상에는 알곡과 함께 가라지도 자란다는 사실을 기억해야 합니다(마 13장). 어려움이 있는 것입니다.

그러나 중요한 것은 그 어려움을 하나님께서 이기도록 해주시겠다는 것입니다. 하나님께서 함께 하시겠다는 것입니다. 물질적, 육체적 환난과 고통이 있을지라도 성도들의 영혼과 신앙을 지켜 주시겠다는 것입니다. 편할 때는 예수 믿다가 핍박이 오고 어려움이 오면 예수 안 믿을 겁니까? 하나님이 지켜주시겠다고 하셨습니다. 우리는 하나님의 지켜주심을 믿고 성실히, 그리고 감사의 마음으로, 하나님의 사랑과 은혜를 늘 생각하며 신앙 생활하면 되는 것입니다. 우리가 아무리 어렵다지만 요셉보다는 편하지 않습니까? 우리가 아무리 어렵다지만 욥만 하겠습니까? 우리가 아무리 어렵다지만 바울만 하겠습니까? 우리가 아무리 어렵다지만 스데반처럼 돌에 맞아 죽은 것은 아니지 않습니까? 우리가 아무리 어렵다지만 주님의 십자가만 하겠습니까? 그러므로 우리가 환난과 핍박을 당할 때 이러한 어려움을 이겨낸 우리 신앙의 선배들을 생각해야 합니다. 그리고 무엇보다도 나를 위해 고난당하시고 죽기까지 하신 주님을 깊이 생각하고 늘 주님을 바라보아야 합니다.

이처럼 성도들이 이 세상에서 고난을 당하나 하나님께서 지켜주신다는 사상이 앞서 본 요한계시록 7장 2~3절에도 나타납니다. "또 보매 다른 천사가 살아 계신 하나님의 인을 가지고 해 돋는 데로부터 올라와서 땅과 바다를 해롭게 할 권세를 얻은 네 천사를 향하여 큰 소리로 외쳐 이르되 우리가 우리 하나님의 종들의 이마에 인치기까지 땅이나 바다나 나무나 해하지 말라 하더라."

인(印)을 친다는 것도 하나님께서 보호하고 보존하신다는 것을 의미하는 것입니다. 하나님께서 예수 그리스도를 믿는 자들을 자신의 것으로 인치시고 보호하시겠다는 것입니다.

이 하나님의 백성을 요한계시록 7장 14절에서는 "큰 환난에서 나오는 자들"이라고 표현합니다. 하나님의 백성이라고 환난이 없는 것이 아니라는 말입니다. 이 세상을 살면서 하나님의 백성이 큰 환난을 겪는다는 말입니다. 세대주의자들이 말하는 것처럼 주님이 공중 재림하시고, 성도들은 하늘로 올라가 7년간 혼인잔치하고 땅에서는 7년 대 환난이 있고, 그리고 7년 후에 주님이 다시 성도들과 함께 지상 재림하셔서 최후의 심판을 하시는 것이 아닙니다. 성도들이 환난을 겪지 않는 것이 아니라는 말입니다. 교회는 큰 환난을 통과하는 것입니다. 주님의 재림은 이중적이지 않습니다. 주님은 딱 한 번 지상 재림을 하시는 것입니다. 그 후에 심판이 있는 것입니다. 그 때까지 교회와 성도들은 이 땅에서 살면서 고통과 환난을 당하는 것입니다. 그러나 두려워하지 마십시오. 우리 아버지 되시는 하나님이 말씀하십니다. 이사야 41:10 "두려워 말라. 내가 너와 함께 함이니라. 놀라지 말라. 나는 네 하나님이 됨이니라. 내가 너를 굳세게 하리라. 참으로 너를 도와주리라. 참으로 나의 의로운 오른손으로 너를 붙들리라." 아무리 힘들고 어려워도 사탄은 우리의 영혼과 우리의 신앙은 손댈 수 없습니다. 사탄은 우리를 겁주고 유혹하고 흔들 뿐이지 우리를 직접적으로 손댈 수는 없는 것입니다. 하나님이 지켜주신다고 약속하셨습니다. 우리는 믿음을 지킬 수 없는 나약한 존재들이지만 하나님이 힘을 주실 것입니다. 걱정하지 마시고 늘 하나님의 은혜를 묵상하며 하나님의 사랑을 늘 생각하면서 감사의 삶을 사시기 바랍니다.

3절: 내가 나의 두 증인에게 권세를 주리니 저희가 굵은 베옷을 입고 일천이백육십 일을 예언하리라

그런데 오늘 말씀을 보면 그 고통의 기간이 마흔 두 달, 42개월이라고 나와 있습니다. 요한계시록 11:2 "성전 바깥마당은 측량하지 말고 그냥 두라. 이것은 이방인에게 주었은즉 그들이 거룩한 성을 마흔 두 달 동안 짓밟으리라." 그리고 3절을 보면 "내가 나의 두 증인에게 권세를 주리니 그들이 굵은 베옷을 입고 천이백육십 일을 예언하리라"고 하십니다. 계시록에서 말하는 3년 반, 42개월, 1,260일은 다 같은 기간입니다(3년×12개월 = 36+6 = 42개월, 42개월×30일 = 1,260일). 그러므로 환난과 고통의 기간인 3년 반이나, 42개월이나, 1,260일은 같은 기간입니다.

여기서 우리가 주의해야 할 것이 있습니다. 이 기간 역시 문자적인 기간이 아니라, 상징적인 기간이라는 것입니다. 계시록에서 7은 하늘의 수 3과 땅의 수 4를 더한 완전수를 의미합니다. 그런데 3½은 이 완전수인 7의 절반으로서 이는 불안전, 불완전을 상징하는 것입니다. 그러므로 3년 반, 42개월, 1,260일은 우리가 사는 이 불안전한 시기 즉, 현 시기를 의미하는 것입니다. 주님 오시기 전까지의 시기인 것입니다. 이 시기는 불안전한 시기입니다. 하나님의 백성들이 고난을 당할 수 있는 시기입니다. 천국이 아닌 것입니다. 하나님께서 이 시기동안 하나님의 백성들을 지켜주시지만 그 동안 고통이 있다는 것입니다.

그렇다면 이러한 때에 교회의 할 일, 사명은 무엇입니까?

4절: 이는 이 땅의 주 앞에 섰는 두 감람나무와 두 촛대니

요한계시록 11장 3!4절을 보면 교회를 가리켜서 두 증인, 두 감람나무(올리브 나무), 두 촛대라는 상징을 사용하고 있습니다. 두 증인, 두 감람나무, 두 촛대는 모두 교회를 상징하는 것입니다.

먼저 2라는 숫자는 증인의 수입니다. 신명기 17:6 “죽일 자를 두 사람이나 세 사람의 증언으로 죽일 것이요 한 사람의 증언으로는 죽이지 말 것이며.” 신명기 19:15 “사람의 모든 악에 관하여 또한 모든 죄에 관하여는 한 증인으로만 정할 것이 아니요 두 증인의 입으로나 또는 세 증인의 입으로 그 사건을 확정할 것이라.” 마태복음 18:16 “만일 듣지 않거든 한두 사람을 데리고 가서 두세 증인의 입으로 말마다 확증하게 하라.” 마태복음 18:19~20 “진실로 다시 너희에게 이르노니 너희 중의 두 사람이 땅에서 합심하여 무엇이든지 구하면 하늘에 계신 내 아버지께서 그들을 위하여 이루게 하시리라. 두세 사람이 내 이름으로 모인 곳에는 나도 그들 중에 있느니라.”

먼저 교회는 증인의 역할을 해야 합니다. 교회는 선지자적 기능을 해야 하는 것입니다. 3절에도 "내가 나의 두 증인에게 권세를 주리니 그들이 굵은 베옷을 입고 천이백육십 일을 예언하리라"고 하셨습니다. 예언이 교회의 할 일입니다. 복음을 전하는 증인의 역할을 하고, 하나님의 말씀을 전하는 선지자의 역할을 하고, 예언을 해야 하는 것입니다.

여기서 예언이라 함은 단순히 미래의 일을 말하는 것을 의미하는 것이 아닙니다. 예언을 하는 목적을 성경은 다음과 같이 말하고 있습니다. 고린도전서 14:3 "예언하는 자는 사람에게 말하여 덕을 세우며 권면하며 위로하는 것이요." 예언이란 무엇인가? 덕을 세우며 권면하며 위로하는 것이 바로 예언이라는 것입니다. 고린도전서 14장 4절에서도 "방언을 말하는 자는 자기의 덕을 세우고 예언하는 자는 교회의 덕을 세운다."라고 하였습니다. 고린도전서 14:5 "나는 너희가 다 방언 말하기를 원하나 특별히 예언하기를 원하노라. 만일 방언을 말하는 자가 통역하여 교회의 덕을 세우지 아니하면 예언하는 자만 못하니라."

교회에 덕을 세우고, 사람들을 권면하고, 위로하는 것이 예언의 목적인 것입니다. 즉, 사도 요한이 지금 계시록을 쓰는 이유도 바로 교회의 유익을 위하고, 핍박 중에 있는 성도들을 위로하고 권면하기 위해 예언의 글을 쓰고 있는 것입니다. "하나님의 말씀대로 살면 우리가 하나님께 영광드릴 것이고 하나님의 뜻을 어기면 징계 받을 것이다", 이것이 다 예언의 말씀인 것입니다. 어느 대학에 갈까, 누구와 결혼할까, 어느 직장에 갈까를 맞추는 것이 예언이 아닙니다. 점치듯이 미래를 말하는 것이 예언이 아닌 것입니다. 기독교인 가운데 점 보듯이 예언기도 받으러 다니는 사람들이 있는데 그것은 성경적인 예언의 내용이 아닌 것입니다. "성실히 열심히 공부하면 또 하나님의 뜻이면 좋은 대학에 갈 것이다", 이것이 예언인 것입니다. 권면하는 것이지요. 또 "하나님께서 원하시는 직장에 가라", 이것이 예언이지요. 교회는 바로 이러한 선지자적 기능을 해야 한다는 것입니다. 사람들과 만나서 쓸데없는 잡담을 할 것이 아니라, 하나님의 말씀을 전하는 것, 증인의 역할을 하는 것, 이것이 바로 교회가 할 일이라는 것입니다.

5~6절: 만일 누구든지 저희를 해하고자 한즉 저희 입에서 불이 나서 그원수를 소멸할지니 누구든지 해하려고 하면 반드시 이와 같이 죽임을 당하리라 저희가 권세를 가지고 하늘을 닫아 그 예언을 하는 날 동안 비 오지 못하게 하고 또 권세를 가지고 물을 변하여 피 되게 하고 아무 때든지 원하는 대로 여러 재앙으로 땅을 치리로다

본문에서는 두 증인의 행위를 다음과 같이 묘사하고 있습니다.
요한계시록 11:5~6 "만일 누구든지 그들을 해하고자 하면 그들의 입에서 불이 나와서 그들의 원수를 삼켜버릴 것이요, 누구든지 그들을 해하고자 하면 반드시 그와 같이 죽임을 당하리라. 그들이 권능을 가지고 하늘을 닫아 그 예언을 하는 날 동안 비가 오지 못하게 하고." 이것은 엘리야를 묘사하는 말입니다. 이어서 보면 "또 권능을 가지고 물을 피로 변하게 하고 아무 때든지 원하는 대로 여러 가지 재앙으로 땅을 치리로다." 이것은 모세를 가리키는 말입니다. 교회는 이러한 엘리야와 모세와 같은 역할을 해야 한다는 것입니다. 엘리야와 모세가 누구입니까? 모세와 엘리야는 각각 율법과 선지자를 대표하는 인물들입니다. 교회는 이 두 인물의 사명을 감당해야 합니다. 하나님의 말씀을 전하고 백성들을 하나님의 말씀으로 깨우치는 일을 해야 한다는 것입니다. 요한계시록 11장 10절에서도 두 증인을 "두 선지자"라고 말하고 있습니다. 교회는 선지자의 기능을 해야 하는 것입니다. 이런 의미에서 교회는 하나님의 말씀을 소유하고 그것을 선포하는 사명을 가졌다는 것을 알 수 있습니다. 교회는 이 사명을 감당해야 합니다. 하나님의 말씀을 소유하고 그 말씀을 선포하는 것, 이것이 바로 교회의 사명인 것입니다.

둘째로, 교회는 왕과 제사장의 기능을 해야 합니다. 본문에서 교회를 두 감람나무와 두 촛대에 비유하고 있습니다. 이는 스가랴 3~4장에 나오는 상징입니다. 거기서 두 감람나무와 두 촛대는 대제사장 여호수아와 유다 총독이었던 스룹바벨을 의미합니다. 즉, 교회는 제사장(여호수아)으로서의 역할과 왕(스룹바벨)으로서의 역할을 해야 한다는 것입니다.

그러나 이 둘은 분리된 것이 아닙니다. 왜냐하면 교회는 '왕 같은 제사장'이기 때문입니다(벧전 2:9). 교회는 세상을 다스립니다(왕의 기능). 그러나 그 다스림의 방식이 세상의 다스림과 같은 지배의 논리가 아닌 제사장의 기능으로 다스립니다. 즉 하나님과 인간들을 연결 지으면서, 인류에게 하나님의 능력과 축복을 전하여줌으로써 다스리는 것입니다. 교회는 민족의 죄를 대신 중보하는 제사장과 같은 역할을 해야 합니다. 교회는 이러한 직무로 세상을 다스리는 것입니다.

교회는 이처럼 선지자의 기능, 왕의 기능, 제사장의 기능을 감당해야 합니다. 하나님의 말씀을 바로 깨달아 바로 전해야 하며, 왕처럼 자부심을 가지고 세상을 이끌고 지도하며 나가되 그 방법이 다스리고 억압하는 것이 아니라, 자신을 희생물로 내어놓는 제사장과 같은 마음으로 이 세상과 하나님을 화목케 하고 자신이 하나님께 나아가 회개하는 자세로 이 세상을 섬겨야 하는 것입니다.

7~10절: 저희가 그 증거를 마칠 때에 무저갱으로부터 올라오는 짐승이 저희로 더불어 전쟁을 일으켜 저희를 이기고 저희를 죽일터인즉 저희 시체가 큰 성길에 있으리니 그 성은 영적으로 하면 소돔이라고도 하고 애굽이라고도 하니 곧 저희 주께서 십자가에 못 박히신 곳이니라 백성들과 족속과 방언과 나라 중에서 사람들이 그 시체를 사흘 반 동안을 목도하며 무덤에 장사하지 못하게 하리로다 이 두 선지지가가 땅에 거하는 자들을 괴롭게 한 고로 땅에 거하는 자들이 저희의 죽음을 즐거워하고 기뻐하여 서로 예물을 보내리라 하더라
본문은 두 증인이 죽었다고 말하고 있습니다(계 11:7). 그럼 과연 교회의 미래는 이처럼 부정적인 것일까요? 우리는 그렇지 않다는 것을 이미 앞에서 살펴보았습니다. 하나님이 신자들의 영혼을 보존하실 것입니다. 우리의 육체는 고난을 받으나 우리들은 결코 생명에서 떨어지지 않을 것입니다. 고린도후서 6:8~10 "(우리는) 속이는 자 같으나 참되고, 무명한 자 같으나 유명한 자요, 죽은 자 같으나 보라 우리가 살아 있고, 징계를 받는 자 같으나 죽임을 당하지 아니하고, 근심하는 자 같으나 항상 기뻐하고, 가난한 자 같으나 많은 사람을 부요하게 하고, 아무 것도 없는 자 같으나 모든 것을 가진 자로다." 로마서 8:35~39 "누가 우리를 그리스도의 사랑에서 끊으리요, 환난이나 곤고나 박해나 기근이나 적신이나 위험이나 칼이랴! … 내가 확신하노니 사망이나 생명이나 천사들이나 권세자들이나 현재 일이나 장래 일이나 능력이나 높음이나 깊음이나 다른 아무 피조물이라도

우리를 우리 주 그리스도 예수 안에 있는 하나님의 사랑에서 끊을
수 없으리라.” 교회는 결코 죽지 않을 것입니다. 결코 실패하지 않을
것입니다. 교회의 머리 되신 그리스도께서 이미 세상을 이기셨습니
다. 우리는 이 승리를 믿어야 합니다. “세상에서는 너희가 환난을 당
하나 담대하라! 내가 세상을 이기었노라!”(요 16:33)라고 우리 주님
께서 말씀하십니다.

그러나 세상은 이러한 교회의 말을 듣기 싫어합니다. 하나님의 말씀
을 듣기 싫어하는 것입니다. 이런 이유로 주님께서 오시는 그 날까
지 교회는 핍박을 받을 것입니다. 교회가 하는 말이 그들을 괴롭게
할 것이기 때문입니다(계 11:10). 교회의 증거는 그들의 마음을 찌를
것입니다. 그러나 세상은 그 말에 돌이키지 않고 더욱 교회를 핍박
할 것입니다. 그 배후에는 물론 사단의 세력이 존재하고 있는 것입
니다. 세상은 사단에게서 이 권세를 받아 교회를 핍박하는 것입니
다. 그리고 교회가 핍박으로 인해 고통당할 때 세상은 기뻐할 것입
니다. 본문에서는 이 같은 사실을 다음과 같이 말하고 있습니다. “이
두 선지자가 땅에 사는 자들을 괴롭게 한 고로 땅에 사는 자들이 그
들의 죽음을 즐거워하고 기뻐하여 서로 예물을 보내리라”(계 11:10).
교회는 이러한 핍박으로 마치 죽은 것처럼 보입니다. 시간이 지날수
록 사람들은 하나님의 말씀을 듣기를 싫어할 것입니다. 교회를 핍박
할 것입니다. 우리는 거의 죽은 자처럼 조롱을 받으며 살게 될 것입
니다.

교회는 자신의 사역(선지자, 제사장, 왕)으로 인해 세상으로부터 핍
박을 받을 것입니다. 우리가 세상에 속하였다면 세상은 우리를 사랑
할 것입니다. 그러나 우리는 세상에 속한 자가 아니고 예수님의 택

함을 입은 자이기에 세상이 우리를 미워하는 것입니다(요 15:19). "무릇 그리스도 예수 안에서 경건하게 살고자 하는 자는 핍박을 받는 것"입니다(딤후 3:12). 그러나 우리는 낙심하지 말아야 할 것입니다. 하나님이 우리를 지켜주시고 마침내 승리를 허락하실 것입니다.

11~12절: 삼 일 반 후에 하나님께로부터 생기가 저희 속에 들어가매 저희가 발로 일어서니 구경하는 자들이 크게 두려워하더라 하늘로부터 큰 음성이 있어 이로로 올라오라 함을 저희가 듣고 구름을 타고 하늘로 올라가니 저희 원수들도 구경하더라

결국 교회가 승리할 것입니다. 하나님이 지금도 승리하셨고, 또 영원히 완전하게 승리하실 것입니다. 우리가 잊지 말아야 할 것은 하나님께서 우리에게 선지자와 왕과 제사장의 사명을 맡기셨다는 것입니다. 그리고 이 불완전한 세상에서 살면서 고난이 있을 것이라는 것입니다. 그러나 결국에는 하나님이 승리하시고, 교회가 승리할 것이라는 사실입니다. 언제 어디서건 이 사명과 승리의 소망을 가지고 사시는 저와 여러분들이 되시기를 바랍니다.

19. 일곱째 나팔(요한계시록 11:14~19)

14절: 둘째 화는 지나갔으나 보라 셋째 화가 속히 이르는도다

둘째 화는 앞서 나타난 여섯째 나팔 재앙을 의미하며, 셋째 화는 일곱째 나팔이 아니라, 일곱 나팔 재앙 후에 있을 일곱 대접 재앙을 의미합니다. 그 사이에 일곱째 나팔이 있는데, 일곱째 나팔은 그 내용이 재앙이 아니라, "그리스도의 승리와 다스리심 그리고 심판에 대한 찬미"로 이루어져 있습니다. 오늘 본문 말씀에서 요한은 그리스도인들에게 구원의 완성에 관한 선포를 들려줌으로써 그들로 하여금 어떠한 환난 속에서도 신앙을 포기하지 말고 소망 중에 살아갈 것을 강조하고 있는 것입니다.

15절: 일곱째 천사가 나팔을 불매 하늘에 큰 음성들이 나서 이르되 세상 나라가 우리 주와 그의 그리스도의 나라가 되어 그가 세세토록 왕 노릇 하시리로다 하니

일곱째 나팔을 불자 이전처럼 재앙이 나타나는 것이 아니라 찬양이 흘러나옵니다. "하늘에서 들려온 큰 음성들"은 누구의 음성일까? 천사들 또는 성도들의 찬양의 소리일 것입니다. 그 찬양의 내용은 "세상나라가 그리스도의 나라가 되고 그리스도께서 세세무궁토록 왕 노릇하시며 다스리신다"는 것입니다.

여기서 우리는 세상나라가 그리스도의 나라로 이어진다는 사실을 알 수 있습니다. 그러나 세상나라가 그냥 그리스도의 나라가 되는 것이 아니고, 거기에는 연속성과 불연속성이 존재합니다.

1) 세상나라와 그리스도의 나라의 연속성

요한계시록 21:24 "만국이 그 빛 가운데로 다니고 땅의 왕들이 자기 영광을 가지고 그리로 들어가리라."

요한계시록 21:26 "사람들이 만국의 영광과 존귀를 가지고 그리로 들어가겠고"

2) 세상나라와 그리스도의 나라의 불연속성

요한계시록 21:27 "무엇이든지 속된 것이나 가증한 일 또는 거짓말 하는 자는 결코 그리로 들어가지 못하되 오직 어린 양의 생명책에 기록된 자들만 들어가리라."

16절: 하나님 앞에서 자기 보좌에 앉아 있던 이십사 장로가 엎드려 얼굴을 땅에 대고 하나님께 경배하여

세상나라가 그리스도의 나라가 되고 그리스도께서 세세무궁토록 왕 노릇하시리라는 찬양에 대한 응답의 찬양으로 24장로들의 찬양이 등장합니다. 그들은 먼저 엎드려 얼굴을 땅에 대고 하나님께 경배하는 태도를 보입니다. 우리들도 하나님께 기도와 찬양을 드릴 때 겸손한 모습으로 주 앞에 나아가 찬양과 기도를 드려야 할 것입니다.

17절: 이르되 감사하옵나니 옛적에도 계셨고 지금도 계신 주 하나님 곧 전능하신 이여 친히 큰 권능을 잡으시고 왕 노릇 하시도다

먼저 24장로들은 하나님께 감사를 드림으로 찬양을 시작합니다. 우리의 기도와 찬양 가운데 늘 감사가 선행(先行)되어야 할 것입니다. 본 절에는 하나님에 대한 칭호가 두 가지로 등장하는데, 첫 번째 칭호는 "옛적에도 계셨고 지금도 계신 주 하나님"입니다. 이러한 표현은 요한계시록 1장 4절("이제도 계시고 전에도 계셨고 장차 오실 이")과 8절("주 하나님이 이르시되 나는 알파와 오메가라(처음과 끝이라). 이제도 있고 전에도 있었고 장차 올 자요 전능한 자라"), 그리고 4장 8절("전에도 계셨고 이제도 계시고 장차 오실 이")에도 나옵니다. 하나님은 처음과 나중 되시며, 역사의 시작과 끝이 되시며, 만물을 시작하시는 분이시고 만물을 종결(終結)하시는 분이십니다. 또한 하나님은 시간을 초월하시며, 그러한 하나님의 나라는 영원한 것입니다. 다음으로 하나님에 대한 두 번째 칭호는 "전능하신 이"입니다. 하나님은 능력에 한계가 없으시며, 그 전능하신 하나님의 능력으로 반드시 하나님의 나라를 이루실 것입니다.

본 절과 다음 절에 24장로가 하나님에게 감사하는 이유가 두 가지로 나오는데, 먼저는 하나님께서 친히 큰 권능을 잡으시고 왕 노릇 하시기 때문입니다. 왜냐하면 하나님께서 친히 다스리는 곳에는 정의와 평화와 긍휼과 자비와 사랑이 넘치기 때문입니다.

18절: 이방들이 분노하매 주의 진노가 내려 죽은 자를 심판하시며 종 선지자들과 성도들과 또 작은 자든지 큰 자든지 주의 이름을 경외하는 자들에게 상 주시며 또 땅을 망하게 하는 자들을 멸망시키실 때로소이다 하더라

24장로들이 하나님께 감사를 드리는 두 번째 이유는 하나님께서 하나님을 대적하는 자들에 대하여 진노의 심판을 내리시기 때문입니다. 여기서 "죽은 자들을 심판하신다"는 것은 부활을 전제하는 것입니다. 하나님의 심판은 주의 이름을 경외하는 자들에게는 상을 주시고, 땅을 망하게 한 자들은 멸망시키시는 것으로 진행될 것입니다.

19절: 이에 하늘에 있는 하나님의 성전이 열리니 성전 안에 하나님의 언약궤가 보이며 또 번개와 음성들과 우레와 지진과 큰 우박이 있더라

하나님의 임재와 나타나심을 하나님께서 임재하실 때에 생기는 자연 현상인 번개와 음성들과 우레와 지진과 큰 우박으로 묘사하고 있습니다.

하늘에 있는 하나님의 성전이 열리고 성전 안에 있는 하나님의 언약궤가 보인다는 것은 하나님의 임재와 구원의 완성을 상징하는 것입니다. 하나님께서 온전한 하나님의 임재가 이루어지는 하나님 나라를 완성하실 것입니다. 이것은 창조 시의 안식이며, 하나님의 내주하심입니다. 이를 가리켜 유대인들은 "쉐히나(shechina)"라고 하였습니다. 하나님의 완전한 임재와 내주하심(indwelling)을 가리키는 말입니다.

20. 여자와 붉은 용(요한계시록 12:1~17)

12장은 요한계시록 11장 7절의 질문, "왜 용과 짐승이 이 세상의 교회를 핍박하는가?"에 대한 신학적 설명입니다. 용이 아이(그리스도)를 삼키려 하다가 실패하자 분풀이로 여자(하나님의 백성, 교회)를 박해하는 것입니다. 예수님을 미워하기에 교회를 미워하는 것입니다.

1절: 하늘에 큰 이적이 보이니 해를 옷 입은 한 여자가 있는데 그 발 아래에는 달이 있고 그 머리에는 열두 별의 관을 썼더라

"해를 옷 입은 한 여자"의 여자는 구약과 신약을 관통하는 하나님의 백성을 의미합니다. 특별히 성경은 교회를 여자나 신부로 묘사하기 때문에 본 절에 나오는 여자를 교회로 볼 수 있으나 단순히 신약시대부터 시작되는 교회라기보다는 구약부터 이어져 내려오는 하나님의 백성들과의 연속성을 가지는 교회로 보아야 할 것입니다.

"해(태양)"는 영광을 의미합니다. 교회의 영광스런 모습을 보여주는 것입니다. 또한 해는 언제나 둥근 모습으로 변하지 아니하기에 이를 통해 변함없이 영화롭게 된 교회를 말하고자 하는 것입니다.

"발아래에 달이 있다"에서 달은 현세(現世)를 나타냅니다. 달은 수시로 변하기 때문에 무상한 현실을 상징하는 것입니다. 교회가 달을 밟고 서있다는 말은 교회가 세상에 발을 붙이고 살고 있지만 세상을, 현세를 초월한다는 의미입니다.

"머리에 12별의 면류관을 썼다"에서 12는 하나님의 백성의 숫자이며 완전수를 나타내며, "면류관"은 종말론적인 승리를 가리키는 것입니다.

즉, 머리에 12별의 면류관을 쓰고 해를 입고 달을 밟고 서있는 교회의 모습은 종말론적으로 승리하게 될 현세를 초월한 영광스런 교회의 모습을 나타내는 것입니다.

2절: 이 여자가 아이를 배어 해산하게 되매 아파서 애를 쓰며 부르짖더라

여기에 나오는 "아이"는 "메시아", "그리스도"를 상징합니다. "여자가 아이를 낳는다"는 것은 구약의 교회(하나님의 백성)를 통해 예수 그리스도가 이 땅에 태어나셨음을 말하는 것입니다.

"여자가 아파서 애를 쓰며 부르짖는다"는 것은 예수 그리스도가 오기까지의 하나님의 백성들의 고난과 고통을 의미하는 것입니다.

3절: 하늘에 또 다른 이적이 보이니 보라 한 큰 붉은 용이 있어 머

리가 일곱이요 뿔이 열이라 그 여러 머리에 일곱 왕관이 있는데

하늘에 또 다른 표징이 나타나는데 그것은 바로 "한 큰 붉은 용"입니다. 이 붉은 용이 무엇인가는 9절에 나타나 있는데 바로 마귀, 사탄입니다. 용의 색깔이 붉다는 것은 살인과 잔인함을 상징하는 것입니다. "용의 머리가 일곱"이라는 것에서 여러 머리는 강력한 세력을 상징하는 표현입니다. 또 각 머리에 왕관을 쓰고 있다는 것은 왕관이 통치자의 권력을 상징하고 일곱이 완전수임을 감안할 때 사탄의 막강한 권능을 의미하는 것입니다.

능력과 권력을 상징하는 뿔이 열이라는 것도 사탄의 막강한 힘과 능력을 말하는 것입니다.

4절: 그 꼬리가 하늘의 별 삼분의 일을 끌어다가 땅에 던지더라 용이 해산하려는 여자 앞에서 그가 해산하면 그 아이를 삼키고자 하더니

용이 꼬리로 하늘의 별 삼분의 일을 끌어다가 땅에 던진다는 것은 다니엘 8장 9~10절을 인용한 것으로 용의 폭력적인 행동을 말하는 것입니다. 사탄은 파괴를 일삼으며, 사탄의 활동은 재앙을 초래하는 것입니다. 1/3이라는 것은 사탄이 일으키는 재난이 큰 것이기는 하지만 일부에 해당하는 국한적인 것을 말하는 것입니다.

"여자가 아이를 해산한다"는 것은 하나님의 백성을 통해 예수님이 태어나는 것을 말하는 것입니다.

"용이 해산하려는 여자 앞에서 태어나는 아이를 삼키려 한다"는 것은 용이 자기의 권력에 조금이라도 위협적인 존재가 있으면 제거해 버리려는 행동으로 사탄이 예수 그리스도를 죽이려고 한다는 것입니다. 실제로 예수님께서 태어날 당시 헤롯왕이 예수님을 죽이기 위해 두 살 이하의 아이들을 다 죽였던 것입니다.

5절: 여자가 아들을 낳으니 이는 장차 철장(鐵杖; an iron scepter) 으로 만국을 다스릴 남자라 그 아이를 하나님 앞과 그 보좌 앞으로 올려가더라

여기에 여자가 낳은 남자 아들에 대한 설명이 나옵니다. 그는 바로 철장으로 만국을 다스릴 예수 그리스도인 것입니다. 이는 시편 2편 9절의 말씀을 인용한 것입니다. "네가 철장으로 그들을 깨뜨림이여 질그릇 같이 부수리라."

예수 그리스도의 출생 이후 예수님의 십자가의 죽음과 부활하심이 생략된 채 바로 예수님의 승천으로 이어집니다. 왜냐하면 지금 요한 의 관심은 예수님의 지상의 삶이 아니라 승리하신 그리스도이기 때 문입니다.

6절: 그 여자가 광야로 도망하매 거기서 천이백육십일 동안 그를 양 육하기 위하여 하나님께서 예비하신 곳이 있더라

예수님의 승천 이후 교회는 1,260일 동안 하나님께서 예비하신 광야에 서 하나님의 양육을 받게 됩니다. 이세벨에게 쫓겨 광야로 도망간 엘 리야(왕상 19장)에게서 보듯이 광야는 성경에서 박해를 받을 때의 피 난처로 간주됩니다. 하나님께서 엘리야와 출애굽한 이스라엘 백성들 을 광야에서 지켜 보호하셨듯이 교회를 지켜 보호하신다는 것입니다. 1,260일은 박해의 기간이자, 교회의 사역기간이며, 교회가 보호받는 기간입니다. 즉, 주님의 재림까지의 교회의 시대를 의미합니다. 개월 이나 년(年)으로 나타내지 않고 일(日)로 표시한 것은 하나님께서 날마다, 매일매일 교회와 성도들을 보호하시고 양육하신다는 의미입니다.

7~8절: 하늘에 전쟁이 있으니 미가엘과 그의 사자들이 용과 더불어 싸울새 용과 그의 사자들도 싸우나 이기지 못하여 다시 하늘에서 그들이 있을 곳을 얻지 못한지라

하늘의 전쟁에 대한 시점에 있어서 많은 논쟁이 있습니다. 어떤 학자들은 이 전쟁을 세상 창조 이전의 일로 보는 반면에 많은 학자들은 이 전쟁을 그리스도 사건과 관련시켜 이해합니다. 즉 이 전쟁은 예수 그리스도의 출현으로 인해 발생한 것으로 여기서 사탄은 패배를 당한 것입니다. 이와 유사한 병행구가 누가복음 10장 18절에 나옵니다. "예수께서 이르시되 사탄이 하늘로부터 번개 같이 떨어지는 것을 내가 보았노라."

9절: 큰 용이 내쫓기니 옛 뱀 곧 마귀라고도 하고 사탄이라고도 하며 온 천하를 꾀는 자라. 그가 땅으로 내쫓기니 그의 사자들도 그와 함께 내쫓기니라.

본 절에서 요한은 용의 실체를 분명하게 설명합니다. 용의 이름은 옛 뱀, 마귀, 사탄, 꾀는 자, 참소하는 자(10절)입니다. "옛 뱀"은 유대인들이 부르는 사탄에 대한 명칭이며, 마귀로 번역된 헬라어 디아볼로스(διάβολος)는 LXX에서 히브리어 사탄을 헬라어로 번역한 말입니다. 그러므로 이 셋은 모든 같은 것으로 사탄을 지칭하는 말입니다. 사탄의 뜻은 "대적하는 자", "반대자", "적대자"입니다. 예수님은 이 사탄에 대하여 다음과 같이 말씀하신 적이 있습니다. 요한복음 8:44 "너희는 너희 아비 마귀에게서 났으니 너희 아비의 욕심대로 너희도 행하고자 하느니라. 그는 처음부터 살인한 자요, 진리가 그 속에 없으므로 진리에 서지 못하고 거짓을 말할 때마다 제 것으로 말하나니 이는 그가 거짓말쟁이요 거짓의 아비가 되었음이라.”

10절: 내가 또 들으니 하늘에 큰 음성이 있어 이르되 이제 우리 하나님의 구원과 능력과 나라와 또 그의 그리스도의 권세가 나타났으니 우리 형제들을 참소하던 자 곧 우리 하나님 앞에서 밤낮 참소하던 자가 쫓겨났고

10~12절에는 하늘에서 들려오는 큰 음성의 찬양이 기록되어 있습니다. 이 음성은 누구의 음성인가? 찬송을 부르는 자들이 지상의 성도들을 우리 형제들이라고 부르는 것으로 보아 하늘에 있는 하나님의 백성들의 찬송으로 보아야 할 것입니다. 본 절의 찬송은 승리의 외침으로 시작합니다. 하나님의 능력과 그리스도의 권세가 나타났고, 사탄은 쫓겨나게 되었다는 것입니다.

11절: 또 우리 형제들이 어린 양의 피와 자기들이 증언하는 말씀으로써 그를 이겼으니 그들은 죽기까지 자기들의 생명을 아끼지 아니하였도다

지상의 성도들은 예수님의 피와 복음의 말씀으로 사탄을 이기며 죽기까지 믿음을 지키는 자들을 하나님은 구원하십니다.

12절: 그러므로 하늘과 그 가운데에 거하는 자들은 즐거워하라 그러나 땅과 바다는 화 있을진저 이는 마귀가 자기의 때가 얼마 남지 않은 줄을 알므로 크게 분 내어 너희에게 내려갔음이라 하더라

본 절에서는 "하늘의 영역"과 "땅의 영역"이 분리되어 설명됩니다. 하늘에서의 사탄에 대한 승리는 궁극적이며 불변하는 것입니다. 하늘의 영역에서는 종말론적인 승리가 이미 결정된 것입니다.

그러나 지상은 아직 궁극적인 승리가 이루어지지 않은 것입니다. 하늘에 있을 곳이 없어서 지상으로 쫓겨난 사탄이 자기의 때가 얼마 남지 않았다는 것을 알기 때문에 최후의 발악을 통해 사람들을 멸망으로 이끌어 갈 것이기 때문입니다. 베드로전서 5장 8절에도 "대적 마귀가 우는 사자 같이 두루 다니며 삼킬 자를 찾는다."라고 하였습니다.

13절: 용이 자기가 땅으로 내쫓긴 것을 보고 남자를 낳은 여자를 박해하는지라

여기서 요한은 왜 용이 교회를 핍박하는가에 대한 이유를 설명합니다. 용은 자기를 패배시켜 하늘에서 쫓겨나게 만든 예수 그리스도를 미워하기 때문에 그를 낳은 교회를 핍박하는 것입니다.

14절: 그 여자가 큰 독수리의 두 날개를 받아 광야 자기 곳으로 날아가 거기서 그 뱀의 낯을 피하여 한 때와 두 때와 반 때를 양육 받으매

여기서 요한은 6절에서 언급한 내용을 다시 부연 설명합니다. 하나님께서 사탄의 공격으로부터 교회를 보호하신다는 것입니다.

"독수리의 날개" 모티브는 출애굽을 상기시킵니다. 출애굽기 19:4 "내가 애굽 사람에게 어떻게 행하였음과 내가 어떻게 독수리 날개로 너희를 업어 내게로 인도하였음을 너희가 보았느니라." 성경에서 독수리의 날개는 하나님의 안전과 보호의 상징으로 사용됩니다.

교회가 보호와 양육을 받는 "한 때와 두 때와 반 때"는 3년 반, 즉 1,260일로서 주님 재림 시까지의 교회의 시대를 말하는 것입니다.

15~16절: 여자의 뒤에서 뱀이 그 입으로 물을 강같이 토하여 여자를 물에 떠내려가게 하려 하되 땅이 여자를 도와 그 입을 벌려 용의 입에서 토한 강물을 삼키니

용이 여자의 뒤에서 공격합니다. 사탄은 우리가 방심하는 틈을 타서 공격하는 것입니다.

구약에서 시험과 시련과 핍박을 넘치는 홍수에 비유하고 있습니다. 사탄이 교회를 멸망시키기 위해 갖은 노력을 다할지라도 하나님께서 지켜 보호하시는 것입니다.

17절: 용이 여자에게 분노하여 돌아가서 그 여자의 남은 자손 곧 하나님의 계명을 지키며 예수의 증거를 가진 자들과 더불어 싸우려고 바다 모래 위에 서 있더라

여자의 남은 자손은 지상의 그리스도인들을 말합니다. 교회와 성도들을 향한 사탄의 공격과 핍박은 주님 오시는 그날까지 계속될 것입니다. 그러나 우리는 사탄의 패배와 성도의 승리를 믿으며 우리의 믿음을 굳건히 해나가야 할 것입니다.

21. 바다와 땅에서 나온 짐승(요한계시록 13:1~18)

요한계시록 13장은 앞의 요한계시록 11장 7절의 무저갱으로부터 나

온 짐승을 상세히 설명해 주며, 요한계시록 12장 13~17절과 관련하여 사탄이 교회와의 싸움을 어떻게 구체적으로 전개하는지를 보여주고 있습니다.

바다에서 나오는 짐승은 교회를 핍박하는 세상제국을 의미하며 이는 당시의 로마제국을 상징합니다. 땅에서 나오는 짐승은 교회를 혼란스럽게 하는 거짓선지자, 이단을 의미합니다. 이 짐승들은 12장에서 여자를 박해하는 용(사탄)의 구체적인 화신들입니다. 그 이유는 일곱 머리, 열 뿔을 가진 짐승의 모습이 용의 모습과 똑같기 때문입니다. 이렇게 용(사탄)이 두 짐승(세상 제국과 이단)을 사용하여 여자(교회)를 핍박하는 것입니다. 요한은 당시 황제숭배를 통해 소아시아의 그리스도인들을 박해했던 로마제국에 대하여 말하고 있는 것입니다. 요한은 이러한 로마제국의 배후에는 용, 즉 사탄이 있음을 말하는 가운데 로마제국을 사탄의 하수인으로 그리고 있는 것입니다.

1절: 내가 보니 바다에서 한 짐승이 나오는데 뿔이 열이요 머리가 일곱이라 그 뿔에는 열 왕관이 있고 그 머리들에는 신성모독 하는 이름들이 있더라

"바다에서 나오는 짐승"은 바다괴물 리워야단을 암시하는데, 유대 전통에서 바다괴물은 이스라엘을 억압하는 이방 민족들에 대한 상징으로 사용되었습니다. 그런데 2절에서 그 짐승이 표범, 곰, 사자와 같다고 말하는 것을 볼 때 요한이 다니엘 7장 1~7절을 사용한 것으로 보입니다.

"일곱 머리, 열 뿔"에 대해서는 요한이 요한계시록 17장 9~10절과 12절에서 다음과 같이 설명하고 있습니다. 먼저 일곱 머리에 대하여 요한계시록 17장 9~10절을 보면 "그 일곱 머리는 여자가 앉은 일곱 산이요, 또 일곱 왕이라"라고 말하고 있습니다. 그리고 그 여자에 대하여 요한계시록 17장 18절에서 "땅의 왕들을 다스리는 큰 성"이라고 설명하고 있습니다. 여기서 우리는 로마가 "일곱 언덕(산) 위의 도시"라 불렸다는 사실과 로마가 세상 왕들을 다스리는 큰 제국이라는 사실을 볼 때 일곱 머리는 로마제국을 상징한다는 것을 알 수 있습니다.

"열 뿔"은 요한계시록 17장 12절에서 "열 뿔은 열 왕이니 아직 나라를 얻지 못하였으나 다만 짐승과 더불어 임금처럼 한동안 권세를 받으리라"라고 말하는 것으로 보아 로마 제국에 속한 분봉왕들을 가리키는 것으로 볼 수 있습니다. 그 뿔들에 열 왕관이 있다는 것은 그들의 왕권을 말하는 것입니다.

이로써 "바다에서 나온 짐승"은 로마제국을 가리킨다는 사실을 알 수 있습니다.

이 로마제국의 머리에 "신성 모독하는 이름들"이 있다는 것은 황제 숭배를 위해 사용한 칭호들, 예를 들면 주(퀴리오스)와 아우구스투스(높이 들린 자) 같은 것들을 가리키는 것입니다.

2절: 내가 본 짐승은 표범과 비슷하고 그 발은 곰의 발 같고 그 입은 사자의 입 같은데 용이 자기의 능력과 보좌와 큰 권세를 그에게 주었더라

본 절에 나오는 짐승의 모습은 다니엘 7장 3~6절에 나오는 네 짐승의 모습을 하나로 합쳐 놓은 모습을 하고 있습니다.

"용이 자기의 능력과 보좌와 큰 권세를 그에게 주었더라." 여기서 요한은 용(사탄)과 짐승(로마제국) 사이의 관계를 말하고 있습니다. 즉, 로마제국의 배후에 사탄이 있음을 말하고 있는 것입니다. 로마제국은 사탄의 하수인 노릇을 하고 있는 것입니다.

3절: 그의 머리 하나가 상하여 죽게 된 것 같더니 그 죽게 되었던 상처가 나으매 온 땅이 놀랍게 여겨 짐승을 따르고

머리는 로마 황제를 가리킵니다. 그 하나가 죽게 되었다는 겁니다. 그런데 그 상처가 나아서 다시 살아났다는 것입니다. 여기서 말하는 로마황제는 누구인가? 당시 로마에는 네로 황제가 죽은 뒤 네로 부활설, 또는 네로 환생설이 널리 퍼졌다고 합니다. 네로는 A.D. 68년에 31세의 젊은 나이에 자살을 하여 죽었는데 사람들은 그가 진짜로 죽은 것이 아니라 살아 있다고, 아니면 다시 살아날 것이라고 믿었다는 것입니다.

여기서 바다에서 올라온 짐승은 어린 양 그리스도의 부활을 모방하고 있습니다. 용(사탄)이 하나님을 모방한다면, 바다에서 올라온 짐승은 그리스도를 모방하는 것입니다.

"온 땅이 짐승을 따랐다"는 것은 모든 사람들이 황제숭배를 했다는 것을 의미하는 것입니다.

4절: 용이 짐승에게 권세를 주므로 용에게 경배하며 짐승에게 경배하여 이르되 누가 이 짐승과 같으냐 누가 능히 이와 더불어 싸우리요 하더라

본 절에서 다시 한 번 용과 짐승의 관계를 설명하고 있습니다. 짐승의 배후에는 용이 있다는 것입니다. 그러므로 짐승을 경배하는 것은 바로 용을 경배하는 것이 되는 것입니다. 사람들은 세상제국을 찬양하고 숭배하는 가운데 사탄을 찬양하고 숭배하는 것입니다. "누가 이 짐승과 같으냐", "누가 능히 이와 더불어 싸우리요"라는 말들은 하나님께 대한 찬양에 쓰이는 말들인데 지금 짐승을 찬양할 때 쓰이고 있습니다. 이는 하나님께 드려야 할 경배와 찬양을 지금 짐승이 빼앗아 가고 있는 것을 말하는 것입니다.

5절: 또 짐승이 과장되고 신성모독을 말하는 입을 받고 또 마흔 두 달 동안 일할 권세를 받으니라

짐승이 과장된 신성모독을 하는 말을 했다는 것은 로마황제가 자신을 하나님의 위치에 올려놓고 자신을 신(神)이라고 주장했다는 것을 말하는 것입니다.
마흔 두 달, 42개월은 신약의 시기, 환난의 시기인 것입니다.

6절: 짐승이 입을 벌려 하나님을 향하여 비방하되 그의 이름과 그의 장막 곧 하늘에 사는 자들을 비방하더라

짐승은 하나님뿐만 아니라 하나님의 백성들도 비방하는 것입니다.

7절: 또 권세를 받아 성도들과 싸워 이기게 되고 각 족속과 백성과 방언과 나라를 다스리는 권세를 받으니

로마제국을 통한 박해와 핍박을 말하는 것입니다.

8절: 죽임을 당한 어린 양의 생명책에 창세 이후로 이름이 기록되지 못하고 이 땅에 사는 자들은 다 그 짐승에게 경배하리라

생명책에 이름이 기록되어 있지 않은 모든 자들은 황제숭배를 한다
는 말입니다. 그렇다면 생명책에 이름이 기록되어 있는 자들은 황제
숭배를 하지 않는다는 말입니다. 생명책에 이름이 기록되어 있는 우
리 그리스도인들은 어떠한 일이 있어도 하나님 외에 다른 것들을 섬
겨서는 안 되는 것입니다.

9절: 누구든지 귀가 있거든 들을지어다

다음 10절의 말씀을 잘 들으라는 말입니다.

10절: 사로잡힐 자는 사로잡혀 갈 것이요 칼에 죽을 자는 마땅히 칼에 죽을 것이니 성도들의 인내와 믿음이 여기 있느니라

요한은 세상제국을 통한 핍박과 박해를 수용하고 인내할 것을 말하
고 있습니다. 예레미야 15:2 "그들이 만일 네게 말하기를 우리가 어
디로 나아가리요 하거든 너는 그들에게 이르기를 여호와께서 이와
같이 말씀하시니라. 죽을 자는 죽음으로 나아가고, 칼을 받을 자는
칼로 나아가고, 기근을 당할 자는 기근으로 나아가고, 포로 될 자는
포로 됨으로 나아갈지니라." 이는 십자가의 죽음을 감내(堪耐, 견디
다)하신 주님의 모습을 상기시킵니다. 베드로전서 2:21~24 "이(선을
행함으로 받는 고난)를 위하여 너희가 부르심을 받았으니 그리스도
도 너희를 위하여 고난을 받으사 너희에게 본을 끼쳐 그 자취를 따
라오게 하려 하셨느니라. 그는 죄를 범하지 아니하시고 그 입에 거
짓도 없으시며 욕을 당하시되 맞대어 욕하지 아니하시고 고난을 당
하시되 위협하지 아니하시고 오직 공의로 심판하시는 이에게 부탁
하시며 친히 나무에 달려 그 몸으로 우리 죄를 담당하셨으니 이는

우리로 죄에 대하여 죽고 의에 대하여 살게 하려 하심이라.” 이사야 53:7 “그가 곤욕을 당하여 괴로울 때에도 그의 입을 열지 아니하였음이여 마치 도수장으로 끌려가는 어린 양과 털 깎는 자 앞에서 잠잠한 양 같이 그의 입을 열지 아니하였도다.” 마태복음 5:39~48 “나는 너희에게 이르노니 악한 자를 대적하지 말라. 누구든지 네 오른편 뺨을 치거든 왼편도 돌려 대며 또 너를 고발하여 속옷을 가지고자 하는 자에게 겉옷까지도 가지게 하며 또 누구든지 너로 억지로 오 리를 가게 하거든 그 사람과 십 리를 동행하고 네게 구하는 자에게 주며 네게 꾸고자 하는 자에게 거절하지 말라. … 나는 너희에게 이르노니 너희 원수를 사랑하며 너희를 박해하는 자를 위하여 기도하라. 이같이 한즉 하늘에 계신 너희 아버지의 아들이 되리니 이는 하나님이 그 해를 악인과 선인에게 비추시며 비를 의로운 자와 불의한 자에게 내려주심이라. … 그러므로 하늘에 계신 너희 아버지의 온전하심과 같이 너희도 온전하라.”

11절: 내가 보매 또 다른 짐승이 땅에서 올라오니 어린 양 같이 두 뿔이 있고 용처럼 말을 하더라

땅에서 올라온 또 다른 짐승은 “어린 양 같이 두 뿔이 있으나 용처럼 말한다”라고 하였습니다. 이 짐승의 정체는 요한계시록 16장 13절, 19장 20절, 20장 10절에서 밝히고 있는바 바로 거짓 선지자들입니다. 그들은 열 뿔을 가진 첫째 짐승에 종속되어 있으며, 그리스도를 모방하듯이 어린 양의 모습을 하고 있으나 실재로는 사탄의 조종을 받는 자들인 것입니다. 당시 황제숭배를 조장했던 황제숭배 제사장들이라고 할 수 있습니다. 이들은 오늘날로 말하면 이단과 적그리스도라 할 수 있습니다.

12절: 그가 먼저 나온 짐승의 모든 권세를 그 앞에서 행하고 땅과 땅에 사는 자들을 처음 짐승에게 경배하게 하니 곧 죽게 되었던 상처가 나은 자니라

이 거짓 선지자들이 하는 일은 사람들로 하여금 황제숭배를 하도록 하는 것입니다. 즉, 하나님을 떠나 세상을 섬기도록 하는 것입니다.

13절: 큰 이적을 행하되 심지어 사람들 앞에서 불이 하늘로부터 땅에 내려오게 하고

이 거짓 선지자들은 큰 이적을 행함으로 사람들을 미혹합니다. 그러므로 우리는 이적이 있다고 해서 혹해서는 안 됩니다. "거짓 그리스도들과 거짓 선지자들은 이적과 기사를 행하여 할 수만 있으면 택하신 자들을 미혹하려" 들기 때문입니다(마 24:24; 막 13:22). 우리는 이적이 아니라 말씀에 굳건히 서야 하는 것입니다.

14절: 짐승 앞에서 받은바 이적을 행함으로 땅에 거하는 자들을 미혹하며 땅에 거하는 자들에게 이르기를 칼에 상하였다가 살아난 짐승을 위하여 우상을 만들라 하더라

거짓 선지자들이 하는 일이란 이적을 행함으로 사람들을 미혹하여 황제숭배를 하도록 하는 것입니다. 우리는 이러한 미혹에 현혹되지 말아야 합니다.

15절: 그가 권세를 받아 그 짐승의 우상에게 생기를 주어 그 짐승의

우상으로 말하게 하고 또 짐승의 우상에게 경배하지 아니하는 자는 몇이든지 다 죽이게 하더라

본 절은 고대사회의 마술을 반영하는 것으로, 거짓 선지자들은 복화술(複話術)을 사용하여 우상이 말하는 것처럼 보이게 함으로써 사람들을 미혹하는 것입니다.

본 절에서 또한 우리는 황제숭배를 하지 않은 자들은 죽임을 당하였다는 사실을 알게 됩니다.

16~17절a: 그가 모든 자 곧 작은 자나 큰 자나 부자나 가난한 자나 자유인이나 종들에게 그 오른손에나 이마에 표를 받게 하고 누구든지 이 표를 가진 자 외에는 매매를 못하게 하니

황제숭배를 한 사람에게는 징표를 준 것입니다. 그리고 이 징표가 없으면 매매나 기타 여러 가지 사회생활을 할 수 없도록 한 것입니다. 당시 상인이나 수공업자들은 길드라는 조합에 조합원으로 가입을 해야 장사나 상업 활동을 할 수 있었는데, 길드에 가입한다는 것은 바로 황제숭배를 한다는 것을 의미하는 것입니다. 그리하여 황제숭배를 하지 않기 위해 길드에 가입하지 않은 그리스도인들은 그들의 생계유지에 많은 어려움을 겪은 것입니다.

17b~18절: 이 표는 곧 짐승의 이름(the name of the beast)이나 그 이름의 수(the number of its name)라 지혜가 여기 있으니 총명한 자는 그 짐승의 수(the number of the beast)를 세어 보라 그것은 사람의 수(the number of a person)니 그의 수는 육백육십육(666)이니라

666은 짐승의 이름이며, 그 이름의 수이며, 그 짐승의 수이며, 또한 사람의 수입니다. 여기서 우리는 그 짐승과 사람이 동일시됨을 알 수 있습니다. 그리고 666은 그 사람(그 짐승)의 이름의 수입니다. 여기서 말하는 짐승은 요한계시록 13장 1절에 나오는 "바다에서 나온 짐승"을 가리킵니다. 이 짐승은 세상제국, 여기서는 로마제국입니다. 짐승, 즉 국가이면서 사람인 존재는 누구인가?

그것은 바로 황제입니다. 황제는 곧 나라였던 것입니다. 그는 사람이지만 국가를 의미하는 자였던 것입니다. 그런데 그 황제의 이름의 수가 666이라는 것입니다. 그렇다면 그 이름의 수가 666인 황제는 누구인가? 그는 바로 네로 황제입니다. 히브리어 글자를 숫자로 대용하여 숫자를 표기하는 게마트리아 독법에 의하면 666은 바로 네로를 가리킵니다. N(50) + E(6) + R(500) + O(60) + N(50) = 666. 다른 고대 사본에는 616으로 되어 있는 것이 있는데 이는 NERO로 해석했기 때문입니다. 그러나 계시록이 쓰일 당시는 네로 황제시대가 아니고 도미시안 황제의 시대가 아니었던가? 당시 도미시안은 앞서 보았듯이 죽은 네로가 되살아났다고 하던 사람이었습니다. 즉 666은 네로 황제를 가리키지만 이는 궁극적으로는 도미시안 황제를 가리키는 것입니다.

그러나 666은 개인 네로만을 의미하는 것이 아닙니다. 네로 황제가 적그리스도적 표상을 가장 잘 드러내고 있어서 그가 대표주자로 등장하고 있을 따름입니다. 그러므로 666은 시대를 초월하여 하나님을 대적하는 모든 압제적이고 불의한 악의 세력에 해당된다고 보는 것입니다.

이상에서 보듯이 사탄은 하나님을 불신하는 세상나라의 권력과 이단과 적그리스도와 같은 거짓 선지자를 동원하여 그리스도인들을 박해하는 것입니다. 이에 대한 우리의 자세는 무엇입니까? 그것은 바로 요한계시록 13장 10절 말씀처럼 우리들의 인내와 믿음입니다.

22. 144,000명과 세 천사(요한계시록 14:1~13)

본 장은 앞선 13장의 짐승의 표를 받지 않은 자들에 대한 박해를 말한 후, 그들은 결국 어떻게 될 것인가에 대해 논하는 장입니다. 이들은 황제숭배를 거절한 자들이며, 그런 이유로 정상적인 사회생활을 하지 못하는 자들이며, 이들은 어린 양 편에 선 자들이고, 하나님의 백성을 상징하는 144,000명입니다. 이들의 운명은 어찌 될 것인가? 그에 대한 대답이 이제 나오는 것입니다.

1절: 또 내가 보니 보라 어린 양이 시온 산에 섰고 그와 함께 십사만 사천이 서 있는데 그들의 이마에는 어린 양의 이름과 그 아버지의 이름을 쓴 것이 있더라

어린 양은 예수 그리스도를 가리키며, 어린 양이 시온 산에 섰다는 것은 메시아가 마지막 날에 시온 산 위에 자신을 나타낸다고 하는 유대 묵시사상을 배경으로 하는 진술입니다. 시온 산은 메시아가 자신의 원수들을 무찌르고 그들을 심판할 장소입니다. 여기에 어린 양, 예수 그리스도가 서있다는 말은 적들에 대한 승리를 말하는 것입니다.

그리고 그 옆에 144,000명이 서있습니다. 144,000은 요한계시록 7장

3~8절에 나와 있듯이 모든 그리스도인, 곧 참된 이스라엘에 속하는 셀 수 없는 하나님의 백성을 나타내는 상징적인 숫자입니다. 이 144,000명이 시온 산에 서 있는 어린 양 옆에 같이 서 있다는 것은 어린 양의 허락 아래 어린 양의 승리와 영광을 함께 누리고 있음을 말하는 것입니다. 즉, 하나님의 백성, 하나님의 자녀들은 하나님의 영광과 승리를 함께 누리는 것입니다.

이들의 이마에 어린 양의 이름과 하나님의 이름이 써 있다는 것은 요한계시록 7장 3~8절에 나오는 하나님의 인치심을 말하는 것으로 하나님의 소유라는 것을 증명하는 것입니다.

2절: 내가 하늘에서 나는 소리를 들으니 많은 물소리와도 같고 큰 우렛소리와도 같은데 내가 들은 소리는 거문고 타는 자들이 그 거문고를 타는 것 같더라

이제 사도 요한은 많은 물소리와도 같고 큰 우렛소리와도 같고 거문고 소리와도 같은 하늘에서 들려오는 소리를 듣게 됩니다. 즉, 천상(天上)에서 흘러나오는 찬양소리를 듣는 것입니다. "많은 물소리와 큰 우렛소리"는 찬양의 소리가 크다는 것을 말하는 것이고, "거문고"라고 번역된 단어는 "키타라"로서 하프와 비슷한 악기인데 이는 찬양의 아름다운 곡조, 멜로디를 의미하는 것입니다.

3절: 그들이 보좌 앞과 네 생물과 장로들 앞에서 새 노래를 부르니 땅에서 속량함을 받은 십사만 사천밖에는 능히 이 노래를 배울 자가 없더라

여기서 말하는 "그들"은 바로 144,000명, 즉 하늘에 있는 하나님의 백성들을 의미합니다. 그들이 지금 새 노래로 하나님과 어린 양을 찬양하는 것입니다. 이 새 노래를 오직 144,000명만 배울 수 있다고 하는 것으로 보아, 이 노래는 죄와 죽음으로부터의 구원함을 입은 구원에 대한 감사의 찬송으로 여겨집니다. 이 노래는 천사들도 부를 수 없고 오직 죄에 빠졌다가 구원함을 입은, 땅에서 속량함을 입은 자들만 부를 수 있는 노래인 것입니다.

4~5절: 이 사람들은 여자와 더불어 더럽히지 아니하고 순결한 자라 어린 양이 어디로 인도하든지 따라가는 자며 사람 가운데에서 속량함을 받아 처음 익은 열매로 하나님과 어린 양에게 속한 자들이니 그 입에 거짓말이 없고 흠이 없는 자들이더라

4~5절은 144,000명에 대한 설명입니다. 이들은 누구인가?

1) 이들은 여자와 더불어 더럽히지 아니하고 순결한 자들

여기서 말하는 여자란 무엇을 가리키는가? 바로 황제숭배를 의미하는 것입니다. 성경에서는 우상숭배를 음행에 비유하는 것을 종종 보게 됩니다. 이들은 황제숭배로 자신을 더럽히지 아니한 순결한 자들입니다.

2) 어린 양이 어디로 인도하든지 따라가는 자들

이들은 그리스도의 인도함에 전적으로 순종하는 자들입니다. 주님을 100% 신뢰하는 자들입니다. "죽으면 죽으리이다"하고 자신의 모든 것을 주님께 맡긴 자들인 것입니다.

3) 사람 가운데에서 속량함을 받은 처음 익은 열매로 하나님과 어린 양에게 속한 자들

속량함을 받았다는 것은 값 주고 샀다는 말입니다. 여기에는 그리스도의 구속의 죽음이 전제되어 있는 것입니다. 그리스도인들은 그리스도의 죽음을 통해 사람들 가운데서 속량함을 받은 자들입니다. 처음 익은 열매라는 것은 하나님께 드리는 제물을 의미합니다. 첫 것을 주님께 드리게 되어 있는 것입니다. 주님의 죽으심을 통해 주님께 드려진 그리스도인들은 이제 하나님과 어린 양에게 속한 자들이 된 것입니다.

4) 그 입에 거짓말이 없는 자들

스바냐 3장 13절에서는 이스라엘의 남은 자들에 대하여 다음과 같이 말하고 있습니다. "이스라엘의 남은 자는 악을 행하지 아니하며 거짓을 말하지 아니하며 입에 거짓된 혀가 없으며" 하나님의 백성의 특징은 거짓을 말하지 않는다는 것입니다. 정직함이 그리스도인의 특징인 것입니다. 예수님은 사탄을 가리켜서 "거짓말쟁이요, 거짓의 아버지"(요 8:44)라 칭하셨습니다. 거짓말을 하는 자는 사탄의 자녀인 것입니다.

5) 흠이 없는 자들입니다.

"흠이 없다"는 것은 구약의 제사 언어를 연상시킵니다. 하나님의 백성들은 하나님께 드려진 흠 없는 제물과 같다는 것입니다. 즉, 그들은 전적으로 하나님에게 속한 하나님의 것이며 하나님에 의해 거룩하게 된 존재들인 것입니다.

6절: 또 보니 다른 천사가 공중에 날아가는데 땅에 거주하는 자들 곧 모든 민족과 종족과 방언과 백성에게 전할 영원한 복음을 가졌더라

이제 다시 장면이 바뀌어서 세 천사가 나타나 앞으로 있을 불신앙적인 세상에 대한 심판을 예고합니다. 첫 번째 천사가 나타나는데 그는 땅에 거주하는 자들에게 전할 복음을 가지고 있습니다. 그 복음의 내용이 7절에 나옵니다.

7절: 그가 큰 음성으로 이르되 하나님을 두려워하며 그에게 영광을 돌리라 이는 그의 심판의 시간이 이르렀음이니 하늘과 땅과 바다와 물들의 근원을 만드신 이를 경배하라 하더라

하나님을 두려워하고, 하나님에게 영광을 돌리고, 하나님을 경배하라고 합니다. 왜냐하면 하나님의 심판의 시간이 임박했기 때문입니다. 첫째 천사는 하나님의 임박한 심판을 말하는 가운데 하나님께로 돌아올 것을 촉구하고 있습니다. 심판에 앞서 회개하고 주님께 돌아올 것을 마지막으로 한 번 더 권면하는 것입니다. 이것이 바로 하나님의 복음인 것입니다. 주님은 심판하시기에 앞서 반드시 회개의 기회를 주시는 것입니다.

8절: 또 다른 천사 곧 둘째가 그 뒤를 따라 말하되 무너졌도다 무너졌도다 큰 성 바벨론이여 모든 나라에게 그의 음행으로 말미암아 진노의 포도주를 먹이던 자로다 하더라

두 번째 천사는 바벨론, 즉 로마의 멸망을 선포합니다. 이 로마를 설

명함에 있어 "모든 나라에게 그의 음행으로 말미암아 진노의 포도주를 먹이던 자"라고 표현하고 있습니다. 여기서 말하는 음행은 바로 황제숭배를 의미하는 것입니다. 즉, 로마가 세상 모든 나라에 황제숭배를 강요함으로 모든 나라에 하나님의 진노가 임하게 만들었다는 것입니다.

9~11절: 또 다른 천사 곧 셋째가 그 뒤를 따라 큰 음성으로 이르되 만일 누구든지 짐승과 그의 우상에게 경배하고 이마에나 손에 표를 받으면 그도 하나님의 진노의 포도주를 마시리니 그 진노의 잔에 섞인 것이 없이 부은 포도주라 거룩한 천사들 앞과 어린 양 앞에서 불과 유황으로 고난을 받으리니 그 고난의 연기가 세세토록 올라가리로다 짐승과 그의 우상에게 경배하고 그의 이름표를 받는 자는 누구든지 밤낮 쉼을 얻지 못하리라 하더라

셋째 천사는 짐승의 표를 받지 말 것을 경고합니다. 짐승의 우상에게 경배한다는 것은 황제숭배를 가리키는 것이고, 짐승의 표를 받는 것은 황제숭배를 하고 받는 국가의 인증을 말하는 것입니다. 그런 자에게는 하나님의 진노가 임한다는 것입니다.

여기서 하나님의 진노를 "섞인 것이 없이 부은 포도주"에 비유하고 있습니다. "섞인 것이 없이 부은 포도주"란 순도 100%의 하나님의 진노를 의미하는 것입니다. 용서함이 없는, 봐주는 것이 없는 하나님의 심판인 것입니다.

"불과 유황으로 고난을 받는다"는 것은 소돔과 고모라의 멸망을 연상시키는 것으로써, 완전한 멸망을 의미하는 것입니다.

그리고 그 "연기가 세세토록 올라간다"는 것은 하나님의 진노가 영원토록 계속된다는 것을 의미하는 것입니다.

결국 그들은 "밤낮 쉼을 얻지 못하는" 고통 가운데 처하게 될 것입니다.

12절: 성도들의 인내가 여기 있나니 그들은 하나님의 계명과 예수에 대한 믿음을 지키는 자니라

그리스도인들에 대한 격려의 말씀이 주어집니다. 결국 이렇게 될 것이기에 성도는 인내로서 하나님의 계명과 예수에 대한 믿음을 지켜야 한다는 것입니다. 이는 요한계시록 13장 10절의 "성도들의 인내와 믿음이 여기 있느니라"에 대한 구체적인 설명과 반복적인 강조인 것입니다.

13절: 또 내가 들으니 하늘에서 음성이 나서 이르되 기록하라 지금 이후로 주 안에서 죽는 자들은 복이 있도다 하시매 성령이 이르시되 그러하다 그들이 수고를 그치고 쉬리니 이는 그들의 행한 일이 따름이라 하시더라

본 구절에서 진정한 복이 무엇인가를 선언하고 있습니다. 주 안에서 죽는 자가 복되다는 것입니다. 이에 대해 성령님이 "그러하다"라고 확증하고 있습니다. 왜냐하면 이제 그들은 주님 안에서 수고를 그치고 안식을 누릴 것이기 때문입니다. "그들이 행한 일"이란 인내로 믿음을 지킨 것을 말하는 것입니다. 그러므로 그리스도인들은 주님 안에서 안식을 누리며 그들의 믿음과 인내에 대한 보상을 받을 것입니다.

23. 구름 위의 인자(요한계시록 14:14~15:8)

14절: 또 내가 보니 흰 구름이 있고 구름 위에 인자와 같은 이가 앉으셨는데 그 머리에는 금 면류관이 있고 그 손에는 예리한 낫을 가졌더라

"인자와 같은 이"는 예수 그리스도를 가리키며, "구름 위에 앉아있다"는 것은 그리스도의 위엄과 권위, 사역의 완성을 의미합니다. "머리에 금 면류관"을 썼다는 것은 그리스도의 신적 영광과 왕적인 권위를 나타내며, "손에 예리한 낫을 가졌다"는 것은 그리스도의 심판직을 상징하는 것입니다.

15~16절: 또 다른 천사가 성전으로부터 나와 구름 위에 앉은 이를 향하여 큰 음성으로 외쳐 이르되 당신의 낫을 휘둘러 거두소서 땅의 곡식이 다 익어 거둘 때가 이르렀음이니이다 하니 구름 위에 앉으신 이가 낫을 땅에 휘두르매 땅의 곡식이 거두어지니라

"또 다른 천사"는 성부 하나님의 말씀을 전하는 메신저입니다.

"거둘 때"는 "추수의 때, 심판의 때"를 나타내는데, "추수"는 하나님의 심판에 대한 메타포입니다. 예레미야 51:33 "만군의 여호와 이스라엘의 하나님께서 이와 같이 말씀하시되 딸 바벨론은 때가 이른 타작마당과 같은지라. 멀지 않아 추수 때가 이르리라 하시도다." 요엘 3:12~13 "민족들은 일어나서 여호사밧 골짜기로 올라올지어다. 내가 거기에 앉아서 사면의 민족들을 다 심판하리로다. 너희는 낫을 쓰라. 곡식이 익었도다. 와서 밟을지어다. 포도주 틀이 가득히 차고 포도주 독이 넘치니 그들의 악이 큼이로다." 마태복음 3:12 "손에 키를 들고 자기의 타작마당을 정하게 하사 알곡은 모아 곳간에 들이고 쭉정이는 꺼지지 않는 불에 태우시리라.” 마태복음 13:30 “둘 다 추수 때까지 함께 자라게 두라. 추수 때에 내가 추수꾼들에게 말하기를 가라지는 먼저 거두어 불사르게 단으로 묶고 곡식은 모아 내 곳간에 넣으라 하리라.”

그리스도는 심판자가 되십니다. 로마서 2:16 “하나님이 예수 그리스도로 말미암아 사람들의 은밀한 것을 심판하시는 그 날이라.” 고린도후서 5:10 “이는 우리가 다 반드시 그리스도의 심판대 앞에 나타나게 되어 각각 선악 간에 그 몸으로 행한 것을 따라 받으려 함이라.”

17절: 또 다른 천사가 하늘에 있는 성전에서 나오는데 역시 예리한 낫을 가졌더라

또 다른 천사가 “하늘에 있는 성전에서 나왔다”는 것은 그 천사가 하나님에 의해 신적인 권위를 위임받았다는 것을 의미하는 것입니다. 이 천사 역시 예리한 낫을 가졌는데 이것 역시 심판을 상징하는 것입니다.

18절: 또 불을 다스리는 다른 천사가 제단으로부터 나와 예리한 낫 가진 자를 향하여 큰 음성으로 불러 이르되 네 예리한 낫을 휘둘러 땅의 포도송이를 거두라. 그 포도가 익었느니라 하더라

제단으로부터 나온 불을 다스리는 또 다른 천사가 예리한 낫을 가진 천사에게 땅의 포도송이를 거두라고 명령합니다. 특별히 “불을 다스리는 천사”가 나온 이유는 불이 심판과 관련된 것이기 때문입니다. 또한 제단은 성도들의 기도가 상달되는 곳입니다. 요한계시록 6:9~10

"하나님의 말씀과 그들이 가진 증거로 말미암아 죽임을 당한 영혼들이 제단 아래에 있어 큰 소리로 불러 이르되 거룩하고 참되신 대주재여 땅에 거하는 자들을 심판하여 우리 피를 갚아 주지 아니하시기를 어느 때까지 하시려 하나이까 하니." 요한계시록 8:3~5 "또 다른 천사가 와서 제단 곁에 서서 금향로를 가지고 많은 향을 받았으니 이는 모든 성도의 기도와 합하여 보좌 앞 금 제단에 드리고자 함이라. 향연이 성도의 기도와 함께 천사의 손으로부터 하나님 앞으로 올라가는지라. 천사가 향로를 가지고 제단의 불을 담아다가 땅에 쏟으매 우레와 음성과 번개와 지진이 나더라." 이로 보건대 하나님의 심판은 바로 성도들의 기도의 응답이라는 것을 알 수 있습니다.

19절: 천사가 낫을 땅에 휘둘러 땅의 포도를 거두어 하나님의 진노의 큰 포도주 틀에 던지매

예리한 낫을 가진 천사가 하나님의 명령에 따라 심판을 수행합니다. 이것 역시 그리스도의 심판입니다. 그리스도의 심판이 따로 있고, 천사의 심판이 따로 있는 것이 아닙니다. 천사는 단지 하나님의 수행자에 불과한 것입니다.

그는 땅의 포도를 거두어 하나님의 진노의 큰 포도주 틀에 던져 넣습니다. 이사야 63장 1-6절에 의하면 하나님은 큰 포도주 틀을 밟는 자로 나타납니다. "에돔에서 오는 이 누구며 붉은 옷을 입고 보스라에서 오는 이 누구냐. 그의 화려한 의복 큰 능력으로 걷는 이가 누구냐. 그는 나이니(It is I) 공의를 말하는 이요 구원하는 능력을 가진 이니라. 어찌하여 네 의복이 붉으며 네 옷이 포도즙 틀을 밟는 자 같으냐. 만민 가운데 나와 함께 한 자가 없이 내가 홀로 포도즙 틀을 밟았는데 내가 노함으로 말미암아 무리를 밟았고 분함으로 말미암아 짓밟았으므로 그들의 선혈이 내 옷에 튀어 내 의복을 다 더럽혔음이니 이는 내 원수 갚는 날이 내 마음에 있고 내가 구속할 해가 왔으나 내가 본즉 도와주는 자도 없고 붙들어 주는 자도 없으므로 이상하게 여겨 내 팔이 나를 구원하며 내 분이 나를 붙들었음이라. 내가 노함으로 말미암아 만민을 밟았으며 내가 분함으로 말미암아 그들을 취하게 하고 그들의 선혈이 땅에 쏟아지게 하였느니라.”

20절: 성 밖에서 그 틀이 밟히니 틀에서 피가 나서 말 굴레에까지 닿았고 1,600스다디온(1스다디온은 약 192m, 300km)에 퍼졌더라
“성 밖에서”에서의 성(城)은 예루살렘 성을 가리킨다고 볼 수 있습니다. 그러나 궁극적으로는 하늘도성 밖의 세상 모든 지역으로 보아야 합니다. 인류에 대한 심판은 하늘나라 밖에서 이루어지는 것입니다. “심판을 받는 악인들의 피가 말 굴레에까지 닿았다”는 것은 그들의 피가 말에게 씌우는 굴레(말고삐)의 높이까지 차올랐다(rising as high as the horses’ bridles)는 것을 말하는 것입니다.
그리고 “악인들의 피가 1,600스다디온에 퍼졌다”는 것은 하나님의 진노의 심판이 전(全) 세계적으로 미친다는 것을 의미하는 것입니다. 1,600스다디온(300km)은 문자적으로는 팔레스타인의 길이를 나타내지만, 상징적으로 전(全) 세계를 가리키는 것입니다. 1,600은 $(4 \times 10) \times (4 \times 10)$ 또는 $4 \times 4 \times 100$인데 1,600은 하나님의 진노의 심판이 전(全) 세계에 미친다는 것을 의미하는 것입니다.

제15장

15장은 16장의 일곱 대접 재앙의 도입부입니다.

1절: 또 하늘에 크고 이상한 다른 이적(표적)을 보매 일곱 천사가 일곱 재앙을 가졌으니 곧 마지막 재앙이라. 하나님의 진노가 이것으로 마치리로다

이제 드디어 하나님의 마지막 재앙인 일곱 대접 재앙이 등장합니다. 요한계시록에서의 하나님의 진노는 최후의 심판을 의미합니다.

2절: 또 내가 보니 불이 섞인 유리 바다 같은 것이 있고 짐승과 그의 우상과 그의 이름의 수를 이기고 벗어난 자들이 유리바다 가에 서서 하나님의 거문고를 가지고

"불이 섞인 유리바다"는 요한계시록 4장 6절에 나오는 하나님의 보좌 앞에 있는 유리바다를 가리키는 것인데, 이 유리바다에 불이 섞여 있다는 것은 다니엘 7장 10절에 나오는 "불이 강처럼 하나님의 보좌로부터 흘러나온다"라는 표현을 유리바다에 결합시킨 것으로써 심판과 정결케 함을 상징하는 불의 이미지를 첨가시킴으로써 유리바다 가에 서있는 짐승과 그의 우상과 그의 이름의 수를 이긴 성도들은 바로 이러한 불의 심판을 통과한 자들이라는 것을 말하고 있는 것입니다. 그들이 이제 하나님께로부터 받은 거문고를 들고 하나님을 찬양하는 것입니다.

3절a: 하나님의 종 모세의 노래, 어린 양의 노래를 불러 이르되

하늘의 성도들이 부르는 노래는 모세의 노래, 어린 양의 노래인데,

이는 두 노래가 아니라 하나의 노래, 즉 구원의 노래입니다. "모세의
노래"는 출애굽기 15장에 나오는 것으로써, 이스라엘 백성이 홍해를
건넌 후 바닷가에 서서 불렀던 구원의 노래를 의미합니다. "어린 양
의 노래" 역시 어린 양의 인도함으로 구원함을 받은 성도들이 부르
는 구원의 노래를 의미하는 것입니다.

**3절b~4절: 주 하나님 곧 전능하신 이시여 하시는 일이 크고 놀라우
시도다 만국의(만대의) 왕이시여 주의 길이 의롭고 참되시도다 주
여 누가 주의 이름을 두려워하지 아니하며 영화롭게 하지 아니하오
리이까 오직 주만 거룩하시니이다 주의 의로우신 일이 나타났으매
만국이 와서 주께 경배하리이다 하더라**

모세의 노래, 어린 양의 노래, 즉 구원의 노래의 내용입니다.

> 전능하신 주 하나님(Lord God Almighty), 당신의 행위가 위대하고
> 놀라우십니다.
> 만대의 왕(King of the ages)이신 하나님, 당신의 길이 의롭고 참되십
> 니다.
> 주님, 누가 당신을 경외하지 않을 수 있겠습니까?
> 누가 당신에게 영광을 돌리지 않을 수 있겠습니까?
> 왜냐하면 당신만이 홀로 거룩하시기 때문입니다.
> 열방이 나아와 당신 앞에 경배를 드릴 것입니다.
> 왜냐하면 당신의 의로운 행위가 나타났기 때문입니다.

먼저 성도들은 하나님을 전능하신 분으로, 또한 자신들의 주로, 그
리고 만대의 왕으로 고백합니다. 하나님만이 전능하신 분이시고 우
리의 주인이 되시며, 언제나 우리의 왕이 되시는 것입니다.
다음으로 성도들은 하나님의 의로운 행위에 대하여 찬양을 드립니

다. 하나님의 의로운 행위란 바로 의인은 구원하시고 악인은 심판하시는 행위를 말하는 것입니다.

이처럼 의롭고 거룩하신 하나님을 경외하지 않을 수 없는 것입니다. 이런 하나님께 영광을 돌리지 않을 수 없는 것입니다. 이러한 주 앞에 나아와 경배를 드리지 않을 수 없는 것입니다. 우리는 우리를 구원하신 주님을 경외하고 늘 주님께 영광을 돌리는 삶을 살아야 하는 것입니다.

5~6절: 또 이 일 후에 내가 보니 하늘에 증거 장막의 성전이 열리며 일곱 재앙을 가진 일곱 천사가 성전으로부터 나와 맑고 빛난 세마포 옷을 입고 가슴에 금띠를 띠고

"하늘에 있는 증거의 장막의 성전"에서 두 번째 소유격을 동격의 소유격으로 이해할 경우 "하늘에 있는 증거의 장막, 즉 성전"이라는 의미가 됩니다. 즉 하늘 성전을 말하는 것입니다. 왜 하늘 성전을 증거의 장막이라고 부르는가? 구약시대에는 성막을 증거의 장막이라 불렀는데 그 이유는 그 성막 안에 모세가 시내산에서 하나님으로부터 받아 온 두 증거판(십계명을 쓴 두 돌비)이 있었기 때문입니다. 특별히 증거 장막이라 부른 이유는 하늘 성전 중에서도 두 증거판이 있는 지성소가 열렸다는 것을 말하기 위함입니다. 일곱 천사가 하늘 성전의 지성소로부터 나오는 것은 이들이 가지고 있는 재앙이 하나님으로부터 말미암은 것이라는 사실을 말하기 위함입니다.

이들이 "맑고 빛난 세마포 옷을 입었다"는 것은 이들의 직분이 고상하고 거룩함을 나타내는 것으로써 제사장의 옷을 상기시키며, "가슴에 금띠를 띠었다"는 것은 이들이 가지고 있는 권위를 말하고 있는 것입니다.

7절: 네 생물 중의 하나가 영원토록 살아 계신 하나님의 진노를 가득히 담은 금 대접 일곱을 그 일곱 천사들에게 주니

이제 하나님을 호위하고 있는 네 생물 가운데 하나가 이들에게 하나님의 진노가 가득 담긴 금 대접을 나누어 줍니다.

8절: 하나님의 영광과 능력으로 말미암아 성전에 연기가 가득 차매 일곱 천사의 일곱 재앙이 마치기까지는 성전에 능히 들어갈 자가 없더라

"성전에 가득찬 연기"는 하나님의 충만한 임재를 상징합니다. "일곱 재앙이 마치기까지 성전에 아무도 들어갈 수 없다"라고 하는 것은 하나님의 심판에의 중단 없음을 말하는 것입니다. 이제 더 이상의 회개의 기회가 없음을 말하는 것입니다. 고린도후서 6장 2절에서 "보라 지금은 은혜 받을 만한 때요 보라 지금은 구원의 날이로다"라고 말씀하고 있습니다. 기회가 있을 때 우리는 회개하고 하나님께로 돌아와야 하는 것입니다.

24. 일곱 대접(요한계시록 16:1~21)

일곱 대접 재앙은 삼중적인 재앙, 즉 일곱 인 재앙, 일곱 나팔 재앙, 일곱 대접 재앙의 종지부(終止符)를 찍는 재앙입니다. 그러나 이 재앙은 세상을 끝내는 재앙이 아니라 2, 6, 10, 19, 21절에 나와 있듯이 불신자들에게 임하는 재앙입니다. 또한 그 강도에 있어서 일곱 인 재앙과 일곱 나팔 재앙에 비하여 그 강도가 세어진 것을 알 수 있습니다. 마지막으로 일곱 대접 재앙은 애굽에 임한 10가지 재앙과 유사함을 알 수 있습니다.

1절: 또 내가 들으니 성전에서 큰 음성이 나서 일곱 천사에게 말하되 너희는 가서 하나님의 진노의 일곱 대접을 땅에 쏟으라 하더라

"성전에서 나오는 큰 음성"은 "일곱 천사의 일곱 재앙이 마치기까지는 성전에 능히 들어갈 자가 없다"라는 15장 8절의 진술로 볼 때, 17절 말씀과 함께 하나님의 음성임을 알 수 있습니다.

하나님의 진노를 "쏟는다"는 표현은 구약에서 하나님의 심판을 상징하는 표현입니다. 시편 69:24 "주의 분노를 그들의 위에 부으시며 주의 맹렬하신 노가 그들에게 미치게 하소서." 예레미야 7:20 "주 여호와께서 이와 같이 말씀하시니라. 보라, 나의 진노와 분노를 이곳과 사람과 짐승과 들나무와 땅의 소산에 부으리니 불같이 살라지고 꺼지지 아니하리라." 예레미야 10:25 "주를 알지 못하는 이방 사람들과 주의 이름으로 기도하지 아니하는 족속들에게 주의 분노를 부으소서."

2절: 첫째 천사가 가서 그 대접을 땅에 쏟으매 짐승의 표를 받은 사람들과 그 우상에게 경배하는 자들에게 악하고 독한 종기가 나더라

이는 애굽에 임한 여섯 번째 재앙(출 9:8~12)과 유사합니다.

3절: 둘째 천사가 그 대접을 바다에 쏟으매 바다가 곧 죽은 자의 피 같이 되니 바다 가운데 모든 생물이 죽더라

이는 애굽에 임한 첫 번째 재앙(출 7장)과 유사합니다.

4절: 셋째 천사가 그 대접을 강과 물 근원에 쏟으매 피가 되더라
이 역시 애굽에 임한 첫 번째 재앙과 유사합니다.

5절: 내가 들으니 물을 차지한 천사가 이르되 전에도 계셨고 지금도 계신 거룩하신 이여 이렇게 심판하시니 의로우시도다
5~7절까지는 첫째부터 셋째 대접까지의 하나님의 심판을 찬양하는 심판송영입니다. 5절에서는 물을 차지한 천사가, 7절에서는 의인화된 제단이 찬양을 부릅니다.

여기에 "물을 차지한 천사"가 나온 이유는 바다와 강과 물의 근원이 피가 된 것과 관련이 있습니다.

물을 차지한 천사가 하나님을 가리켜서 "전에도 계셨고 지금도 계신 거룩하신 이"라고 표현하고 있습니다. 본 구절의 하나님 칭호는 요한계시록 1장 4절, 8절과 요한계시록 4장 8절에 나오는 하나님 칭호 "이제도 계시고 전에도 계셨고 또 장차 오실 이" 가운데 "장차 오실 이" 대신 "거룩하신 이"로 바뀌었는데, 이는 하나님의 심판이 현재 집행되고 있기 때문에 더 이상 미래적인 칭호가 필요 없기 때문입니다.

물을 차지한 천사의 찬양의 첫 마디는 "주님의 심판은 의로우시다"는 것입니다.

6절: (왜냐하면) 그들이 성도들과 선지자들의 피를 흘렸으므로 그들에게 피를 마시게 하신 것이 합당하니이다 하더라

왜 주님의 심판이 의로우신가에 대한 이유가 바로 6절의 말씀입니다. 헬라어 원문에도 이유를 나타내는 "왜냐하면"이라는 뜻의 호티(ὅτι)로 시작합니다. 첫째부터 셋째의 하나님의 진노의 심판은 불신자들의 악행에 대한 인과응보(因果應報)적인 심판임을 말하고 있습니다. 본 절에 나오는 "그들"은 2절에 언급된 "짐승의 표를 받은 사람들과 그 우상에게 경배하는 자들"을 의미합니다. 그들이 성도들과 선지자들의 피를 흘리게 하였기 때문에 인과응보의 원칙에 따라 그들에게 피를 주어 마시게 한 것이 합당하다는 것입니다.

7절: 또 내가 들으니 제단이 말하기를 그러하다 주 하나님 곧 전능하신 이시여 심판하시는 것이 참되시고 의로우시도다 하더라

의인화된 제단은 자신들의 피를 갚아주기를 간청하는 6장 9~10절에 나오는 순교자들을 상징한다고 볼 수 있습니다. 그들도 하나님의 심판이 참되고 의로운 심판이라고 말하고 있는 것입니다.

여기서 이들은 하나님에 대하여 "주 하나님 곧 전능하신 이"라고 부르고 있는데, 하나님은 심판을 행하시는 전능하신 분이라는 뜻입니다.

8~9절a: 넷째 천사가 그 대접을 해에 쏟으매 해가 권세를 받아 불로 사람들을 태우니 사람들이 크게 태움에 태워진지라

이어서 넷째 천사가 대접을 쏟자 태양이 힘을 얻어 강렬해져서 사람들을 태웁니다. 그러나 하늘에 있는 성도들은 요한계시록 7장 16절의 말씀처럼 "해나 아무 뜨거운 기운에 상하지 아니하며", 또한 이 땅의 성도들도 "낮의 해와 밤의 달이 해치 못하는" 것입니다(시 121:6).

9절b: 이 재앙들을 행하는 권세를 가지신 하나님의 이름을 비방하며 또 회개하지 아니하고 주께 영광을 돌리지 아니하더라

9절 하반절은 위의 재앙을 받은 불신자들의 반응을 말하고 있습니다. 그들은 하나님의 재앙을 경험하고도 이스라엘 백성을 보내지 않았던 애굽왕 바로처럼 자신들의 고집을 꺾지 않고 회개하지 아니하는 것입니다. 오히려 하나님의 이름을 비방하고 욕하며 하나님께 영광을 돌리지 않는 것입니다. 여기서 우리는 우리가 자신의 죄를 깨닫고 주님 앞으로 나아온 것이 얼마나 큰 하나님의 은혜인지를 기억해야 할 것입니다.

10절: 또 다섯째 천사가 그 대접을 짐승의 왕좌에 쏟으니 그 나라가 곧 어두워지며 사람들이 아파서 자기 혀를 깨물고

여기서 말하는 짐승의 왕좌란 로마제국을 말하는 것입니다. 다섯 번째 대접 재앙은 애굽에 내렸던 아홉 번째 재앙과 유사한 흑암의 재앙입니다. 어두움은 빛 되시는 하나님과 대조를 이루는 것으로써 하나님의 심판을 상징하는 것이라 할 수 있습니다.

"사람들이 아파서 자기 혀를 깨물었다"는 것은 이제까지의 재앙의 고통이 심함을 말하는 것입니다.

11절: 아픈 것과 종기로 말미암아 하늘의 하나님을 비방하고 그들의 행위를 회개하지 아니하더라

9절과 마찬가지로 불신자들은 여전히 자신의 죄를 뉘우치기는커녕 하나님을 비방하고 회개하지 않는 것입니다. 불신자들의 완고함을 다시 한 번 말하고 있는 것입니다.

12절: 또 여섯째 천사가 그 대접을 큰 강 유브라데에 쏟으매 강물이 말라서 동방에서 오는 왕들의 길이 예비되었더라

천사가 대접을 유프라테스 강에 쏟으니 강물이 말라버려서 동방에서 오는 왕들의 길이 마련됩니다. 시대사적으로 보면 유프라테스 강은 로마제국과 파르티아 왕국 간의 경계선이었는데, 이로 보건대 "동방에서 오는 왕"들은 로마인들이 두려워했던 파르티아 군대를 암시하는 것으로 볼 수 있습니다.

"강물이 말랐다"는 표현은 "하나님의 구원"을 연상시키는 말입니다. 출애굽 당시에도 홍해물이 말라서 이스라엘 백성들이 그 가운데로 지나갔으며(출 14:21~22), 이스라엘 백성이 가나안 땅에 들어갈 때에도 요단강이 말라 그 사이로 걸어갔던 것입니다(수 3:14~17). 이사야 11장 15~16절에는 "여호와께서 애굽 해만을 말리시고 그의 손을 유브라데 하수 위에 흔들어 뜨거운 바람을 일으켜 그 하수를 쳐 일곱 갈래로 나누어 신을 신고 건너가게 하실 것이라. 그의 남아 있는 백성 곧 앗수르에서 남은 자들을 위하여 큰 길이 있게 하시되 이스라엘이 애굽 땅에서 나오던 날과 같게 하시리라"라는 말씀이 있습니다. 이로 보건대 요한이 유프라테스 강을 마르게 한다는 표현을 사용한 것은 기독교인들의 구원을 위하여 로마를 무찌르기 위해 하나님께서 파르티아 군대로 하여금 로마로 손쉽게 갈 수 있는 길을 열어주기 위함인 것을 알 수 있습니다. 유프라테스 강물이 마른다는 것은 로마제국의 방위선이 무너짐을 의미하는 것이며, "동방에서 오는 왕들"은 당시 로마인들이 두려워했던 파르디아의 왕들을 가리키는 것으로써, 이들은 14절에 나오는 "온 천하 왕들"과는 다른 부류인데, "동방에서 오는 왕들"은 로마를 멸망시킬 왕들인 데 반하여,

"온 천하 왕들"은 하나님을 대적하여 싸울 왕들인 것입니다.

13~14절a: 또 내가 보매 개구리 같은 세 더러운 영이 용의 입과 짐승의 입과 거짓 선지자의 입에서 나오니 그들은 귀신의 영이라

본 절은 하나님의 삼위일체와 유사한 사탄의 삼두체제(三頭體制)를 말하고 있습니다. 용은 요한계시록 12장 9절에서 사탄으로 불리며, 짐승은 요한계시록 13장 1~10절의 바다에서 나온 짐승으로서 로마 제국을 가리키고, 거짓 선지자는 요한계시록 13장 11~17절의 땅에서 나온 짐승을 가리킵니다.

이 세 입으로부터 개구리 같이 더러운 영 셋이 나온다는 것입니다. 여기서 개구리는 더러움의 상징으로 사용되었는데, 애굽에 내렸던 두 번째 재앙도 개구리 재앙(출 8장)이었던 것입니다. 사탄과 로마제국과 거짓 선지자에게서 나온 영이 더러운 이유는 그 영들이 "귀신들의 영들(spirits of demons)"이기 때문입니다. 이들은 악령(evil spirit)인 것입니다.

14절b: 이적을 행하여 온 천하 왕들에게 가서 하나님 곧 전능하신 이의 큰 날에 있을 전쟁을 위하여 그들을 모으더라

14절 하반절은 이 악령들이 하는 일들을 묘사합니다. 이들은 기적을 행하여 하나님과의 전쟁을 대비하여 온 천하 왕들을 모으기 위해 그들에게 가는 것입니다.

"하나님의 큰 날"은 "주의 날"을 가리키며 이 날은 하나님이 그 대적자들을 멸망시키고 승리하는 날을 의미하는 것입니다. 이러한 종말론적인 전쟁을 위해 하나님을 대적하는 여러 민족을 모은다는 것은 계시록 16장 16절; 19장 17, 19절; 20장 8절에서도 볼 수 있는데, 이는 구약에 자주 사용된 표상입니다(겔 38~39장). 요엘 3:2 "내가 만국을 모아 데리고 여호사밧 골짜기에 내려가서 내 백성 곧 내 기업인 이스라엘을 위하여 거기에서 그들을 심문하리니." 스가랴 14:1~3 "여호와의 날이 이르리라. 그 날에 네 재물이 약탈되어 네 가운데에서 나누이리라. 내가 이방 나라들을 모아 예루살렘과 싸우게 하리니 성읍이 함락되며 가옥이 약탈되며 부녀가 욕을 당하며 성읍 백성이 절반이나 사로잡혀 가려니와 남은 백성은 성읍에서 끊어지지 아니하리라. 그 때에 여호와께서 나가사 그 이방 나라들을 치시되 이왕의 전쟁 날에 싸운 것 같이 하시리라."

15절: 보라 내가 도둑 같이 오리니 누구든지 깨어 자기 옷을 지켜 벌거벗고 다니지 아니하며 자기의 부끄러움을 보이지 아니하는 자는 복이 있도다

복 선언이 등장합니다. 이와 같은 급박한 상황 속에서 깨어 있어 자기 옷을 지켜 벌거벗지 아니하고 자기의 부끄러움을 보이지 않는 자가 복이 있다는 것입니다. "자기 옷을 지킨다"는 것은 "자기 옷을 더럽히지 않는 것"(계 3:4)을 의미하는 것으로써, 이는 죄와 타협하지 아니하고 믿음의 정절을 굳게 지키며, 세상적으로 살지 아니하고 거룩하고 정결한 삶을 살아 하나님의 말씀을 지키는 것을 의미합니다.

16절: 세 영이 히브리어로 아마겟돈이라 하는 곳으로 왕들을 모으더라

더러운 세 영이 하나님과 맞서 싸우고자 온 천하의 왕들을 집결시킨 장소의 이름이 아마겟돈입니다. 아마겟돈의 헬라어 원어 발음은 Ἀρ μαγεδών(하르마겟돈)인데, 이는 "므깃도의 산"이라는 뜻으로서 이 곳은 역사적으로 유명한 전쟁터 가운데 하나입니다. 바락과 여자 사사 드보라가 시스라를 격멸한 곳이 여기였으며(삿 5:19~21), 예후가 아하시야를 죽이고 혁명에 성공했던 곳도 여기였습니다(왕하 9:27). 요시아 왕이 용감하게 애굽의 바로느고와 대결하다가 전사한 곳도 여기였으며(왕하 23:29~30), 선지자 에스겔이 종말에 곡과 마곡이 하나님의 백성들과 싸울 곳도 이곳이라 하였습니다(겔 38:8, 21; 39:2, 4, 17). 므깃도는 실제로는 산이 아니고 평야이지만 그곳이 구릉지대에 속하여 있으며, 인근에 갈멜산맥이 있으므로 므깃도와 합쳐서 그 지역 전체를 므깃도의 산이라 할 수 있는 것입니다. 이 하르마겟돈(므깃도의 산)은 주님의 재림 직전에 있을 하나님과 사탄의 군대 사이의 결전의 장을 상징하고 있으나, 이를 특정한 지리적인 장소로 보기보다는 하나님의 적대세력이 하나님과 그의 백성들과의 마지막 전투를 위해 모이는 신화-묵시적인 장소명으로 이해하는 것이 좋을 것 같습니다.

17절: 일곱째 천사가 그 대접을 공중에 쏟으매 큰 음성이 성전에서 보좌로부터 나서 이르되 되었다 하시니

일곱 번째 대접이 쏟아지자 성전 보좌로부터 "되었다(It is done)"라는 음성이 나오는데 이는 하나님의 음성이며, 되었다는 것은 일곱 번째 대접 재앙이 최종적인 재앙임을 말하는 것입니다. 이는 주님께서 십자가 상에서 마지막으로 하신 말씀, "다 이루었다(It is finished)"를 상기시킵니다(요 19:30). 이제 일곱 번째 대접 재앙을 마지막으로 구원의 완성이 이루어지게 되는 것입니다.

18절: 번개와 음성들과 우렛소리가 있고 또 큰 지진이 있어 얼마나 큰지 사람이 땅에 있어 온 이래로 이같이 큰 지진이 없었더라

번개와 음성들과 우렛소리와 지진은 하나님의 현현에 속하는 현상들입니다.

19절: 큰 성이 세 갈래로 갈라지고 만국의 성들도 무너지니 큰 성 바벨론이 하나님 앞에 기억하신바 되어 그의 맹렬한 진노의 포도주 잔을 받으매

사상 유래 없는 큰 지진으로 인해 큰 성 바벨론, 즉 로마가 세 조각으로 갈라집니다. 세 조각으로 갈라진다는 것은 3이라는 완전수를 통해 로마의 완벽한 파괴를 의미하는 것입니다.

"만국"은 로마의 속국을 의미하는데 로마가 망함으로 그의 지배를 받던 만국도 망하는 것입니다.

"큰 성 바벨론이 하나님 앞에 기억하신바 된다"는 것은 18장 5절에 나오는 것처럼 "그 불의한 일을 기억하신다"는 것입니다. 하나님의 진노의 최종적인 목표는 바로 로마인 것입니다.

20절: 각 섬도 없어지고 산악도 간 데 없더라

큰 지진의 결과 섬들과 산들이 사라지는데, 이는 마지막 때의 하나님의 현현과 심판에 관련된 표현입니다.

21절: 또 무게가 한 달란트(약 60kg)나 되는 큰 우박이 하늘로부터 사람들에게 내리매 사람들이 그 우박의 재앙 때문에 하나님을 비방

하니 그 재앙이 심히 큼이러라

큰 우박 재앙은 애굽에 내린 일곱 번째 우박 재앙을 상기시키는데, 이는 지진과 함께 심판의 도구로서 하나님을 대적하는 무리들에 대한 형벌의 도구로 사용되고 있습니다. 한 달란트는 약 50~60kg 정도 되는 무게입니다.

이러한 재앙에도 불구하고 불신자들은 9절과 11절에 이어서 여기서도 회개하지 아니하고 끝까지 하나님을 비방하는 것입니다.

여기서 우리는 두 가지를 알 수 있는데 하나는 불신자들에 대한 하나님의 심판은 회개하지 아니하는 그들의 완고함 때문이며, 또한 자신의 죄를 깨닫고 하나님께 돌아올 수 있다는 것이 얼마나 귀하고 값진 은혜인가 하는 것입니다.

25. 음녀의 정체(요한계시록 17:1~18)

요한계시록 16장 19절에서 큰 성 바벨론에 대한 심판이 예고된 가운데 본장은 하나님의 심판을 받게 될 바벨론이 바로 로마임을 밝히고 있습니다. 그리하여 요한계시록 17장은 음녀에 대한 해설을, 그리고 뒤의 18장은 음녀의 멸망상을 보여줍니다. 이처럼 음녀인 바벨론의 멸망을 두 장에 걸쳐 이야기하는 것은 바벨론의 멸망이 성도의 소망이요, 하나님의 의의 심판이요, 역사의 클라이맥스이기 때문입니다.

1절: 또 일곱 대접을 가진 일곱 천사 중 하나가 와서 내게 말하여 이르되 이리로 오라 많은 물 위에 앉은 큰 음녀가 받을 심판을 네게

보이리라

여기서의 음녀는 누구를 가리키는 것인가? 여기서의 "음녀(whore, harlot, prostitute)"는 "매춘부, 창녀"를 뜻하는데, 구약에서의 "음녀"라는 표현은 하나님으로부터 멀리 떨어져 타락한 존재, 또는 하나님에 대한 배신을 가리키는데 사용된 은유인바, 여기서는 로마를 가리키고 있습니다. 앞서 큰 성, 바다에서 나온 짐승, 애굽, 소돔, 바벨론 등으로 묘사된 로마제국이 여기서는 음녀(매춘부, 창녀)로 묘사되고 있는 것입니다. 이러한 칭호는 로마제국의 황제숭배와 도덕적 타락에서 생겨난 것입니다. 이는 뒤에 나오는 요한계시록 19장 7~8절의 "옳은 행실로 자신을 깨끗하게 준비한 어린 양의 아내"인 성도들과 대조가 되는 것입니다.

"큰 음녀가 앉아 있는 많은 물"은 요한계시록 17장 15절의 해설대로 "백성과 무리와 열국과 방언들"을 가리키는데 이는 많은 민족과 백성을 지배하는 로마의 권세를 나타내는 것입니다. 로마는 많은 나라들을 정복하고 지배했기 때문입니다.

2절: 땅의 임금들도 그와 더불어 음행하였고 땅에 사는 자들도 그 음행의 포도주에 취하였다 하고

"땅의 임금들"은 로마와 관계를 맺고 있던 모든 나라들을 가리킵니다. 그 나라들이 로마와 더불어 음행을 행하였다는 것은 그들이 로마의 영향으로 인해 황제숭배 및 우상숭배에 빠져들었고, 하나님을 무시하는 자들이 되었다는 것을 의미하는 것입니다.

"땅에 사는 자들"이란 8절의 해설대로 "창세 이후로 그 이름이 생명책에 기록되지 못한 자들"로서, 그리스도인들을 박해하는 불신자들을 가리킵니다. 그들 역시 로마의 풍조에 휩쓸려 도취되어 살았던 자들인 것입니다.

여기서 로마의 죄악이 드러나는데, 로마는 자신만 죄악을 범하는 것으로 끝나지 않고 다른 나라들에도 영향을 끼쳐 그들을 우상숭배와 도덕적인 타락으로 이끈 것입니다. 예수님께서도 마태복음 23장 13, 15절에서 같은 이유로 바리새인들을 책망하셨습니다. "화 있을진저 외식하는 서기관들과 바리새인들이여, 너희는 천국 문을 사람들 앞에서 닫고 너희도 들어가지 않고 들어가려 하는 자도 들어가지 못하게 하는도다. 화 있을진저 외식하는 서기관들과 바리새인들이여, 너희는 교인 한 사람을 얻기 위하여 바다와 육지를 두루 다니다가 생기면 너희보다 배나 더 지옥 자식이 되게 하는도다."

백범 김구 선생이 애용하셨다는 서산대사의 글귀가 있습니다.

踏雪野中去(답설야중거)
不須胡亂行(불수호난행)
今日我行跡(금일아행적)
遂作後人程(수작후인정)
눈 덮인 들판을 갈 때
어지러이 걷지 말라
오늘 내가 걸어간 이 발자국이
훗날 누군가의 이정표가 될지니

우리로 인해 다른 사람이 죄를 범하거나 시험에 들지 않도록 해야 할 것입니다.

3절: 곧 성령으로 나를 데리고 광야로 가니라 내가 보니 여자가 붉

은 빛 짐승을 탔는데 그 짐승의 몸에 하나님을 모독하는 이름들이 가득하고 일곱 머리와 열 뿔이 있으며

성경에서 광야는 계시의 장소로 사용됩니다. 모세가 하나님을 만난 곳이 광야 서쪽 호렙산이었으며(출 3:1), 엘리야가 하나님의 세미한 음성을 들은 곳도 광야였습니다(왕상 19:4). 세례요한에게 하나님의 말씀이 임한 곳도 광야 빈들이었으며(눅 3:2), 사도 바울이 다메섹에서 주님을 만난 이후에 간 곳도 아라비아 광야였던 것입니다(갈 1:17). 우리가 하나님의 음성을 듣고자 한다면 우리 각자에게 광야의 장소가 있어야 하는 것입니다.

본 절에는 음녀인 로마가 타고 있는 붉은 빛 짐승에 대해 묘사하고 있습니다. 본 절의 짐승이 13장에 나오는 바다에서 나온 짐승, 즉 로마제국을 뜻한다면 여자는 도시 로마를 상징하는 것임을 알 수 있습니다. 여자가 짐승을 타고 있다는 것은 둘 사이에 밀접한 연합관계가 있음을 보여주는 것입니다.

"짐승의 색깔이 용의 색깔과 같이 붉다"(계 12:3)는 것은 짐승을 배후에서 사주하는 존재가 바로 용, 사탄이라는 것을 나타내는 것입니다. "짐승의 몸에 하나님을 모독하는 이름들이 가득하다"는 것은 첫째로 로마제국이 섬겼던 수많은 우상들을 의미하며, 둘째로 로마제국을 대표하는 황제가 자신을 신격화시켜 신(神), 구주(救主), 주(主)와 같은 하나님의 칭호를 가로챈 행위를 말하는 것입니다.

"일곱 머리와 열 뿔"에 대해서는 요한계시록 17장 9~12절에서 설명하고 있습니다.

4절: 그 여자는 자주 빛과 붉은 빛 옷을 입고 금과 보석과 진주로

꾸미고 손에 금잔을 가졌는데 가증한 물건과 그의 음행의 더러운 것
들이 가득하더라

본 절은 붉은 빛 짐승을 탄 여자, 즉 도시 로마에 대하여 설명하고
있습니다.

"자주 빛과 붉은 빛 옷" 그리고 "금과 보석과 진주"는 로마의 사치
와 화려함에 대한 표현입니다. 로마는 이러한 화려함과 사치로 세상
사람들을 유혹하는 것입니다. 많은 사람들이 돈의 유혹에 끌려 멸망
의 길로 가게 되는 것입니다. 디모데전서 6:10 "돈을 사랑함이 일만
악의 뿌리가 되나니 이것을 탐내는 자들은 미혹을 받아 믿음에서 떠
나 많은 근심으로써 자기를 찔렀도다." 마가복음 10:21~22 "예수께
서 그를 보시고 사랑하사 이르시되 네게 아직도 한 가지 부족한 것
이 있으니 가서 네게 있는 것을 다 팔아 가난한 자들에게 주라. 그리
하면 하늘에서 보화가 네게 있으리라. 그리고 와서 나를 따르라 하
시니 그 사람은 재물이 많은 고로 이 말씀으로 인하여 슬픈 기색을
띠고 근심하며 가니라." 이와 대조적으로 19장 8절에서는 성도들이
입을 옷이 "빛나고 깨끗한 세마포 옷"이라고 말씀하고 있습니다.
"음녀가 가증한 물건과 그의 음행의 더러운 것들이 가득한 금잔을
손에 들고 있다"는 것은 로마의 도덕적 타락뿐만 아니라 로마의 황
제숭배를 가리키는 것입니다.

**5절: 그의 이마에 이름이 기록되었으니 비밀이라 큰 바벨론이라 땅
의 음녀들과 가증한 것들의 어미라 하였더라**

하나님께서 성도들의 이마에 인을 친 것처럼(계 6:3) 음녀의 이마에
도 이름이 기록되어 있는 것입니다. 그런데 성도들의 이마에는 "어

린 양의 이름"과 "아버지의 이름"이 쓰여 있는(계 14:1) 반면에, 음녀의 이마에 기록된 이름은 "비밀, 큰 바벨론, 땅의 음녀들과 가증한 것들의 어미"입니다. 음녀의 이마에 기록된 "큰 바벨론, 땅의 음녀들과 가증한 것들의 어미"라는 이름은 비밀이라는 것입니다. 문자 그대로의 이름이 아니라 상징적인 표현이라는 것입니다. 즉, 외부인들에게는 비밀이지만 그리스도인들은 아는 것인데 "큰 바벨론, 땅의 음녀들과 가증한 것들의 어미"는 바로 로마를 가리키는 것입니다. 큰 바벨론은 로마에 대한 별명입니다. 또한 로마는 음녀들 가운데 어미 음녀인데, 로마 아래에 있는 모든 속국(屬國)들은 로마의 음녀 딸들인 것입니다. 그들은 로마의 주도 아래 황제숭배와 우상숭배를 하였으며 도덕적으로 타락했던 것입니다.

6절: 또 내가 보매 이 여자가 성도들의 피와 예수의 증인들의 피에 취한지라. 내가 그 여자를 보고 놀랍게 여기고 크게 놀랍게 여기니
"성도들의 피와 예수의 증인들의 피"에서 접속사 "και(and)"를 동격의 의미로 보아 "성도들의 피, 즉 예수의 증인들의 피"로 해석하는 것이 좋을 것 같습니다. 음녀인 로마가 "성도들의 피, 즉 예수의 증인들의 피에 취하였다."는 것은 로마가 그리스도인들을 죽이기까지 박해하였음을 말하는 것입니다. 그 그리스도인들의 순교의 피에 로마가 취할 정도였다는 것은 그 박해가 심히 엄청났다는 것을 말하고 있는 것입니다.

사도 요한이 이 음녀의 환상을 보고 "놀랍게 여기고 크게 놀랍게 여겼다"는 것은 이 환상의 의미를 잘 몰랐다는 말입니다. 그리하여 이제 천사가 나타나 이 음녀의 환상의 의미를 요한에게 설명해 주는 것입니다.

7절: 천사가 이르되 왜 놀랍게 여기느냐 내가 여자와 그가 탄 일곱 머리와 열 뿔 가진 짐승의 비밀을 네게 이르리라

이제 음녀와 짐승에 대한 천사의 해석이 나옵니다.

8절: 네가 본 짐승은 전에 있었다가 지금은 없으나 장차 무저갱으로 부터 올라와 멸망으로 들어갈 자니 땅에 사는 자들로서 창세 이후로 그 이름이 생명책에 기록되지 못한 자들이 이전에 있었다가 지금은 없으나 장차 나올 짐승을 보고 놀랍게 여기리라

천사는 먼저 짐승의 정체를 설명합니다. 이 짐승은 "전에는 있었으나 지금은 없으며 그러나 장차 다시 살아날 존재"입니다. 이는 죽었다가 다시 살아날 것으로 전해져 온 "네로 환생설"을 말하는 것으로써, 로마황제는 곧 국가(國家)이기에 이 짐승은 바로 로마제국, 하나님을 무시하는 세상제국, 바다에서 올라온 짐승을 가리키는 것입니다.

9~11절: 지혜 있는 뜻이 여기 있으니 그 일곱 머리는 여자가 앉은 일곱 산이요 또 일곱 왕이라 다섯은 망하였고 하나는 있고 다른 하나는 아직 이르지 아니하였으나 이르면 반드시 잠시 동안 머무르리라 전에 있었다가 지금 없어진 짐승은 여덟째 왕이니 일곱 중에 속한 자라 그가 멸망으로 들어가리라

이제 천사는 짐승의 일곱 머리에 대한 해석을 합니다. 먼저 "일곱 머리"는 "일곱 산"을 의미합니다. 여기서 말하는 일곱 산은 바로 로마를 가리키는 것입니다. 왜냐하면 예로부터 로마가 "일곱 산, 또는 일곱 언덕의 도시"로 불렸기 때문입니다.

일곱 머리는 또한 "일곱 왕"을 가리킵니다. 그런데 "다섯은 망하였고, 하나는 있고, 다른 하나는 아직 이르지 아니하였다"라고 합니다. 이에 대한 해석을 우리는 두 가지로 할 수 있는데, 하나는 일곱 왕을 문자 그대로 해석하는 것입니다. 이 해석의 경우 "다섯 왕은 망하였다"에서 다섯 왕은 "아우구스투스, 티베리우스, 칼리굴라, 클라우디우스, 네로"라고 할 수 있습니다. 그리고 네로 사망 이후 "갈바, 오토, 비텔리우스" 세 명의 황제가 있었지만 모두 합해서 1년 반밖에 되지 않은 재위기간으로 인해 정상적인 황제라 할 수 없습니다. "지금 하나가 있다"는 것은 "베스파시아누스" 황제(A.D. 69~79년)를 가리킵니다. 마지막으로 "다른 하나는 아직 이르지 아니하였으나 이르면 반드시 잠시 동안 머무르리라"에 해당하는 황제는 "티투스"(A.D. 79~81년)입니다. 이제 티투스 다음 8번째 황제가 등장하는데 그는 일곱 중에 속한 자입니다. 왜냐하면 그는 네로가 다시 살아났다라고 불릴 자이기 때문입니다. 그가 바로 도미티아누스 황제인 것입니다. 그러나 이 해석의 맹점은 이 해석을 따르게 되면 현재 요한이 계시록을 쓰고 있을 당시가 베스파시아누스 황제 때가 된다는 점입니다. 그러나 우리는 요한계시록이 쓰일 당시가 도미티아누스 황제 때라고 말하였습니다. 그러나 이것은 그리 큰 문제가 되지 않습니다. 왜냐하면 묵시문학은 이미 지나간 과거 역사를 미래적으로 진술하는 "사후 예언(prophecy *ex eventu*)"의 방식에 익숙하기 때문입니다.

또 다른 해석 방법은 일곱 왕을 문자적으로 보지 않고 일곱 왕에서 7을 완전수로 이해하여 일곱 왕을 특정한 로마황제가 아니라 로마황제 전체를 가리키는 것으로 해석하는 것입니다. 이 해석을 따르면 그 중에 "다섯은 망하였다"는 것은 지나간 로마황제들을 가리키는 것이며, "하나가 있다"는 것은 현재 로마황제를 가리키는 것이고, "장차 하나가 올 것이라"는 것은 이제 남은 로마황제를 가리키는 것입니다. 그런데 앞으로 나타날 로마황제가 잠시 동안만 머무른다는 것은 로마의 멸망이 머지않았다는 것을 말하는 것입니다. 이제 8번째 황제가 등장하는데 그는 일곱 왕 중에 속한 자입니다. 왜냐하면 그는 네로가 다시 살아났다라고 불릴 자이기 때문입니다. 네로는 일곱 왕 중에 속한 황제인 것입니다. 다시 말해서 일곱 황제가 지나가고 이제 8번째 황제가 등장할 텐데(이는 모두 상징적인 숫자입니다), 그는 일곱 왕 중에 속한 네로가 환생했다고 불릴 자이며 그의 때에 로마, 하나님을 대적하는 세상제국이 멸망하는 것입니다. 이 8번째 왕이 적그리스도이며, 666이며, 요한 당시에는 도미티아누스 황제, 로마제국이며, 이제 후로는 하나님을 대적하는 적그리스도, 세상나라가 되는 것입니다.

12절: 네가 보던 열 뿔은 열 왕이니 아직 나라를 얻지 못하였으나 다만 짐승과 더불어 임금처럼 한동안 권세를 받으리라
이제 천사는 열 뿔에 대한 설명을 합니다. 이들은 아직 나라는 차지하지 못하였지만 로마와 함께 다스릴 권세를 가졌다는 것으로 보아 로마의 속국의 왕들을 의미하는 것으로 보입니다. 10이라는 숫자도 문자적인 의미라기보다 세상만수로 보는 것이 좋을 듯합니다.

13절: 그들이 한 뜻을 가지고 자기의 능력과 권세를 짐승에게 주더라
로마의 속국의 왕들이 한 마음이 되어 로마에게 충성하여 로마에게 힘을 실어줄 것을 말하는 것입니다.

14절: 그들이 어린 양과 더불어 싸우려니와 어린 양은 만주의 주시요 만왕의 왕이시므로 그들을 이기실 터이요, 또 그와 함께 있는 자들 곧 부르심을 받고 택하심을 받은 진실한 자들도 이기리로다

열 왕이 어린 양 예수 그리스도에게 싸움을 걸어오겠으나 어린 양이 그들을 이기실 터인데, 그 이유는 어린 양이 만주의 주시오 만왕의 왕이시기 때문입니다. 이와 더불어 성도들도 그리스도와 함께 승리에 동참하게 될 것입니다.

여기서 주님을 "만주의 주, 만왕의 왕"으로 부르고 있는데 이러한 칭호의 사용은 이 세상의 참된 통치자가 로마황제가 아니라 그리스도임을 보여주기 위함입니다.

15절: 또 천사가 내게 말하되 네가 본 바 음녀가 앉아 있는 물은 백성과 무리와 열국과 방언들이니라

1절에 나오는 음녀가 앉아있는 많은 물에 대한 해석입니다.

16절: 네가 본 바 이 열 뿔과 짐승은 음녀를 미워하여 망하게 하고 벌거벗게 하고 그의 살을 먹고 불로 아주 사르리라

한 때는 음녀를 태워주던 짐승과 열 왕이 합세하여 음녀를 망하게 하는 것입니다. 이는 적그리스도 국가 자체 내에 배신과 반역이 있을 것을 가리키는 것입니다. 이것은 악한 세상 권력의 본성을 말하고 있는 것입니다. 악의 세력은 자신에게 이익이 될 때는 친하게 지내다가 더 이상 쓸모가 없어지면 배신하고 배반하는 것입니다. 스승인 예수님을 팔아넘긴 가룟 유다에게서 이러한 악의 모습을 보게 되는 것입니다.

17절: 이는 하나님이 자기 뜻대로 할 마음을 그들에게 주사 한 뜻을
이루게 하시고 그들의 나라를 그 짐승에게 주게 하시되 하나님의 말
씀이 응하기까지 하심이라

요한은 악의 세력들이 서로를 멸망시키는 이러한 사건 속에서 하나
님 자신이 활동하고 계심을 봅니다. 여기서 요한은 하나님께서 악의
세력들을 이용하셔서 하나님의 뜻을 이루어 가심을 말하고 있는 것
입니다. 다시 말해서 지상에 있는 사탄의 대리자들은 자신들이 하나
님의 뜻을 이루고 있다는 사실을 의식하지 못한 채 하나님의 심판을
수행하고 있는 것입니다. 결국은 모든 것이 다 하나님의 뜻에 의해
서 되는 것입니다. 하나님께서 이 세상의 모든 악한 세력들을 사용
하셔서 하나님의 뜻을 이루어 가시는 것입니다. 그렇다고 해서 하나
님께서 악한 세력을 만들어 내시거나 조장한다는 뜻이 아니라, 사탄
에 의해 또한 인간의 자유의지에 의해 생겨난 악의 세력을 하나님께
서 하나님의 뜻을 이루시는데, 악한 세력을 심판하시는 데 사용하신
다는 것입니다.

18절: 또 네가 본 그 여자는 땅의 왕들을 다스리는 큰 성이라 하더라

요한이 이제까지 말한 음녀는 땅의 왕들을 다스리는 큰 성인데 이는
바로 로마임을 다시 한 번 말하고 있는 것입니다.

26. 바벨론의 멸망(요한계시록 18:1∼24)

18장에서 드디어 요한은 바벨론, 즉 로마의 멸망을 예언하고 있습니다.

1절: 이 일 후에 다른 천사가 하늘에서 내려오는 것을 보니 큰 권세를 가졌는데 그의 영광으로 땅이 환하여지더라

하나님으로부터 큰 권세를 부여받은, 그의 영광으로 땅을 환하게 밝히는 천사가 등장합니다. "큰 권세"는 "심판의 권세"를 상징하며, "그의 영광으로 땅이 환하여졌다"는 것은 이 천사가 하나님의 영광을 위임받은 천사임을 말하는 것입니다.

2절: 힘찬 음성으로 외쳐 이르되 무너졌도다 무너졌도다 큰 성 바벨론이여 귀신의 처소와 각종 더러운 영이 모이는 곳과 각종 더럽고 가증한 새들이 모이는 곳이 되었도다

"무너졌도다 무너졌도다 큰 성 바벨론이여"라는 말은 이사야 21장 9절에서 이사야 선지자가 고대 바벨론 제국의 멸망을 예언한 말의 인용입니다. 바벨론은 하나님을 대적하는 세력의 상징입니다. 과거 바벨론이 무너졌듯이 로마도 이처럼 무너질 것이라는 말입니다. 요한 당시 아직 로마는 망하지 아니하였지만 멸망할 것으로 기정사실화하는 것입니다. 이처럼 하나님을 대적하는 세력은 반드시 언젠가 무너지게 되는 것입니다.

"무너졌도다"를 두 번 반복한 것은 로마의 멸망의 확실함을 말하고 있는 것입니다.

"귀신, 각종 더러운 영, 각종 더럽고 가증한 새들"은 악령들의 명칭입니다. 요한은 로마제국을 악령의 지배를 받는 영역으로 묘사하고 있는 것입니다.

3절: 그 음행의 진노의 포도주로 말미암아 만국이 무너졌으며 또 땅

의 왕들이 그와 더불어 음행하였으며 땅의 상인들도 그 사치의 세력으로 치부(致富)하였도다 하더라

로마가 하나님의 진노를 받아 멸망하게 되는 이유에 대해서 설명하고 있습니다.

먼저 로마는 음행의 죄로 멸망당하게 되는 것입니다. 음행은 하나님에 대한 반역을 의미하며 특별히 로마의 우상숭배와 황제숭배를 의미합니다.

다음으로 로마는 이러한 우상숭배와 황제숭배를 만국에 퍼뜨린 죄로 멸망당하게 되는 것입니다. 로마는 자신에게 속한 속국들에게 황제숭배를 강요함으로 자신과 같은 죄에 빠지도록 만든 것입니다.

마지막으로 로마는 자신의 사치와 화려함으로 상인들을 유혹하여 그들도 황제숭배를 하게 만듦으로 인해 멸망당하게 되는 것입니다. 로마가 사치함으로 인해 그와 관련된 나라와 상인들이 돈을 벌게 되었는데 이러한 경제활동을 통해 로마는 여러 나라에 황제숭배를 촉구하였고 로마로 인해 이득을 보던 많은 나라들과 상인들은 기꺼이 황제숭배에 동참했던 것입니다.

우리는 로마와 같은 죄를 범해서는 안 되겠습니다. 먼저 나 자신이 죄악에 물들지 않도록 해야 합니다. 그리고 나로 인해 다른 사람이 죄와 악에 빠지지 않도록 주의해야 합니다. 마지막으로 아무리 금전적으로 이익이 된다 하더라도 죄의 길에 동참해서는 안 되는 것입니다. "복 있는 사람은 악인들의 꾀를 따르지 아니하며 죄인들의 길에 서지 아니하며 오만한 자들의 자리에 앉지 아니하는"(시 1:1) 것입니다.

4절: 또 내가 들으니 하늘로부터 다른 음성이 나서 이르되 내 백성

아 거기서 나와 그의 죄에 참여하지 말고 그가 받을 재앙들을 받지 말라

하나님께서 성도들에게 로마로부터 나오라고 말씀하십니다. 그러나 이는 실제로 도시 로마를 떠나라고 말씀하시는 것이 아닙니다. 이는 단지 로마의 죄에 참여하지 말라는 말씀입니다. 황제숭배를 하지 말라는 것입니다. 성도들은 세상에 속하여 살지만 그 죄악에 동참해서는 안 되는 것입니다. 죄와 악을 떠나라는 말씀은 성경 전체에서 울려 퍼지는 말씀입니다. 창세기 12:1 "여호와께서 아브람에게 이르시되 너는 너의 고향과 친척과 아버지의 집을 떠나 내가 네게 보여 줄 땅으로 가라." 창세기 19:14 "롯이 나가서 그 딸들과 결혼할 사위들에게 말하여 이르기를 여호와께서 이 성을 멸하실 터이니 너희는 일어나 이곳에서 떠나라 하되 그의 사위들은 농담으로 여겼더라." 민수기 16:23~26 "여호와께서 모세에게 말씀하여 이르시되 회중에게 명령하여 이르기를 너희는 고라와 다단과 아비람의 장막 사방에서 떠나라 하라. … 모세가 회중에게 말하여 이르되 이 악인들의 장막에서 떠나고 그들의 물건은 아무것도 만지지 말라. 그들의 모든 죄 중에서 너희도 멸망할까 두려워하노라." 고린도후서 6:14~17 "너희는 믿지 않는 자와 멍에를 함께 메지 말라. 의와 불법이 어찌 함께 하며 빛과 어둠이 어찌 사귀며 그리스도와 벨리알이 어찌 조화되며 믿는 자와 믿지 않는 자가 어찌 상관하며 하나님의 성전과 우상이 어찌 일치가 되리요. 우리는 살아 계신 하나님의 성전이라. … 그러므로 너희는 그들 중에서 나와서 따로 있고 부정한 것을 만지지 말라." 죄악에 동참하지 말라는 말씀입니다. 그리하여 성도들은 불의한 자들이 받게 되는 재앙을 받지 않게 되는 것입니다.

5절: 그의 죄는 하늘에 사무쳤으며 하나님은 그의 불의한 일을 기억하신지라

로마의 죄가 하늘에 사무쳤고 하나님께서는 로마의 불의한 일을 기억하신다는 것입니다. 창세기 18:20~21 "여호와께서 또 이르시되 소돔과 고모라에 대한 부르짖음이 크고 그 죄악이 심히 무거우니 내가 이제 내려가서 그 모든 행한 것이 과연 내게 들린 부르짖음과 같은지 그렇지 않은지 내가 보고 알려 하노라."

6절: 그가 준 그대로 그에게 주고 그의 행위대로 갑절을 갚아 주고 그가 섞은 잔에도 갑절이나 섞어 그에게 주라

하나님께서는 회개하지 않는 죄를 기억하사 반드시 갚으십니다. 그것도 갑절로 갚으신다고 하십니다. 이는 하나님의 심판의 엄중함을 말하는 것입니다. 하나님은 죄에 대하여 그냥 넘어가지 않으십니다. 반드시 갚으시는 것입니다.

7절: 그가 얼마나 자기를 영화롭게 하였으며 사치하였든지 그만큼 고통과 애통함으로 갚아 주라. 그가 마음에 말하기를 나는 여왕으로 앉은 자요 과부가 아니라 결단코 애통함을 당하지 아니하리라 하니

로마의 교만의 죄를 말하고 있습니다. 로마는 자신을 영화롭게 하고 사치하기에 바빴으며 교만이 극에 달했던 것입니다. 그는 자신을 여왕으로 지칭하면서 앉아서 권세를 누리는 자요, 한 번도 어려움이나 슬픔이나 애통함을 당해본 적이 없음을 자랑하고 있는 것입니다. 이는 요한이 이사야 47장 7~8절의 말씀을 인용한 것으로 보입니다. "내가 영영히 여주인이 되리라 하고 이 일을 네 마음에 두지도 아니하며 그들의 종말도 생각하지 아니하였도다. 그러므로 사치하고 평안히 지내며 마음에 이르기를 나뿐이라. 나 외에 다른 이가 없도다. 나는 과부로 지내지도 아니하며 자녀를 잃어버리는 일도 모르리라.” 이러한 로마에 대해 하나님께서 고통과 애통함으로 갚으시겠다고 말씀하시는 것입니다.

8절: 그러므로 하루 동안에 그 재앙들이 이르리니 곧 사망과 애통함과 흉년이라 그가 또한 불에 살라지리니 그를 심판하시는 주 하나님은 강하신 자이심이라

로마의 멸망이 갑작스럽게 이루어질 것을 말씀하고 있습니다. 악의 세력이 갑자기 망하게 될 것이라는 말씀입니다. 그에게 사망과 애통함과 흉년과 불살라지는 재앙이 임할 것입니다. “사망과 애통”의 재앙은 말 그대로 “죽음”의 재앙이며, “흉년”은 “경제적인 타격”을, “불에 살라진다”는 것은 “철저한 파괴”를 말하는 것입니다.

9절: 그와 함께 음행하고 사치하던 땅의 왕들이 그가 불타는 연기를 보고 위하여 울고 가슴을 치며

이제 로마의 갑작스러운 멸망에 대하여 그동안 로마로 인해 치부하고 권세를 누렸던 “땅의 왕들”(9~10절)과 “땅의 상인들”(11~16절)과 “바다에서 일하는 자들”(17~19절)의 애가(哀歌)가 시작됩니다.
이들의 애가는 다음의 공통점을 보여줍니다.

① 그들은 멀리 서서 애가를 부릅니다.
② 그들은 울며 애통해 합니다.

③ 애가는 모두 "화 있도다"를 두 번 반복하며 시작합니다.

④ 바벨론을 큰 성이라고 부릅니다.

⑤ 모두 "한 시간"에 바벨론이 망하였다는 말로 끝을 맺습니다.

먼저 "땅의 왕들"이 나오는데 이들은 로마와 관계를 맺었던 나라의 왕들입니다. 이들이 "로마와 함께 음행하고 사치하였다"는 것은 이들이 로마의 황제숭배를 따랐으며 그로 인해 치부하고 권세를 누렸다는 것을 말하는 것입니다. 그들은 더 이상 로마로 인해 이득을 볼 수 없게 되자 가슴을 치며 애통해 하는 것입니다.

10절: 그의 고통을 무서워하여 멀리 서서 이르되 화 있도다 화 있도다 큰 성, 견고한 성 바벨론이여 한 시간에 네 심판이 이르렀다 하리로다

로마의 멸망을 애통해 하는 "땅의 왕들"과 "땅의 상인들"과 "바다에서 일하는 자들"의 공통점이 있는데 그것은 이들 모두가 가까이 가지 못하고 멀리 서서 로마의 멸망을 지켜보고 있다는 것입니다. 가까이 갔다가 같이 망할까 봐 감히 가까이 가지도 못하는 것입니다. 그리고 이들의 애통함의 이유도 로마에 대한 측은함이나 슬퍼함이 아니라 로마가 멸망함으로 인해서 생겨나는 자신들의 손해에 대한 애통인 것입니다. 너무나도 이기적인 마음이 아닐 수 없습니다. 이것이 바로 악인들의 마음인 것입니다. 그들의 심보가 이렇게 고약한 것입니다. 달면 삼키고 쓰면 뱉어 버리는 것입니다. 베드로도 주님이 겟세마네 동산에서 로마 군인들에게 잡혀갔을 때 가까이 가지 못하고 멀찍이서 따라갔다고 성경은 말씀하고 있습니다. 누가복음 22:54 "예수를 잡아끌고 대제사장의 집으로 들어갈새 베드로가 멀찍이 따라가니라." 우리는 다른 사람이 고통을 당할 때 멀리 서서 관망할 것이 아니라 함께 울어주고 함께 슬퍼해 주어야 하며 항상 품어주어야 하는 것입니다.

11절: 땅의 상인들이 그를 위하여 울고 애통하는 것은 다시 그들의 상품을 사는 자가 없음이라

로마의 멸망에 대하여 땅의 상인들이 애통해 하는 내용이 나옵니다. 그들이 애통하는 이유는 다시는 그들의 물건을 로마처럼 사줄 사람이 없기 때문입니다. 자신의 이익에만 혈안이 된 정말로 이기적인 무리인 것입니다.

12~13절: 그 상품은 금과 은과 보석과 진주와 세마포와 자주 옷감과 비단과 붉은 옷감이요 각종 향목과 각종 상아 그릇이요 값진 나무와 구리와 철과 대리석으로 만든 각종 그릇이요 계피와 향료와 향과 향유와 유향과 포도주와 감람유와 고운 밀가루와 밀이요 소와 양과 말과 수레와 종들과 사람의 영혼들이라

12~13절에는 로마가 사들였던 물품의 목록이 나열되어 있습니다. 이들은 모두 사치품들입니다.

　　1) 귀금속류: 금, 은, 보석, 진주
　　2) 의류: 세마포, 자주 옷감, 비단, 붉은 옷감
　　3) 집기류: 각종 향목(citron wood), 상아 그릇, 값진 나무와 구리와
　　　　철과 대리석으로 만든 각종 그릇
　　4) 향료류: 계피, 향료, 향, 향유, 유향
　　5) 식품류: 포도주, 감람유, 고운 밀가루, 밀
　　6) 가축과 사람: 소, 양, 말, 수레, 종들, 사람의 영혼들

여기서 종(노예)을 가축과 같이 취급한 것은 로마가 노예에 대해 어떻게 생각하고 있었는지를 잘 보여주는 대목입니다. 원래 헬라어 원문에는 σωμα(쏘마), 몸(body), 육체로 표현되어 있습니다. 노예를 영혼이 없는 단지 살덩어리로 본 것입니다. 여기에 "사람의 영혼들"이 첨가된 것은 노예에 대한 로마의 이해와 상반되는 성경 기자의 관점을 반영한 것으로 보입니다.

14절: 바벨론아 네 영혼이 탐하던 과일이 네게서 떠났으며 맛있는 것들과 빛난 것들이 다 없어졌으니 사람들이 결코 이것들을 다시 보지 못하리로다

이제 로마는 앞서 말한 그 좋던 것들을 다 잃어버리고 멸망당하게 된 것입니다. 다시는 로마의 일어섬이 없을 것임을 말하고 있습니다.

15절: 바벨론으로 말미암아 치부한 이 상품의 상인들이 그의 고통을 무서워하여 멀리 서서 울고 애통하여

로마로 인해 치부하였던 땅의 상인들 역시 멀리 서서 애통해 하고 있는 것입니다.

16~17절a: 이르되 화 있도다 화 있도다 큰 성이여 세마포 옷과 자주 옷과 붉은 옷을 입고 금과 보석과 진주로 꾸민 것인데 그러한 부가 한 시간에 망하였도다

땅의 왕들은 10절에서 로마에 대하여 말하기를 "큰 성, 견고한 성 바벨론"이라고 묘사한 반면에 땅의 상인들은 로마에 대하여 "세마포 옷과 자주 옷과 붉은 옷을 입고 금과 보석과 진주로 꾸민 큰 성"

이라고 묘사하고 있습니다. 서로의 관심사를 가지고 로마의 멸망을 애통해 하고 있는 모습인 것입니다.

17절b: 모든 선장과 각처를 다니는 선객들과 선원들과 바다에서 일하는 자들이 멀리 서서

이제 "모든 선장과 각처를 다니는 선객들과 선원들과 바다에서 일하는 자들"의 애가가 나옵니다. 마지막의 and는 "즉"으로 번역하여 "모든 선장과 각처를 다니는 선객들과 선원들, 즉 바다에서 일하는 자들"이라 번역하는 것이 좋을 것 같습니다. 이들은 바다를 통해 상품교역을 하는 자들입니다. 이들 역시 멀리 서서 애가를 부르는 것입니다.

18~19절: 그가 불타는 연기를 보고 외쳐 이르되 이 큰 성과 같은 성이 어디 있느냐 하며 티끌을 자기 머리에 뿌리고 울며 애통하여 외쳐 이르되 화 있도다 화 있도다 이 큰 성이여 바다에서 배 부리는 모든 자들이 너의 보배로운 상품으로 치부하였더니 한 시간에 망하였도다

이들의 애통함의 내용도 앞서 나온 땅의 왕들과 땅의 상인들과 마찬가지로 로마의 멸망으로 인해 더 이상 자신들이 치부할 수 없음에 대한 애통함인 것입니다. 하나님은 로마를 멸망시키심으로 인해 그 옆에 붙어살면서 함께 죄와 악을 행하던 악의 곁가지들도 함께 심판하시는 것입니다.

20절: 하늘과 성도들과 사도들과 선지자들아, 그로 말미암아 즐거워하라 하나님이 너희를 위하여 그에게 심판을 행하셨음이라 하더라

땅의 왕들과 땅의 상인들과 바다에서 일하는 자들의 애통함과는 대조적으로 성도들의 기쁨과 즐거움과 환호의 찬양이 울려 퍼집니다. 기쁨과 환호의 이유는 하나님께서 성도들을 위하여 로마를 심판하셨기 때문입니다.

21절: 이에 한 힘 센 천사가 큰 맷돌 같은 돌을 들어 바다에 던져 이르되 큰 성 바벨론이 이같이 비참하게 던져져 결코 다시 보이지 아니하리로다

본 절은 로마의 멸망의 신속함과 완전함을 시청각적으로 보여주고 있습니다. 돌이 바다에 빠져 순식간에 가라앉아 다시는 떠오르지 않는 것처럼, 로마의 멸망 역시 신속하게 이루어지며 완전하게 멸망할 것이라는 것입니다.

22~23절a: 또 거문고 타는 자와 풍류하는 자와 통소 부는 자와 나팔 부는 자들의 소리가 결코 다시 네 안에서 들리지 아니하고, 어떠한 세공업자든지 결코 다시 네 안에서 보이지 아니하고, 또 맷돌 소리가 결코 다시 네 안에서 들리지 아니하고, 등불 빛이 결코 다시 네 안에서 비치지 아니하고, 신랑과 신부의 음성이 결코 다시 네 안에서 들리지 아니하리로다

로마의 완전한 멸망을 강조하는 말씀입니다.

23b~24절: 너의 상인들은 땅의 왕족들이라. 네 복술로 말미암아 만국이 미혹되었도다. 선지자들과 성도들과 및 땅 위에서 죽임을 당한 모든 자의 피가 그 성 중에서 발견되었느니라 하더라

여기서 요한은 로마가 멸망당한 이유를 세 가지로 말하고 있습니다. 먼저, "너의 상인들이 세상의 위대한 자들, 권력자들이었다"는 것입니다. 로마는 거대한 능력과 권력을 가지고 있었습니다. 그런데 이러한 힘을 잘못 사용한 것입니다. "Great power always comes with great responsibility"라는 말이 있습니다. "커다란 힘은 항상 커다란 책임을 동반한다"는 말입니다. 힘이 있는 자는, 권력이 있는 자는 그에 걸맞은 책임을 감당해야 하는 것입니다. 그러나 로마는 거대한 힘을 가지고 있었음에도 불구하고 그에 걸맞은 책임을 감당하지 못했던 것입니다.

다음으로 로마는 자신의 복술(卜術, magic spell)로 만국을 미혹하였습니다. 여기서 말하는 복술이란 온갖 미신과 우상숭배, 사람을 미혹하게 하는 거짓 종교행위와 모든 술수를 말하는 것입니다. 로마는 이러한 것들로 만국을 꼬여서 하나님을 떠나게 만들고 죄를 범하도록 만든 것입니다.

마지막으로 로마는 성도들을 박해하고 죽이고 핍박했던 것입니다. 이러한 이유로 바벨론, 로마는 하나님의 심판을 받아 멸망당하게 된 것입니다. 하나님은 악에 대하여 반드시 심판하십니다. 그러므로 우리는 그러한 죄와 악에 참여해서는 안 됩니다(4절). 하나님의 심판을 바라보며 끝까지 우리의 신앙을 지켜야 할 것입니다.

27. 어린 양의 혼인잔치(요한계시록 19:1~10)

18장에서는 바벨론 멸망에 대한 땅의 왕들과 땅의 상인들과 바다에서 일하는 자들의 애가(哀歌)가 나와 있는 반면에, 요한계시록 19장 1~10절까지는 하나님의 의로우신 심판에 대한 하늘의 허다한 무리(1~3절), 이십사 장로와 네 생물(4절), 그리고 많은 물소리와도 같고 큰 우렛소리와도 같은 소리를 가진 무리의 찬양(6~8절)이 기록되어 있습니다.

1절: 이 일 후에 내가 들으니 하늘에 허다한 무리의 큰 음성 같은 것이 있어 이르되 할렐루야 구원과 영광과 능력이 우리 하나님께 있도다

"하늘의 허다한 무리"는 큰 환난을 극복하고 승리한 구원받은 성도들을 가리킵니다.

"할렐루야"는 신약성경에서 오직 이곳에만 나오는(1, 3, 4, 6절) 말로 "여호와를 찬양하라"는 뜻입니다.

"하늘의 허다한 무리"가 부르는 찬양의 내용은 "구원과 영광과 능력이 하나님께 있다"는 것입니다.

2절: 그의 심판은 참되고 의로운지라 음행으로 땅을 더럽게 한 큰 음녀를 심판하사 자기 종들의 피를 그 음녀의 손에 갚으셨도다 하고

하나님의 심판은 참되고 의로운 심판입니다. 하나님은 죄와 악과 불의에 대하여 반드시 갚으시는 분이십니다.

바벨론에 대한 하나님의 심판이 참되고 의로운 이유가 두 가지로 나타나는데, 첫째는 음행으로 땅을 더럽힌 음녀를 심판하시기 때문이고, 둘째는 자기 종들의 피, 즉 성도들의 흘린 피의 값을 음녀에게 갚으셨기 때문입니다.

3절: 두 번째로 할렐루야 하니 그 연기가 세세토록 올라가더라

본 절에 나오는 "연기"는 음녀(바벨론, 로마)가 하나님의 심판을 받아 불에 타는 연기를 말하는 것입니다. 그 연기가 "세세토록 올라간다"는 것은 로마의 멸망이 영원하다는 것을 의미하는 것입니다.

4절: 또 이십사 장로와 네 생물이 엎드려 보좌에 앉으신 하나님께 경배하여 이르되 아멘 할렐루야 하니

두 번째 찬양의 무리가 등장합니다. 그들은 바로 하나님 보좌 옆에 있는 이십사 장로와 네 생물입니다. 그들은 엎드려 경배하며 하나님께 찬양을 드립니다.

이들의 찬양의 내용은 "아멘 할렐루야"입니다. "아멘"은 앞서 나온 하늘의 허다한 무리들의 찬양의 내용에 대한 동의이며, 다시 한 번 "할렐루야"라고 함으로써 하나님을 찬양할 것을 촉구하고 있습니다.

5절: 보좌에서 음성이 나서 이르시되 하나님의 종들 곧 그를 경외하는 너희들아, 작은 자나 큰 자나 다 우리 하나님께 찬송하라 하더라

하늘 보좌로부터 지상의 믿는 자들에게 하나님을 찬양하라고 촉구하는 소리가 울려 퍼집니다. 하나님의 종들은 바로 지상의 그리스도인들을 가리키는 말입니다. 성도들은 종으로서 그 주인 되시는 하나님께 영광을 돌리며 찬양해야 하는 것입니다.

6절: 또 내가 들으니 허다한 무리의 음성과도 같고 많은 물소리와도 같고 큰 우렛소리와도 같은 소리로 이르되 할렐루야 주 우리 하나님 곧 전능하신 이가 통치하시도다

다시 한 번 "허다한 무리의 음성과도 같고 많은 물소리와도 같고 큰 우렛소리와도 같은 소리"가 들려옵니다. 그들은 다시 한 번 하나님을 찬양할 것을 촉구하는데, 이들의 찬양의 근거는 전능하시고 의로우신 하나님께서 공의로 다스리기 때문입니다.

7절: 우리가 즐거워하고 크게 기뻐하며 그에게 영광을 돌리세 어린 양의 혼인 기약이 이르렀고 그의 아내가 자신을 준비하였으므로

하늘의 허다한 무리는 다시 한 번 기뻐하고 즐거워하며 하나님께 영광을 돌릴 것을 촉구합니다. 그 이유는 어린 양의 혼인 기약이 이르렀기 때문입니다.

구약성경에서 결혼은 하나님과 그의 백성 사이의 긴밀한 관계를 나타낼 때 사용하는 표상입니다. 호세아 2:19~20 "내가 네게 장가들어 영원히 살되 공의와 정의와 은총과 긍휼히 여김으로 네게 장가들며 진실함으로 네게 장가들리니 네가 여호와를 알리라." 이사야 54:5 "이는 너를 지으신 이가 네 남편이시라. 그의 이름은 만군의 여호와이시며 네 구속자는 이스라엘의 거룩한 이시라. 그는 온 땅의 하나님이라 일컬음을 받으실 것이라." 예레미야 3:14 "여호와의 말씀이니라. 배역한 자식들아 돌아오라. 나는 너희 남편임이라."

신약성경에서도 그리스도와 교회의 관계를 신랑과 신부의 관계로 묘사합니다(엡 5:22~33). 사도 바울은 자신의 임무를 교회를 정결한 처녀로 남편인 그리스도에게 중매하는 것이라고 말하고 있습니다(고후 11:2).

그러므로 본 절에 나오는 어린 양의 아내는 바로 교회를 의미하는 것입니다. 교회가 주님께 대한 믿음과 정절을 지킴으로 어린 양 예수 그리스도와 결혼할 준비가 되었다는 것입니다.

8절: 그에게 빛나고 깨끗한 세마포 옷을 입도록 허락하셨으니 이 세마포 옷은 성도들의 옳은 행실이로다 하더라

어린 양의 신부가 입은 "빛나고 깨끗한 세마포 옷"은 음녀가 입었던 금과 보석과 진주로 꾸민 사치스러운 옷(계 17:4; 18:16)과 대조가 됩니다. 이 세마포 옷은 성도들의 옳은 행실을 가리킵니다. 그런데 이 옳은 행실은 하나님께서 성도들에게 입도록 허락하신 것입니다. 즉, 성도들은 하나님께서 그들에게 능력을 주시기 때문에 옳게 행할 수 있게 되는 것입니다. 그것은 그들에게 주어진 것이지 그들의 능력으로 취한 것이 아닌 것입니다. 요한은 "하나님에 의해 성도들에게 주어진 옳은 행실"이라는 말을 통해 성도의 옳은 행실에 대한 하나님의 은혜의 측면과 성도들의 책임적인 측면을 동시에 말하고 있는 것입니다.

9절: 천사가 내게 말하기를 기록하라 어린 양의 혼인 잔치에 청함을 받은 자들은 복이 있도다 하고 또 내게 말하되 이것은 하나님의 참되신 말씀이라 하기로

어린 양의 혼인 잔치는 미래의 영원한 천국의 기쁨을 표시하는 상징적인 표상이기에 어린 양의 혼인 잔치에 청함을 받았다는 것은 종말론적인 구원에 참여하게 됨을 말하는 것입니다. 이러한 최종적인 하나님의 구원에 참여하는 자가 복된 자라는 것입니다. 어린 양의 혼인 잔치에 청함을 받은 자들은 바로 성도들인 것입니다.

10절: 내가 그 발 앞에 엎드려 경배하려 하니 그가 나에게 말하기를 나는 너와 및 예수의 증언을 받은 네 형제들과 같이 된 종이니 삼가 그리하지 말고 오직 하나님께 경배하라 예수의 증언은 예언의 영이

라 하더라

요한이 자신에게 9절의 내용을 알려 준 천사에게 경배하려고 그 발 앞에 엎드리려고 할 때에 천사는 자신도 종 된 자라고 하면서 자신에게 경배하려고 하는 요한을 말리면서 오직 하나님께만 경배할 것을 권면합니다. 이와 유사한 구절이 요한계시록 22장 8~9절에도 나옵니다. "이것들을 보고 들은 자는 나 요한이니 내가 듣고 볼 때에 이 일을 내게 보이던 천사의 발 앞에 경배하려고 엎드렸더니 그가 내게 말하기를 나는 너와 네 형제 선지자들과 또 이 두루마리의 말을 지키는 자들과 함께 된 종이니 그리하지 말고 하나님께 경배하라 하더라." 여기서 요한은 자신이 받은 계시의 근원이 천사가 아니라 하나님이라는 사실을 말하고자 하는 것입니다. 이러한 사실을 "예수의 증언은 예언의 영이라"는 천사의 마지막 말에서 알 수 있습니다. 이 구절의 원래 의미는 "왜냐하면 예수의 증언이야말로 예언의 πνεvμα(마음, 영혼, 정신, 중심)이기 때문이다(For the testimony of Jesus is the spirit of prophecy)"인 것입니다.

28. 백마 탄 자(요한계시록 19:11~21)

본문의 말씀은 예수님의 재림에 관한 묘사입니다. 그는 흰 말을 타시고 "하늘에 있는 군대들"(14절)을 이끌고 올 것입니다. 그리하여 결국 짐승과 거짓 선지자와 그들을 따르던 무리들을 멸망시키실 것입니다.

11절: 또 내가 하늘이 열린 것을 보니 보라 백마와 그것을 탄 자가 있으니 그 이름은 충신과 진실이라 그가 공의로 심판하며 싸우더라

"하늘이 열렸다"는 것은 신적 계시와 연관되는 것인데 새로운 환상이 시작됨을 알리는 것입니다.

요한은 흰 말과 그 말을 탄 자를 보는데 흰 말을 탄 자는 예수 그리스도인 것이 분명합니다. 왜냐하면 그의 이름이 충성과 진실이기 때문입니다. 충성과 진실은 앞서 요한계시록 1장 5절과 3장 14절에서 그리스도의 이름으로 소개된 바가 있기 때문입니다.

"흰 말"은 승리의 상징이요, 특별히 왕이 타는 동물로서 예수님이 흰 말을 탔다는 것은 그가 승리자로서 왕의 권세를 가지고 오신다는 것을 의미하는 것입니다.

예수님을 가리켜서 충신(Faithful)과 진실(True)이라고 하는데, 이는 "신실하시고 진실하신 분"이라는 뜻입니다. 예수님은 신실하시고 진실하신 분이시기 때문에 죄와 악과 불의를 그냥 넘어가지 아니하시고 공의로 심판하시는 것입니다. 그러므로 주님은 신실하시고 진실하신 공의로우신 심판자인 것입니다. 데살로니가후서 1:6~9 "너희로 환난을 받게 하는 자들에게는 환난으로 갚으시고 환난을 받는 너희에게는 우리와 함께 안식으로 갚으시는 것이 하나님의 공의시니 주 예수께서 자기의 능력의 천사들과 함께 하늘로부터 불꽃 가운데에 나타나실 때에 하나님을 모르는 자들과 우리 주 예수의 복음에 복종하지 않는 자들에게 형벌을 내리시리니 이런 자들은 주의 얼굴과 그의 힘의 영광을 떠나 영원한 멸망의 형벌을 받으리로다."

"싸운다"는 것은 심판하는 것을 의미하는 말입니다.

12절: 그 눈은 불꽃같고 그 머리에는 많은 (왕)관들이 있고 또 이름 쓴 것 하나가 있으니 자기밖에 아는 자가 없고

본 절에서는 승리자요, 심판자인 예수님에 대한 묘사가 등장합니다. "그 눈이 불꽃과 같다"는 것은 요한계시록 1장 14절의 말씀 "그의 머리와 털의 희기가 흰 양털 같고 눈 같으며 그의 눈은 불꽃같고"를 상기시킵니다. 여기서 우리는 흰 말을 탄 분이 바로 예수님이라는 사실을 바로 알게 되는 것입니다. 불꽃같은 그 분의 눈을 속일 수가 없는 것입니다.

"그 머리에 많은 (왕)관들(many crowns)이 있다"는 것은 용이 쓰고 있는 일곱 왕관(계 12:3)과 바다로부터 나온 짐승이 쓰고 있는 열 개의 왕관(계 13:1)과 비교해 볼 때 그들을 훨씬 능가하는 분이라는 사실을 말하고 있는 것입니다.

"이름 쓴 것이 하나가 있는데 예수님밖에 그 이름을 아는 자가 없다"는 것은 주님의 그 신성(神性)과 초월성을 다 알 수가 없다는 표현입니다. 고대사회에서는 이름을 아는 것은 곧 그 이름을 가진 자의 본질을 아는 것과 같은 의미로 이해되었습니다. 그리하여 모세가 하나님에게 이름을 알려달라고 했을 때 하나님께서 이름을 말씀하시지 않으시고 그냥 "나는 나다(I Am Who I Am)"라고 말씀하신 것입니다. 하나님은 우리의 이성과 생각으로 완전하게 파악될 수 없는 분이기 때문입니다. 그러므로 예수님도 하나님이시기 때문에 우리가 그분을 다 알 수가 없는 것입니다.

13절: 또 그가 피 뿌린 옷을 입었는데 그 이름은 하나님의 말씀(로고스)이라 칭하더라

예수님은 피 묻은 옷을 입고 계시는데 이 피가 과연 누구의 것인가에 대하여 "원수의 피", "순교자의 피", "예수님 본인의 피" 등 의견이 분분합니다. 그러나 본문에 나오는 예수님의 모습은 승리자, 심판자의 모습이기에 원수들의 피로 보아야 할 것입니다. 이것은 요한이 이사야 63장 1~3절의 내용을 사용한 것입니다. "에돔에서 오는 이 누구며 붉은 옷을 입고 보스라에서 오는 이 누구냐. 그의 화려한 의복 큰 능력으로 걷는 이가 누구냐. 그는 나이니 공의를 말하는 이요 구원하는 능력을 가진 이니라. 어찌하여 네 의복이 붉으며 네 옷이 포도즙틀을 밟는 자 같으냐. 만민 가운데 나와 함께 한 자가 없이 내가 홀로 포도즙틀을 밟았는데 내가 노함으로 말미암아 무리를 밟았고 분함으로 말미암아 짓밟았으므로 그들의 선혈이 내 옷에 튀어 내 의복을 다 더럽혔음이니 … 내가 노함으로 말미암아 만민을 밟았으며 내가 분함으로 말미암아 그들을 취하게 하고(부수고) 그들의 선혈이 땅에 쏟아지게 하였느니라."

다음으로 예수님의 이름이 "하나님의 말씀"으로 드러납니다. 이제 예수님께서 하나님의 말씀인 것을 분명히 말씀하시는 것입니다. 예수님께서 하나님의 말씀이라는 사실은 하나님과 예수님 사이의 관계를 말하고 있는 것입니다. 예수님만이 하나님의 말씀이십니다. 예수님만이 하나님을 바르게 드러내는 말씀인 것입니다. 요한복음 1:1~3 "태초에 말씀이 계시니라. 이 말씀이 하나님과 함께 계셨으니 이 말씀은 곧 하나님이시니라. 그가 태초에 하나님과 함께 계셨고 만물이 그로 말미암아 지은 바 되었으니 지은 것이 하나도 그가 없이는 된 것이 없느니라." 히브리서 1:1~3 "옛적에 선지자들을 통하여 여러 부분과 여러 모양으로 우리 조상들에게 말씀하신 하나님이 이 모든 날 마지막에는 아들을 통하여 우리에게 말씀하셨으니 이 아들을 만유의 상속자로 세우시고 또 그로 말미암아 모든 세계를 지으셨느니라. 이는 하나님의 영광의 광채시요 그 본체의 형상이시라. 그의 능력의 말씀으로 만물을 붙드시며 죄를 정결하게 하는 일을 하시고 높은 곳에 계신 지극히 크신 이의 우편에 앉으셨느니라." 그러므로 우리가 하나님의 말씀을 듣기 위해서는 예수님의 말씀을 들어야 하는 것입니다. 왜냐하면 예수님만이 하나님의 말씀이시기 때문입니다.

14절: 하늘에 있는 군대들이 희고 깨끗한 세마포 옷을 입고 백마를 타고 그를 따르더라

"하늘에 있는 군대들"이 누구인가에 대하여 천사들, 천사들과 순교자들, 구원을 이룬 성도들이라는 의견들이 있는데, 구원을 이룬 성도들로 보는 것이 좋을 것 같습니다. 왜냐하면 그들이 입고 있는 "희고 깨끗한 세마포 옷"은 어린 양의 혼인잔치에 참여하는 신부인 성도들이 입는 옷이기 때문입니다. 요한계시록 19:8 "그에게 빛나고 깨끗한 세마포 옷을 입도록 허락하셨으니 이 세마포 옷은 성도들의 옳은 행실이로다 하더라."

15절: 그의 입에서 예리한 검이 나오니 그것으로 만국을 치겠고 친히 그들을 철장으로 다스리며 또 친히 하나님 곧 전능하신 이의 맹렬한 진노의 포도주 틀을 밟겠고

"입에서 예리한 검이 나온다"는 것 역시 요한계시록 1장 16절에서 예수님을 표현한 말("그의 입에서 좌우에 날선 검이 나오고")과 일치하는 것으로 볼 때 흰 말을 탄 자가 예수님인 것을 증명해 줍니다. 주님은 하나님을 대적하는 자들처럼 무력(武力)을 사용하시는 것이 아니라 하나님의 말씀으로 만국을 심판하시고 통치하시는 것입니다. 이사야 11:1~5 "이새의 줄기에서 한 싹이 나며 그 뿌리에서 한 가지가 나서 결실할 것이요. 그의 위에 여호와의 영 곧 지혜와 총명의 영이요 모략과 재능의 영이요 지식과 여호와를 경외하는 영이 강림하시리니 그가 여호와를 경외함으로 즐거움을 삼을 것이며 그의 눈에 보이는 대로 심판하지 아니하며 그의 귀에 들리는 대로 판단하지 아니하며 공의로 가난한 자를 심판하며 정직으로 세상의 겸손한 자를 판단할 것이며 그의 입의 막대기로 세상을 치며 그의 입술의 기운으로 악인을 죽일 것이며 공의로 그의 허리띠를 삼으며 성실로 그의 몸의 띠를 삼으리라." 히브리서 4:12~13 "하나님의 말씀은 살아 있고 활력이 있어 좌우에 날선 어떤 검보다도 예리하여 혼과 영과 및 관절과 골수를 찔러 쪼개기까지 하며 또 마음의 생각과 뜻을 판단하나니 지으신 것이 하나도 그 앞에 나타나지 않음이 없고 우리의 결산을 받으실 이의 눈앞에 만물이 벌거벗은 것 같이 드러나느니라." "철장"(an iron scepter)은 쇠로 된 왕의 홀(笏)을 가리키는데, "철장으로 다스린다"는 것은 시편 2편 9절의 말씀 "네가 철장으로 그들을 깨뜨림이여 질그릇 같이 부수리라"를 인용한 것으로서 예수님의 메시아 되심을 나타내는 말입니다.

"진노의 포도주 틀을 밟는다"는 것 역시 심판의 상징인데, 예수님이 바로 심판하시는 분임을 말하는 것입니다.

16절: 그 옷과 그 다리에 이름을 쓴 것이 있으니 만왕의 왕이요 만

주의 주라 하였더라

예수님의 또 다른 이름이 등장하는데, 그것은 바로 "만왕의 왕, 만주의 주"입니다. 이 표현은 원래 하나님에게 전용되는 것인데 지금 여기서는 예수님에게 사용되고 있는 것입니다. 여기서 우리는 예수님이 이제 만왕의 왕으로, 만주의 주로 다스리시고 통치하신다는 사실을 알게 되는 것입니다.

이 "주님의 이름이 주님의 옷과 주님의 다리에 이름이 쓰여 있다"고 하는데 이는 아마도 예수님의 옷은 로마 황제의 옷을 염두에 두고 한 말이고, 다리에 이름을 쓴다는 것은 당시 황제의 동상을 만들고 그 동상 다리에 해당 인물의 이름을 새겨 넣었던 관습에서 비롯된 것으로, "만왕의 왕이요, 만주의 주"는 로마 황제가 아니라 예수님이라는 사실을 말하고자 하는 것으로 보입니다.

17~18절: 또 내가 보니 한 천사가 태양 안에 서서 공중에 나는 모든 새를 향하여 큰 음성으로 외쳐 이르되 와서 하나님의 큰 잔치에 모여 왕들의 살과 장군들의 살과 장사들의 살과 말들과 그것을 탄 자들의 살과 자유인들이나 종들이나 작은 자나 큰 자나 모든 자의 살을 먹으라 하더라

한 천사가 나타나 광명한 태양 안에서 공중의 새들에게 하나님을 대적하는 자들의 살을 먹을 것을 촉구합니다. 승리자들이 대적의 살을 먹는 것은 승리의 표현인 것입니다. 이는 에스겔 39장 17~20절에서 유래한 표상입니다. "주 여호와께서 이같이 말씀하셨느니라. 너 인자야 너는 각종 새와 들의 각종 짐승에게 이르기를 너희는 모여 오라. 내가 너희를 위한 잔치 곧 이스라엘 산 위에 예비한 큰 잔치로 너희는 사방에서 모여 살을 먹으며 피를 마실지어다. 너희가 용사의 살을 먹으며 세상 왕들의 피를 마시기를 바산의 살진 짐승 곧 숫양이나 어린 양이나 염소나 수송아지를 먹듯 할지라. 내가 너희를 위하여 예비한 잔치의 기름을 너희가 배불리 먹으며 그 피를 취하도록 마시되 내 상에서 말과 기병과 용사와 모든 군사를 배부르게 먹일지니라 하라 주 여호와의 말씀이니라.”

본 절에서는 이를 가리켜 “하나님의 큰 잔치”라고 부르고 있습니다. 이 “하나님의 큰 잔치”는 성도들의 구원과 관계되는 “어린 양의 혼인잔치”와는 대조적으로 하나님을 대적하는 자들을 심판하시는 하나님의 심판과 관련된 잔치입니다.

19절: 또 내가 보매 그 짐승과 땅의 임금들과 그들의 군대들이 모여 그 말 탄 자와 그의 군대와 더불어 전쟁을 일으키다가

본 절에 요한계시록 16장 13~16절에서 언급되다가 중단된 “아마겟돈 전쟁”이 다시 등장합니다. 용(사탄)의 사주를 받은 짐승(로마제국, 세상나라)과 땅의 임금들이 그들의 군대들을 모아 하나님과 그리스도를 대적하여 일어나 전쟁을 일으키는 것입니다. 이러한 본 전쟁의 내용이 예수님의 재림 이후에 나오지만 시간적으로 그렇다는 것이 아니고 적그리스도의 완벽한 패배를 강조하기 위해 그리스도의 승리가 완전하게 이루어지는 예수님의 재림 이후의 사건으로 기술된 것입니다. 이것은 실제로 역사상에 있어서는 예수님의 재림 직전에 있을 전쟁인 것입니다.

20절: 짐승이 잡히고 그 앞에서 표적을 행하던 거짓 선지자도 함께

잡혔으니 이는 짐승의 표를 받고 그의 우상에게 경배하던 자들을 표적으로 미혹하던 자라. 이 둘이 산 채로 유황불 붙는 못에 던져지고

하나님을 대적하던 세력들은 꼼짝없이 하나님 앞에서 패하고 맙니다. 그 결과 짐승과 거짓 선지자는 산 채로 유황불이 타오르는 불못에 던져집니다. 여기서 말하는 짐승은 자신을 신격화하였던 로마 제국을 말하는 것이고, 거짓 선지자는 로마의 황제숭배를 선전하고 선동하였던 자들을 가리키는 것입니다. 유황불이 타오르는 불못은 바로 지옥을 가리킵니다. 무저갱이 사탄이 거하게 될 일시적인 처소라면, 유황불이 타오르는 불못인 지옥은 사탄의 영원한 처소인 것입니다. 짐승과 거짓 선지자의 운명은 이처럼 지옥으로 끝나고 마는 것입니다.

21절: 그 나머지는 말 탄 자의 입으로부터 나오는 검에 죽으매 모든 새가 그들의 살로 배불리더라

본 절에 나오는 "그 나머지"는 지금까지 하나님과 그리스도를 대적하였던 모든 사람들을 의미합니다. 그들 역시 예수 그리스도의 입에서 나오는 말씀에 의해 심판을 받습니다. 그러나 그들은 짐승과 거짓 선지자처럼 영원한 형벌의 장소인 지옥에 가지 아니하고 일단 새들의 음식으로 사용되고 최후의 심판을 기다리게 됩니다. 그러나 그들 역시 결국 지옥에 가게 될 것입니다. 요한계시록 20:12~15 "죽은 자들이 자기 행위를 따라 책들에 기록된 대로 심판을 받으니 바다가 그 가운데에서 죽은 자들을 내주고 또 사망과 음부도 그 가운데에서 죽은 자들을 내주매 각 사람이 자기의 행위대로 심판을 받고 사망과 음부도 불못에 던져지니 이것은 둘째 사망 곧 불못이라. 누구든지 생명책에 기록되지 못한 자는 불못에 던져지더라."

29. 천년왕국과 사탄의 멸망(요한계시록 20:1~15)

1절: 또 내가 보매 천사가 무저갱의 열쇠와 큰 쇠사슬을 그의 손에 가지고 하늘로부터 내려와서

요한은 한 천사가 무저갱의 열쇠와 큰 쇠사슬을 가지고 하늘로부터 내려오는 모습을 봅니다. 무저갱(無底坑)에 대하여는 요한계시록 9장에서 이미 설명한 바가 있습니다. 무저갱이란 "밑바닥이 없는 구덩이"를 가리키는데 헬라어로는 ἄβυσσος(아뷧소스; boundless, bottomless, the place of the dead), 영어로는 abyss, 심연(深淵)이라고 합니다. 요한계시록에서 무저갱은 한정된 형벌의 장소입니다. 요한계시록 20장 3절에 의하면 사탄이 이 무저갱에 천 년 동안 갇히게 됩니다. 무저갱은 최후의 심판 때까지 사탄이 형벌을 받는 곳으로서 사탄은 결국 하나님을 대적하는 무리들과 함께 최종적인 형벌의 장소인 불과 유황 불못, 즉 지옥에 들어가게 될 것입니다.

2~3절: 용을 잡으니 곧 옛 뱀이요 마귀요 사탄이라 잡아서 천 년 동안 결박하여 무저갱에 던져 넣어 잠그고 그 위에 인봉하여 천 년이 차도록 다시는 만국을 미혹하지 못하게 하였는데 그 후에는 반드시 잠깐 놓이리라

하늘로부터 내려 온 천사가 용(옛 뱀, 마귀, 사탄)을 잡아서 만국을 미혹하지 못하도록 천 년 동안 결박하여 무저갱에 가둡니다. 천 년 후에 사탄이 무저갱으로부터 풀려나게 될 텐데(7절) 이는 그에게 최후의 기회를 주기 위함입니다.

4~5절: 또 내가 보좌들을 보니 거기에 앉은 자들이 있어 심판하는 권세를 받았더라 또 내가 보니 예수를 증언함과 하나님의 말씀 때문에 목 베임을 당한 자들의 영혼들과 또 짐승과 그의 우상에게 경배하지 아니하고 그들의 이마와 손에 그의 표를 받지 아니한 자들이 살아서 그리스도와 더불어 천 년 동안 왕 노릇 하니(그 나머지 죽은 자들은 그 천 년이 차기까지 살지 못하더라) 이는 첫째 부활이라

이제 요한은 하나님으로부터 "심판하는 권세를 받은 보좌에 앉아있는 자들"을 봅니다. 이들이 누구인가? 이들은 그 다음에 설명되어 있는 "예수를 증언함과 하나님의 말씀 때문에 목 베임을 당한 자들", 즉 "짐승과 그의 우상에게 경배하지 아니하고 그들의 이마와 손에 그의 표를 받지 아니한 자들"입니다. 즉 예수 그리스도에 대한 믿음으로 인해 죽임을 당한 성도들입니다. 이들에게는 이미 그리스도와 함께 보좌에 앉게 해줄 것이라는 약속이 주어졌던 것입니다(계 3:21). 그들이 이제 살아나서 그리스도와 함께 천 년 동안 왕 노릇 하는 것입니다. 이것이 바로 성도들의 첫째 부활입니다. 이때에 그 나머지 불신자들은 부활하지 못하는데 그들은 앞으로 심판을 받기 위한 부활(둘째 부활)을 하게 될 것입니다(계 20:13). 그러나 요한은 천 년이 끝난 뒤에 있을 심판을 받기 위한 불신자들의 부활을 둘째 부활이라고 부르지 않는데, 그 이유는 부활은 생명을 뜻하고 생명은 하나님과의 관계에서만 말할 수 있는 것이기 때문입니다.

본 절은 또한 천년왕국설의 근거가 되는 구절입니다. 여기서의 천 년은 문자적이 아니라 상징으로 보아야 합니다. 그레고리 빌(Gregory K. Beale)은 자신의 저서 『The Book of Revelation: A Commentary on the Greek Text』(p.995)에서 천 년을 문자적이 아니라 비유적인 의미로

받아들여야 하는 이유를 다음과 같이 제시하고 있습니다.

① 요한계시록에서 숫자는 일관되게 비유적으로 사용되고 있다.
② 인접문맥에서 비유적인 성격을 지닌 단어들(쇠사슬, 무저갱, 용, 뱀, 잠그다, 봉인하다, 짐승)이 두드러진다.
③ 요한계시록은 전체가 비유적 기조를 보여 준다.
④ 구약성서에서 1,000은 비유적으로 사용된다.
⑤ 유대교와 초기 기독교 문서에서 1,000은 구속 받은 자들이 누릴 영원한 복에 비유된다. 그러므로 요한계시록의 1,000은 길고 이상적인 지복의 기간을 의미한다.

천년왕국설에는 대체로 다음 세 가지의 이견(異見)이 존재합니다.

① **무천년설(無千年說)**: 이는 "천 년"이라는 말을 상징적으로 해석하여 그리스도의 부활부터 재림 시까지의 전(全) 기간을 천 년으로 생각하고 교회를 통한 그리스도의 영적 통치를 그리스도의 왕국으로 보는 견해입니다. 그러나 이 견해의 약점은 현 세상이 결코 사탄이 무저갱에 갇혀 있는 것처럼 보이지 않고 오히려 "너희 대적 마귀가 우는 사자같이 두루 다니며 삼킬 자를 찾는다"(벧전 5:8)는 말씀이 더 적합한 시대인 것처럼 보인다는 데 있습니다.

② **후천년설(後千年說)**: 이는 천년왕국 후에 그리스도의 재림이 있다는 전제하에 "천 년"을 주님의 재림 직전의 천 년으로 해석

하는 견해입니다. 그리스도의 재림 직전 천 년의 기간 동안 복음이 효과적으로 전파되고 교회가 왕성해질 것인데 이것이 바로 천년왕국에 해당한다는 것입니다. 그러나 성서는 오히려 그리스도의 재림 전을 낙관적으로 보지 아니하며 무서운 박해와 환난이 있을 것을 경고하고 있는 것입니다.

③ **전천년설(前千年設)**: 이는 천년왕국 전에 그리스도의 재림이 있다고 보는 견해인데, 이는 다시 "세대론적 전천년설"과 "역사적 전천년설"로 나뉩니다.

- **세대론적 전천년설:** 이는 천년왕국 전에 그리스도께서 공중에 비밀재림하시고 그때 신자들은 휴거되어 공중에서 7년간 그리스도와 함께 혼인잔치를 하며 그 동안 지상에 남아 있던 유대인들과 불신자들은 7년 대환난을 당하게 되며, 이 환난을 통해 유대인들이 대규모로 회개할 것으로 보는 견해입니다. 7년이 끝나면 주님은 성도들과 함께 지상재림하시며 천년왕국을 건설하신다는 것입니다.
- **역사적 전천년설:** 이는 천년왕국 전의 그리스도의 재림을 세대주의자들처럼 공중재림과 지상재림, 이렇게 두 번으로 보지 않고 지상재림 한 번만 있는 것으로 보는 견해입니다. 교회는 유대인들과 불신자들과 함께 환난을 통과하게 되며 그 환난 후에 주께서 지상재림하시고 이어서 천년왕국이 이루어지는 것입니다.

  장로교 개혁파 전통은 보통 무천년설을 지지하지만, 많은 이들 역시 역사적 전천년설을 지지하고 있는 것도 사실입니다. 천년왕국에 대하여 우리가 생각해야 할 것은 요한이 천년왕국에 대하여 기록한 목적이 미래에 대한 어떤 객관적인 정보를 주기 위함이 아니라, 로마의 지배하에서 핍박당하는 그리스도인들에게 이 땅 위에 세워질 그리스도의 통치를 제시하는 가운데, 그리스도인들을 위로하고 격려하며 그들에게 희망을 주기 위함이라는 사실입니다. 이러한 천년왕국에 대한 희망은 다음과 같은 중요한 의미를 가집니다.

- 천년왕국에 대한 희망은 현실의 시련과 고난과 역경과 박해에도 불구하고 하나님의 궁극적인 승리를 약속합니다. 천년왕국은 현 세계를 지배하는 모든 악의 세력들에 대한 하나님의 궁극적인 승리에 대한 확신과 희망의 표현입니다.[10]
- 천년왕국에 대한 희망은 하나님 나라에 대한 차안성을 강력하게 시사합니다. 천년왕국은 하나님의 통치의 차안성에 대한 희망입니다. 천년왕국설은 하나님의 왕권이 피안의 세계나 인간 내면의 세계로 축소되는 것을 거부하고 하나님의 왕권이 이 세계 안에 세워져야 함을 강력하게 시사하는 것입니다. 성서의 하나님은 철저히 차안적인 하나님이며, 차안 속에 하나님의 나라가 세워져야 하는 것입니다. 천년왕국설은 바로 이 점을 강력히 주장하고 있는 것입니다.[11]
- 천년왕국설은 하나님 나라에 대한 현실성과 물질성을 시사합

---

10) 김균진, 「천년왕국설의 역사적 발전과 종말론적 의미」, 『신학논단』(vol. 26, 1999년), pp.127 – 128.
11) Ibid., pp.130 – 131.

니다. 그리스도의 메시아 왕국은 단순히 영적인 것이 아니라 물질의 영역도 포함하는 것입니다. 삶의 모든 영역이 하나님의 통치의 대상이며, 하나님의 주권은 온 세계 안에, 이 땅 위에 세워져야 하는 것입니다. 이런 의미에서 천년왕국의 희망은 땅을 포기하는 가현주의(docetism)를 방지합니다. 천년왕국설은 하나님의 나라가 세계 속에, 우리의 현존하는 세계의 지상적, 사회적, 정치적 영역들 안에 역동적으로 그리고 끊임없이 침투해 들어가고자 한다는 사실을 상기시킵니다.[12]

6절: 이 첫째 부활에 참여하는 자들은 복이 있고 거룩하도다 둘째 사망이 그들을 다스리는 권세가 없고 도리어 그들이 하나님과 그리스도의 제사장이 되어 천 년 동안 그리스도와 더불어 왕 노릇 하리라

"첫째 부활에 참여하는 자들"은 일반 성도들과 순교자들을 가리키는데, 이들이 복된 이유를 다음의 세 가지로 설명합니다. 첫째는, 둘째 사망이 그들을 다스리는 권세가 없기 때문입니다. "둘째 사망"이란 불신자들이 부활하여 최후의 심판을 받아 지옥에 들어가는 것을 말하는 것입니다. 성도들에게는 이러한 심판이 없다는 것입니다(계 2:11). "첫째 사망"은 육체의 죽음을 의미하는데 이는 신자나 불신자나 모두 다 공히 당하는 것입니다. 그러나 요한은 성도들의 육체의 죽음을 죽음이나 사망이라고 부르지 아니하고 "잔다"라고 표현합니다. 왜냐하면 성도들에게는 생명이 있기 때문입니다. "첫째 부활에 참여하는 자들"이 복된 두 번째 이유는 그들이 하나님과 그리스도

---

12) Ibid., pp.131 – 132.

의 제사장이 되기 때문입니다. 마지막 세 번째 이유는 그들이 천 년
동안 그리스도와 더불어 왕 노릇 하기 때문입니다.

7절: 천 년이 차매 사탄이 그 옥에서 놓여

이제 천 년이 지나고 난 후에 사탄이 무저갱에서 풀려나게 됩니다.

8절: 나와서 땅의 사방 백성 곧 곡과 마곡을 미혹하고 모아 싸움을 붙이리니 그 수가 바다의 모래 같으리라

하나님은 사탄에게 회개의 기회를 주셨지만 사탄은 회개치 아니하
고 다시 한 번 지상의 세력을 미혹하여 하나님께 대항하는 것입니다.
"곡"은 "마곡" 땅에 있는 왕의 이름이고 "마곡"은 로스와 메섹과 두
발을 포함하는 그 나라의 이름입니다(겔 38:2). 그런데 이 둘은 종종
"곡과 마곡"으로 합쳐져서 끝날에 하나님과 하나님의 백성들을 대
적하여 전쟁을 일으키는 세력으로 상징적으로 사용됩니다.

천년왕국 후에 사탄의 미혹을 받은 "곡과 마곡"과 성도들 간에 전쟁
이 벌어집니다. 이 전쟁은 앞서 있었던 아마겟돈 전쟁과는 차이가
있습니다. 아마겟돈 전쟁은 천년왕국 이전에 있을 전쟁이나, 곡과
마곡과의 전쟁은 천년왕국 이후에 있을 전쟁입니다. 아마겟돈 전쟁
은 짐승과 땅의 임금들이 지휘를 했으나, 곡과 마곡과의 전쟁은 사
탄이 직접 지휘를 합니다. 아마겟돈 전쟁의 결과는 짐승과 거짓 선
지자가 유황 불못에 들어간 것이지만, 곡과 마곡과의 전쟁의 결과는
사탄 자신이 불못에 들어가게 되는 것입니다.

9절: 그들이 지면에 널리 퍼져 성도들의 진과 사랑하시는 성을 두르

매 하늘에서 불이 내려와 그들을 태워버리고

"사랑하시는 성"은 "사랑받는 성(the beloved city)"이며, 이는 예루살렘을 가리킵니다.

"하늘에서 불이 내려와 그들을 태워버린다"는 것은 "곡"을 폭우와 큰 우박덩이와 불과 유황으로 멸망시킨 것(겔 38:22)과 "마곡"을 불로 심판한 것(겔 39:6)을 떠올리게 하는 것으로, 하나님의 직접적인 심판을 말하는 것입니다.

10절: 또 그들을 미혹하는 마귀가 불과 유황 못에 던져지니 거기는 (이미) 그 짐승과 거짓 선지자도 있어 세세토록 밤낮 괴로움을 받으리라

이제 결국 마귀(사탄)가 짐승과 거짓 선지자가 이미 가있는 유황 불 못, 지옥에 던져지게 되어서 거기서 세세토록 밤낮 괴로움을 당하게 되는 것입니다.

11절: 또 내가 크고 흰 보좌와 그 위에 앉으신 이를 보니 땅과 하늘이 그 앞에서 피하여 간 데 없더라

이제 드디어 최후의 심판이 등장합니다. "보좌"가 크다는 것은 하나님의 위엄과 권위를 나타내는 것이고, 보좌가 희다는 것은 하나님의 거룩성과 심판의 공정함을 상징하는 것입니다.

그 보좌 위에 앉으신 이가 누구인가? 성부 하나님께서 성자에게 심판의 권한을 위임하신다는 기독교 사상으로 볼 때 보좌 위에 앉으신 이를 성자 하나님으로 보는 것이 타당하다고 생각되어 집니다. 요한복음 5:22 "아버지께서 아무도 심판하지 아니하시고 심판을 다 아들에게 맡기셨으니." 그러나 성부 하나님으로 보아도 무방합니다.
"땅과 하늘이 그 앞에서 피하여 간 데 없더라"라는 표현은 현 질서
의 파괴를 의미하는 말입니다. 이제 현시대가 지나가고 새로운 시대
가 열린다는 의미인 것입니다.

**12절: 또 내가 보니 죽은 자들이 큰 자나 작은 자나 그 보좌 앞에
서 있는데 책들이 펴 있고 또 다른 책이 펴졌으니 곧 생명책이라 죽
은 자들이 자기 행위를 따라 책들에 기록된 대로 심판을 받으니**

보좌 앞에는 두 개의 책이 펴져 있는데, 하나는 사람들의 행위가 기
록된 "행위의 책"이고 다른 하나는 예수를 믿는 자들의 이름이 기록
된 "생명책"입니다. 모든 사람들이 행위의 책에 따라 심판을 받을
것이지만, 생명책에 그 이름이 기록된 예수를 믿는 자들은 생명으로
인도되는 것입니다.

**13절: 바다가 그 가운데에서 죽은 자들을 내주고 또 사망과 음부도
그 가운데에서 죽은 자들을 내주매 각 사람이 자기의 행위대로 심판
을 받고**

둘째 부활, 즉 불신자들의 부활을 말하는 것입니다. 최후의 심판을
받기 위해 모든 죽은 자들이 살아나는 것입니다.

14절: 사망과 음부도 불못에 던져지니 이것은 둘째 사망 곧 불못이라

짐승과 거짓 선지자 그리고 사탄에 이어서 이제 사망과 음부도 불못,
지옥에 던져지게 되는 것입니다. 사망과 음부가 지옥에 던져지는 이
유는 이것들은 인간의 최대의 적이며 사탄의 영역이기 때문입니다.

이것으로 사탄의 모든 권세는 이제 모두 다 멸망하게 되는 것입니다.

15절: 누구든지 생명책에 기록되지 못한 자는 불못에 던져지더라

마지막으로 생명책에 이름이 기록되지 아니한 불신자들이 불못, 지옥에 던져집니다.

30. 새 하늘과 새 땅(요한계시록 21:1~8)

본문의 "새 하늘과 새 땅"에 대한 환상은 요한계시록 7장 15~17절[13]에서 이미 나왔고, 본문이 속한 21장에서 본격적으로 설명되고 있으며, 요한계시록 22장 1~5절[14]에서 보충 설명되어지는 것을 보게 됩니다. 이렇게 "새 하늘과 새 땅"이 세 번이나 반복해서 언급되는 이유는 이것이 저자인 요한의 가장 큰 관심사이고 요한계시록의 절정이기 때문입니다.

1절: 또 내가 새 하늘과 새 땅을 보니 처음 하늘과 처음 땅이 없어졌고 바다도 다시 있지 않더라

---

13) "그러므로 그들이 하나님의 보좌 앞에 있고 또 그의 성전에서 밤낮 하나님을 섬기매 보좌에 앉으신 이가 그들 위에 장막을 치시리니 그들이 다시는 주리지도 아니하며 목마르지도 아니하고 해나 아무 뜨거운 기운에 상하지도 아니하리니 이는 보좌 가운데에 계신 어린 양이 그들의 목자가 되사 생명수 샘으로 인도하시고 하나님께서 그들의 눈에서 모든 눈물을 씻어 주실 것임이라."

14) "또 그가 수정 같이 맑은 생명수의 강을 내게 보이니 하나님과 및 어린 양의 보좌로부터 나와서 길 가운데로 흐르더라. 강 좌우에 생명나무가 있어 열두 가지 열매를 맺되 달마다 그 열매를 맺고 그 나무 잎사귀들은 만국을 치료하기 위하여 있더라. 다시 저주가 없으며 하나님과 그 어린 양의 보좌가 그 가운데에 있으리니 그의 종들이 그를 섬기며 그의 얼굴을 볼 터이요 그의 이름도 그들의 이마에 있으리라. 다시 밤이 없겠고 등불과 햇빛이 쓸 데 없으니 이는 주 하나님이 그들에게 비치심이라. 그들이 세세토록 왕 노릇 하리로다."

"새 하늘과 새 땅"과 "처음 하늘과 처음 땅"이 대조를 이루고 있습니다. 하나님께서 창조하신 "처음 하늘과 처음 땅"이 "새 하늘과 새 땅"으로 대체되는 것입니다.[15) "새 하늘과 새 땅"에 대한 유대인들의 소망은 이미 구약성경에 나타나 있습니다. 이사야 65:17 "보라, 내가 새 하늘과 새 땅을 창조하나니 이전 것은 기억되거나 마음에 생각나지 아니할 것이라." 이사야 66:22 "내가 지을 새 하늘과 새 땅이 내 앞에 항상 있는 것 같이 너희 자손과 너희 이름이 항상 있으리라. 여호와의 말이니라."

"바다가 다시 있지 않다"는 것은 바다는 용이 사는 곳이고(사 27:1; 51:9), 출애굽 시 이스라엘 백성들을 애먹인 곳이며(출 14장), 짐승이 나온 곳으로서(계 13:1) 반신(反神)적이며 인간에게 적대적인 세력과 장소로 간주되었기 때문에 이제 "새 하늘과 새 땅"에서는 그러한 것이 없다는 것을 말하는 것입니다.

2절: 또 내가 보매 거룩한 성 새 예루살렘이 하나님께로부터 하늘에서 내려오니 그 준비한 것이 신부가 남편을 위하여 단장한 것 같더라

본 절에서는 "새 하늘과 새 땅"을 "거룩한 성 새 예루살렘"으로 표현하고 있습니다.

"거룩한 성 새 예루살렘"이 "하나님께로부터 하늘로부터 내려온다"는 것은 "새 하늘과 새 땅"은 절대로 인간의 사회적 진화과정에 의해서 이루어질 수 없다는 것을 말하는 것입니다. "새 하늘과 새 땅"

---

15) 이러한 대체가 "처음 하늘과 처음 땅"의 멸망과 파괴를 통한 "새 하늘과 새 땅"으로의 대체냐, 아니면 연속성과 불연속성을 동시에 가지는 "처음 하늘과 처음 땅"의 완성(consummation)으로서의 "새 하늘과 새 땅"으로의 대체냐에 대해서는 다음의 부록의 글, "창조세계에 대한 하나님의 긍정"을 읽어보기 바란다.

은 전적으로 하나님에 의해 이루어지는 곳입니다. 이쪽에서 만들어 가는 것이 아니라, 저쪽에서부터 오는 것입니다(advent).

본 절에서는 새 예루살렘을 "신부가 남편을 위하여 단장한 것 같다" 라고 표현하고 있는 것은 사치스럽고 요란하게 자신을 장식한 천박한 음녀 바벨론과는 달리 거룩하고 남편을 위해 정절을 지키며 단정하게 단장한 새 예루살렘의 모습을 강조하기 위함입니다.

3절: 내가 들으니 보좌에서 큰 음성이 나서 이르되 보라 하나님의 장막이 사람들과 함께 있으매 하나님이 그들과 함께 계시리니 그들은 하나님의 백성이 되고 하나님은 친히 그들과 함께 계셔서(그들의 하나님이 되시고)

본 절에서는 "새 하늘과 새 땅"을 "하나님의 장막"으로 표현하고 있습니다. 이곳은 하나님의 백성들이 하나님과 함께 거하는 곳입니다. 그런데 "하나님의 장막이 사람들과 함께 있으매 하나님이 그들과 함께 계시리니 그들은 하나님의 백성이 되고 하나님은 친히 그들과 함께 계셔서(그들의 하나님이 되시고)"라는 표현은 에스겔 37장 27절과 매우 유사합니다. "내 처소가 그들 가운데에 있을 것이며 나는 그들의 하나님이 되고 그들은 내 백성이 되리라." 에스겔의 "처소(미쉬칸)"와 요한계시록의 "장막(스케네)"은 모두 동일한 어근에서 파생한 단어입니다. 그런데 에스겔과 요한계시록의 중요한 차이점이 있다면 에스겔의 "백성(암)"은 이스라엘이라는 특정한 집단을 가리키는 것임에 반해, 요한계시록의 "백성(라오이)"은 민족적인 개념을 뛰어넘는 보편적인 용어인 것입니다. 이로 보건대 새 예루살렘에는 이스라엘 민족만이 아니라 많은 민족 가운데 하나님의 백성이 된 모든 사람들이 들어 올 수 있다는 사실을 알 수 있습니다.

4절: 모든 눈물을 그 눈에서 닦아 주시니 다시는 사망이 없고 애통하는 것이나 곡하는 것이나 아픈 것이 다시 있지 아니하리니 처음 것들이 다 지나갔음이러라

"새 하늘과 새 땅"에서의 삶을 말씀하고 있습니다. 그 곳은 눈물과 사망과 애통과 곡하는 것과 아픈 것이 없는 곳입니다. 하나님께서 "모든 눈물을 그 눈에서 닦아 준다"는 종말론적인 약속은 이사야 25장 8절에도 예언되어 있는 말씀인데, 눈물이 없는 세상은 고통과 아픔과 슬픔과 억울함과 애통함이 없는 하나님의 정의가 실현되고 관철되는 세상을 의미하는 것입니다.

5절: 보좌에 앉으신 이가 이르시되 보라 내가 만물을 새롭게 하노라 하시고 또 이르시되 이 말은 신실하고 참되니 기록하라 하시고

"보좌에 앉으신 이"는 성부 하나님을 가리킵니다. 성부 하나님께서 만물을 새롭게 하신다라고 말씀하시며 이 말씀은 신실하고 참되니 기록하라고 하십니다.

하나님은 만물을 새롭게 하시는 분이십니다. 이런 의미에서 사도 바울도 고린도후서 5장 17절에서 "그런즉 누구든지 그리스도 안에 있으면 새로운 피조물이라. 이전 것은 지나갔으니 보라 새것이 되었도다"라고 말할 수 있었던 것입니다.

6절: 또 내게 말씀하시되 이루었도다 나는 알파와 오메가요 처음과 마지막이라 내가 생명수 샘물을 목마른 자에게 값없이 주리니

"이루었도다"라는 말은 주님께서 십자가에서 하신 말씀 가운데 "다 이루었다"(요 19:30)를 연상하게 합니다. 하나님의 구원의 사역이 완성되었음을 말하는 것입니다. 역사의 처음과 마지막 되시는 하나님께서 역사를 완성하시는 것입니다.

알파와 오메가는 헬라어 알파벳의 처음과 마지막 글자입니다. "처음"이라는 단어는 "아르케"인데 이는 시작만을 의미하는 것이 아니라, 원천(源泉), 기원(基源), 기초(基礎)라는 의미도 지니고 있습니다. 하나님이 모든 것의 원천과 기원과 기초가 된다는 말입니다. "마지막"이라는 단어는 "텔로스"인데 이는 순서의 마지막만을 의미하는 것이 아니라, 목표와 완성을 의미합니다. 모든 것이 다 하나님께로 돌아가서 그 바라던 목표가 완성된다는 의미입니다. 모든 존재가 하나님으로부터 시작되어서 하나님 안에서 끝나는 것입니다. 바울은 이러한 사실을 로마서 11장 36절에서 다음과 같이 말합니다. "이는 만물이 주에게서 나오고 주로 말미암고 주에게로 돌아감이라." 또한 에베소서 4장 6절에서는 다음과 같이 말합니다. "하나님도 한 분이시니 곧 만유의 아버지시라. 만유 위에 계시고 만유를 통일하시고 만유 가운데 계시도다." 하나님은 모든 피조물들의 존재의 원천이요, 그들이 돌아갈 목적지인 것입니다.

"내가 생명수 샘물을 목마른 자에게 값없이 주리니"에서 "목마른 자"는 지상에서 하나님의 새 하늘과 새 땅을 간절히 기다리고 소망하는 성도들을 의미합니다. 그들에게 하나님께서 생명수 샘물을 주시겠다는 것입니다. 목마름을 채워주는 것은 구원의 성취를 의미하는 것입니다. "생명수 샘물"은 영생을 상징하며, 하나님과 그리스도와 성령님과의 영원한 교제의 삶을 의미합니다. "값없이 준다"는 것은 이러한 것이 오직 하나님의 은혜임을 말하는 것입니다.

7절: 이기는 자는 이것들을 상속으로 받으리라 나는 그의 하나님이 되고 그는 내 아들이 되리라

"이기는 자는 이것들을 상속으로 받으리라"에서 "이것들"이란 앞서 말한 "새 하늘과 새 땅", "거룩한 성 새 예루살렘", "하나님의 장막", "하나님과 함께 거함", "눈물과 사망과 애통과 곡하는 것과 아픈 것이 없음", "생명수 샘물"을 가리킵니다.

이 중에서 가장 큰 복은 하나님의 아들이 된다는 것입니다. 우리가 하나님을 아바 아버지라 부를 수 있다는 것입니다.

8절: 그러나 두려워하는 자들과 믿지 아니하는 자들과 흉악한 자들과 살인자들과 음행하는 자들과 점술가들과 우상 숭배자들과 거짓말하는 모든 자들은 불과 유황으로 타는 못에 던져지리니 이것이 둘째 사망이라

7절의 이기는 자들이 받게 될 복과는 달리 본 절에서는 최후의 심판을 통해 불과 유황으로 타는 못에 던져져서 둘째 사망을 당하게 될 자들에 대해서 말씀하십니다. 그들이 누구인가? "두려워하는 자들"이란 박해를 두려워해서 배교한 자들이고, "믿지 아니하는 자들"이란 하나님과 예수 그리스도를 믿지 아니한 자들이며, "흉악한 자들"이란 "가증한 자들"이라는 뜻으로 우상숭배와 황제숭배의 가증스러운 의식에 참여한 자들을 말하는 것이며, "살인자들"이란 로마를 등에 업고 그리스도인들을 죽인 자들을 말하며, "음행하는 자들, 점술가들, 우상 숭배자들"은 모두 이교의 우상숭배에 참여한 자들을 가리키며, "거짓말하는 자들"이란 거짓말로 성도들을 미혹하고 모함한 자들을 가리킵니다. 이러한 일을 행한 자들은 영원한 형벌의 장소인 불과 유황으로 타는 못에 던져지게 되는데 이것이 바로 둘째 사망인 것입니다.

31. 새 예루살렘(요한계시록 21:9~22:5)

본문은 하나님께서 만물을 새롭게 하심으로 생겨난 "새 하늘과 새 땅"을 "새 예루살렘"이라는 표상으로 설명하고 있습니다.

21장 9절: 일곱 대접을 가지고 마지막 일곱 재앙을 담은 일곱 천사 중 하나가 나아와서 내게 말하여 이르되 이리 오라 내가 신부 곧 어린 양의 아내를 네게 보이리라 하고

"어린 양의 신부, 아내"는 교회를 상징하는 것인데(계 19:7), 본 절에서 천사는 "어린 양의 신부, 아내"를 보여주겠다고 하면서 그 어린양의 신부, 즉 성도들이 거처할 새 예루살렘을 보여주고 있습니다. 이는 하나님의 백성과 새 예루살렘을 동일시 한 데서 기인한 것입니다.

10절: 성령으로 나를 데리고 크고 높은 산으로 올라가 하나님께로부터 하늘에서 내려오는 거룩한 성 예루살렘을 보이니

요한은 성령에게 이끌리어 크고 높은 산으로 올라갑니다. 성경에서 산은 광야와 함께 하나님의 계시를 받는 장소로 여겨집니다. "크고 높은 산으로 올라갔다"는 것은 천상의 세계와의 근접함을 말하고자 하는 요한의 의도가 담겨져 있다고 봅니다. 거기서 요한은 "하나님

께로부터 하늘에서 내려오는 거룩한 성 예루살렘”을 보게 됩니다.

11절: 하나님의 영광이 있어 그 성의 빛이 지극히 귀한 보석 같고 벽옥과 수정같이 맑더라

새 예루살렘에는 하나님의 영광이 거합니다. 하나님의 영광의 빛이 맑은 벽옥(碧玉, jasper)과 수정(crystal)에 비유되고 있습니다.

12~13절: 크고 높은 성곽이 있고 열두 문이 있는데 문에 열두 천사가 있고 그 문들 위에 이름을 썼으니 이스라엘 자손 열두 지파의 이름들이라 동쪽에 세 문, 북쪽에 세 문, 남쪽에 세 문, 서쪽에 세 문이니

새 예루살렘은 크고 높은 성곽이 둘러싸고 있으며, 12문이 있습니다. 각각의 문에는 천사들이 지키고 서있습니다. 이들의 임무는 요한계시록 21장 27절의 말씀 “무엇이든지 속된 것이나 가증한 일 또는 거짓말하는 자는 결코 그리로 들어가지 못하되 오직 어린 양의 생명책에 기록된 자들만 들어가리라”를 볼 때 새 예루살렘으로 들어가는 자들을 규제하는 것으로 보입니다.

그리고 요한계시록 21장 16절에 나와 있듯이 새 예루살렘은 정육면체의 모습을 하고 있는데 12문들은 동서남북에 각각 세 개씩 나있습니다. 그리고 각 문들 위에 이스라엘 자손 열두 지파의 이름들이 기록되어 있다는 것은 새 예루살렘이 하나님의 백성이 거하는 곳임을 말하고 있는 것입니다. 그러나 이 하나님의 백성은 옛 이스라엘 백성을 가리키는 것이 아니라, 다음 절에 나와 있듯이 예수 그리스도를 믿음으로 구성되는 새 이스라엘을 가리키는 것입니다.

14절: 그 성의 성곽에는 열두 기초석이 있고 그 위에는 어린 양의 열두 사도의 열두 이름이 있더라

새 예루살렘 성곽에는 12개의 기초석이 있는데, 그 각각의 위에 12사도의 이름이 씌어져 있습니다. 이는 새 예루살렘이 예수 그리스도를 믿고 따르는 새 이스라엘이 거하는 장소임을 말하고 있는 것입니다.

15절: 내게 말하는 자가 그 성과 그 문들과 성곽을 측량하려고 금 갈대 자를 가졌더라

15~17절은 "금 갈대 자"를 가지고 세 예루살렘을 측량하는 것을 말하고 있습니다.

16절: 그 성은 네모가 반듯하여 길이와 너비가 같은지라 그 갈대 자로 그 성을 측량하니 12,000 스다디온이요 길이와 너비와 높이가 같더라

새 예루살렘은 길이와 너비와 높이가 똑같은 정육면체의 모습을 하고 있습니다. 이는 완전함과 안정성을 상징하는 것입니다.

그리고 그 길이가 12,000스다디온이라고 했습니다. 1스다디온을 약 192m로 보았을 때, 12,000스다디온은 약 2,300km가 됩니다. 그러나 12,000이라는 수는 상징수로서 하나님의 백성의 수 12에 1,000을 곱한 것으로 하나님의 백성의 충만한 수를 나타내는 것입니다.

17절: 그 성곽을 측량하매 144규빗이니 사람의 측량 곧 천사의 측량이라

새 예루살렘의 성곽을 측량하니 144규빗이라 하였습니다. 1규빗(cubit)을 50cm라 했을 때, 144규빗은 72m입니다. 길이와 너비와 높이가

2,300km나 되는 새 예루살렘의 크기에 비해서 성곽의 높이가 72m라는 것은 너무 낮은 느낌이 듭니다. 그러나 144라는 숫자도 상징수로 보아야 합니다. 144는 하나님의 백성의 수를 상징하는 12(구약)×12(신약)로서 하나님의 백성의 충만한 수를 가리킨다고 보아야 합니다.

18~20절: 그 성곽은 벽옥으로 쌓였고 그 성은 정금인데 맑은 유리 같더라 그 성의 성곽의 기초석은 각색 보석으로 꾸몄는데 첫째 기초석은 벽옥이요 둘째는 남보석이요 셋째는 옥수요 넷째는 녹보석이요 다섯째는 홍마노요 여섯째는 홍보석이요 일곱째는 황옥이요 여덟째는 녹옥이요 아홉째는 담황옥이요 열째는 비취옥이요 열한째는 청옥이요 열두째는 자수정이라

18~20절까지는 새 예루살렘을 꾸미고 있는 재료들에 대한 설명이 나옵니다. 새 예루살렘의 성곽은 벽옥이고, 새 예루살렘은 맑은 유리 같은 정금으로 되어 있습니다. 금은 하늘의 물건입니다.

12개의 기초석들은 각각 다음의 보석들로 되어 있습니다.

첫째는 벽옥(jasper[16])이요,

둘째는 남보석(sapphire[17])이요,

셋째는 옥수(agate[18])요,

넷째는 녹보석(emerald[19])이요,

다섯째는 홍마노(onyx[20])요,

---

16) Jasper is usually green or clear.

17) Sapphire is blue.

18) Agate has circles of brown and white.

19) Emerald is green.

20) Onyx has different bands of color.

여섯째는 홍보석(carnelian[21])이요,

일곱째는 황옥(chrysolite[22])이요,

여덟째는 녹옥(beryl[23])이요,

아홉째는 담황옥(topaz[24])이요,

열째는 비취옥(chrysoprase[25])이요,

열한째는 청옥(jacinth[26])이요,

열두째는 자수정(amethyst[27])이라.

21절: 그 열두 문은 열두 진주니 각 문마다 한 개의 진주로 되어 있고 성의 길은 맑은 유리 같은 정금이더라

새 예루살렘의 12문은 각각이 하나로 된 진주로 만들어진 진주문입니다. 그리고 새 예루살렘 안의 길들은 모두 다 맑은 유리와 같은 정금으로 되어 있습니다.

22절: 성 안에서 내가 성전을 보지 못하였으니 이는 주 하나님 곧 전능하신 이와 및 어린 양이 그 성전이심이라

새 예루살렘 안에는 성전이 없는데, 그 이유는 성부 하나님과 예수 그리스도께서 친히 성전이 되시기 때문입니다. 이는 새 예루살렘에는 하나님과 성도들 사이에 제의적인 중개가 필요 없고 하나님과의

---

21) Carnelian is deep-red or reddish-white.

22) Chrysolite is olive-green.

23) Beryl is green or bluish-green.

24) Topaz is yellow.

25) Chrysoprase is apple-green.

26) Jacinth is reddish-orange.

27) Amethyst is deep purple.

직접적인 교통이 이루어짐을 말하는 것입니다. 여기서 요한은 하나님과 성도들 간의 관계의 직접성을 강조하고 있는 것입니다. 새 예루살렘은 제의적인 영역과 세속적인 영역의 구분이 더 이상 필요 없는 곳입니다.

그런데 이처럼 하나님 나라에는 성전이 더 이상 없다고 하면서 요한계시록 3장 12절과 7장 15절에서는 하나님 나라에 성전이 있는 것처럼 이야기하고 있는 것은 어떤 이유에서인가? 요한계시록 3장 12절의 "이기는 자는 내 하나님 성전에 기둥이 되게 하리니 그가 결코 다시 나가지 아니하리라"는 말씀은 이기는 자들이 하나님에게 영원히 속하게 될 것임을 말하는 것이고, 요한계시록 7장 15절의 "그러므로 그들이 하나님의 보좌 앞에 있고 또 그의 성전에서 밤낮 하나님을 섬기매 보좌에 앉으신 이가 그들 위에 장막을 치시리니"라는 말씀은 하나님의 임재를 성전이라는 단어로 상징적으로 표현한 것입니다.

23절: 그 성은 해나 달의 비침이 쓸 데 없으니 이는 하나님의 영광이 비치고 어린 양이 그 등불이 되심이라

새 예루살렘에는 해나 달이 빛을 비출 필요가 없는데, 그 이유는 하나님의 영광이 새 예루살렘에 비치고 예수 그리스도께서 새 예루살렘의 등불이 되시기 때문입니다.

24절: 만국이 그 빛 가운데로 다니고 땅의 왕들이 자기 영광을 가지고 그리로 들어가리라

여기서 말하는 "만국"은 "모든 민족들"을 의미하는 것입니다. 여기에 나오는 모든 민족들은 예수 그리스도를 구주로 믿고 고백하는 성도들을 의미하는 것입니다. 하나님의 백성이 되는 범위에는 민족적인 차별이 없는 것입니다. "땅의 왕들" 역시 예수 그리스도를 구주로 믿고 고백하는 성도들을 의미하는 것입니다.

본 절의 말씀 "땅의 왕들이 자기 영광을 가지고 그리로 들어가리라"와 요한계시록 21장 26절의 말씀 "사람들이 만국의 영광과 존귀를 가지고 그리로 들어가겠고"로 보건대, 새 하늘과 새 땅은 처음 하늘과 처음 땅과의 연속성을 가지고 있음을 알게 됩니다. 물론 처음 하늘과 처음 땅이 발전하여 진화론적으로 새 하늘과 새 땅으로 이어지는 것은 아닙니다. 거기에는 분명한 불연속성이 있으며, 하나님의 개입이 있으며, 새 하늘과 새 땅은 오직 하나님에 의해 이루어지는 것입니다. 그럼에도 불구하고 처음 하늘과 처음 땅의 영광과 존귀는 새 하늘과 새 땅으로 이어지는 것입니다. 그러므로 우리는 처음 하늘과 처음 땅에 대한 책임을 소홀히 하거나 잊지 말아야 하는 것입니다.

25절: 낮에 성문들을 도무지 닫지 아니하리니 거기에는 밤이 없음이라

지상의 성들은 낮에는 성문을 열지만 밤이 되면 성문을 닫습니다. 그러나 새 예루살렘은 그 성문을 영원히 닫지 않습니다. 그 이유는 거기에는 밤이 없기 때문입니다. 성경에서 밤은 주로 고통과 절망과 죽음과 슬픔과 공포와 두려움을 상징합니다. 새 예루살렘에 밤이 없다는 말은 온전한 구원을 의미하는 것입니다.

26절: 사람들이 만국의 영광과 존귀를 가지고 그리로 들어가겠고

본 절에서 말하는 사람들이란 앞서 24절에서 나온 모든 민족들과 땅의 왕들을 가리킵니다. 예수 그리스도를 구주로 믿고 고백하는 모든 민족의 성도들이 새 예루살렘에 들어가는 것입니다.

27절: 무엇이든지 속된 것이나 가증한 일 또는 거짓말하는 자는 결코 그리로 들어가지 못하되 오직 어린 양의 생명책에 기록된 자들만 들어가리라

본 절에 새 예루살렘에 들어가는 조건이 명시되어 있습니다. "속되다"는 것은 제의적으로 부정한 것을 의미하는 것이고, "가증한 일을 행한다"는 것은 우상숭배를 의미합니다. 그리고 "거짓말"은 사탄과 관련된 행위입니다. 이처럼 속된 것, 그리고 가증한 일을 행하는 자, 거짓말하는 자는 새 예루살렘에 들어가지 못하고 오직 어린 양의 생명책에 기록된 자들만 새 예루살렘에 들어가는 것입니다.

22장 1~2절a: 또 그가 수정 같이 맑은 생명수의 강을 내게 보이니 하나님과 및 어린 양의 보좌로부터 나와서 길 가운데로 흐르더라

본 절에서 요한은 새 예루살렘의 에덴동산적인 측면을 보여주고 있습니다. 새 예루살렘에 "수정 같이 맑은 생명수 강"이 길 가운데로 흐르고 있는데, 이는 하나님과 어린 양의 보좌로부터 나오는 것입니다. 여기서 우리는 하나님이 생명의 근원, 원천이 되심을 알 수 있습니다.

2절b: 강 좌우에 생명나무가 있어 열두 가지 열매를 맺되 달마다 그 열매를 맺고 그 나무 잎사귀들은 만국을 치료하기 위하여 있더라

생명수 강 좌우편에는 달마다 열두 가지 열매를 맺는 생명나무가 자라고 있습니다. 이는 에스겔 47장 12절에 대한 요한의 인용으로 볼 수 있습니다. "강 좌우 가에는 각종 먹을 과실나무가 자라서 그 잎이 시들지 아니하며 열매가 끊이지 아니하고 달마다 새 열매를 맺으리니 그 물이 성소를 통하여 나옴이라. 그 열매는 먹을 만하고 그 잎사귀는 약 재료가 되리라."

또한 생명나무는 에덴동산에 있던 나무로서(창 2:9; 3:22), 아담과 하와가 범죄한 후 먹는 것이 금지되었던 나무인데, 이제 성도들이 생명나무 열매를 먹는다는 것은 영생하는 것을 뜻하는 것입니다.

생명나무가 "달마다 열매를 맺는다"는 것은 놀라운 생명력을 말하는 것이고 "열두 가지 열매"에서 12라는 숫자는 새 이스라엘로서의 새 예루살렘의 교회론적인 성격을 의미하는 것입니다.

그리고 그 생명나무 잎사귀는 만국을 치료하는 데 사용됩니다. 이는 새 예루살렘에는 어떠한 육적인, 영적인 질병도 없음을 말하는 것입니다. 새 예루살렘에서는 하나님의 보좌로부터 나오는 생명력이 구원을 받은 모든 민족들에게로 전달되는 것입니다.

3~4절: 다시 저주가 없으며 하나님과 그 어린 양의 보좌가 그 가운데에 있으리니 그의 종들이 그를 섬기며 그의 얼굴을 볼 터이요 그의 이름도 그들의 이마에 있으리라

새 예루살렘에는 다시는 저주가 없으며, 하나님께서 늘 성도들과 함께 계실 것입니다.

본 절의 "성도들이 하나님의 종으로서 하나님을 섬긴다"라는 구절에서 "섬긴다"는 말의 의미는 제물을 바치는 제의적인 의미가 아니라, 하나님과 그리스도에 대한 전적인 헌신과 찬양을 의미하는 것입니다. 새 예루살렘은 참된 예배 공동체가 될 것입니다.

"성도들이 하나님의 얼굴을 본다"는 것은 하나님의 임재와 능력 안에 충만히 거한다는 것을 말하는 것입니다. 사도 바울은 고린도전서 13장 12절에서 "우리가 지금은 거울로 보는 것같이 희미하나 그때에는 얼굴과 얼굴을 대하여 볼 것이요, 지금은 내가 부분적으로 아나 그때에는 주께서 나를 아신 것 같이 내가 온전히 알리라"고 말하였는데, 이제 "하나님의 얼굴을 본다"는 것은 종말론적인 사건으로서 구원의 완성에 도달한 성도들이 하나님과의 직접적인 교제를 나누게 될 것을 의미하는 것입니다.

"하나님의 이름이 성도들의 이마에 있다"는 것은 구원의 완성에 도달한 성도들이 전적으로 하나님에게 속하게 될 것을 말하는 것입니다.

5절: 다시 밤이 없겠고 등불과 햇빛이 쓸데없으니 이는 주 하나님이 그들에게 비치심이라 그들이 세세토록 왕 노릇 하리로다

새 예루살렘에는 요한계시록 21장 25절의 말씀처럼 밤이 없으며, 하나님께서 늘 그곳을 비추고 있기 때문에 등불이나 햇빛이 필요 없습니다.

성도들은 거기서 영원무궁토록 왕 노릇할 것인데 이는 요한계시록 3장 21절의 약속의 말씀 "이기는 그에게는 내가 내 보좌에 함께 앉게 하여 주기를 내가 이기고 아버지 보좌에 함께 앉은 것과 같이 하리라"의 성취입니다. 왕 노릇한다고 할 때 하나님 나라에 무슨 피지배계급이 있는 것이 아닙니다. 모든 성도들이 왕 같은 삶을 살게 될 것이라는 말입니다.

32. 마라나타(요한계시록 22:6~21)

6절: 또 그가 내게 말하기를 이 말은 신실하고 참된지라 주 곧 선지자들의 영(들)의 하나님이 그의 종들에게 반드시 속히 되어질 일을 보이시려고 그의 천사를 보내셨도다

본 절에 나오는 "그"가 누구인지 분명하지 않습니다. 다음의 세 가지로 해석이 가능합니다.

① 지금까지 화자(話者)로 등장한 일곱 대접을 가진 일곱 천사 중의 하나(계 21:9)
② 요한에게 계시록 전체의 내용을 전해주는 요한계시록 1장 1절에 나오는 천사
③ 다음 7절의 "보라, 내가 속히 오리니"를 볼 때 주님 자신

"이 말"은 계시록 전체의 내용을 가리킵니다.

화자(話者)가 누구인지 간에 화자가 강조하는 바는 계시록 전체의 내용이 신실하고 참되다는 것입니다. 그 근거로 화자는 계시의 말씀의 신적인 기원을 언급합니다. 본 절에 나오는 계시의 경로는 "하나님 → 천사 → 종들(선지자 또는 성도들)"입니다. 이것은 요한계시록 1장 1절에 나타난 계시의 경로 "하나님 → 예수님 → 천사 → 요한 → 성도들"을 축약한 것입니다. 계시의 말씀이 하나님으로부터 나왔기 때문에 그 말씀은 신실하고 참되다는 것입니다.

화자(話者)가 강조하는 또 한 가지 일은 이 계시의 내용이 속히 이루

어질 것이라는 것입니다. 이는 요한계시록을 마감하는 가운데 요한계시록 1장 1절의 "반드시 속히 일어날 일들"을 다시 한 번 언급하면서 이 말씀의 내용이 속히 이루어질 것임을 강조하는 말씀입니다.

7절: 보라 내가 속히 오리니 이 두루마리의 예언의 말씀을 지키는 자는 복이 있으리라 하더라

"내가 속히 오리니"에서 "나"는 그리스도를 가리킵니다. 이는 주님의 재림의 임박성을 말하는 것입니다.

"이 두루마리의 예언의 말씀"은 요한계시록 전체 내용을 말하는 것입니다. 이 말씀을 지키는 자가 복이 있다는 것입니다. 이러한 본 절의 복 선언은 요한계시록 1장 3절의 복 선언을 떠올리게 합니다.

"이 예언의 말씀을 읽는 자와 듣는 자(들)와 그 가운데에 기록한 것을 지키는 자(들)는 복이 있나니 때가 가까움이라."

그런데 본 절에서는 왜 "읽는 자와 듣는 자"가 빠지고 "지키는 자"만 나오는가? 아마도 화자(話者)는 독자들이 지금까지 계시의 내용을 다 읽고 들었다고 전제하는 가운데 지키는 것에 대해서만 언급한 것으로 생각됩니다.

8~9절: 이것들을 보고 들은 자는 나 요한이니 내가 듣고 볼 때에 이 일을 내게 보이던 천사의 발 앞에 경배하려고 엎드렸더니 그가 내게 말하기를 나는 너와 네 형제 선지자들과 또 이 두루마리의 말을 지키는 자들과 함께 된 종이니 그리하지 말고 하나님께 경배하라 하더라

본 절과 병행을 이루는 구절이 요한계시록 19장 10절에 나옵니다.

거기서도 똑같이 요한이 자신에게 계시의 말씀을 전해준 천사에게 경배하려고 그 발 앞에 엎드리려고 할 때에 천사가 자신도 종 된 자라고 하면서 자신에게 경배하려고 하는 요한을 말리면서 오직 하나님께만 경배할 것을 권면합니다. 여기서 요한은 자신이 받은 계시의 근원이 천사가 아니라 하나님이라는 사실을 강조하여 말하고 있는 것입니다.

천사에 대하여는 시편 103편 20~22절 말씀을 통해 다음과 같이 정리할 수 있습니다. "능력이 있어 여호와의 말씀을 행하며 그의 말씀의 소리를 듣는 여호와의 천사들이여 여호와를 송축하라. 그에게 수종 들며 그의 뜻을 행하는 모든 천군이여 여호와를 송축하라. 여호와의 지으심을 받고 그가 다스리시는 모든 곳에 있는 너희여 여호와를 송축하라."

① 천사는 하나님의 지으심을 받은 피조물이다.
② 천사는 능력이 있는 존재이다.
③ 천사는 하나님이 다스리는 모든 곳에 존재한다(편재성).
④ 천사는 하나님께 수종 드는 존재이다.
⑤ 천사는 하나님의 말씀을 듣고 하나님의 뜻을 따라 하나님의 말씀을 수행하는 존재이다.

10절: 또 내게 말하되 이 두루마리의 예언의 말씀을 인봉하지 말라 때가 가까우니라

본 절은 유대묵시전통과의 본질적인 차이점을 나타냅니다. 유대묵시전통에서는 계시의 말씀을 펼쳐 보이지 않고 봉인하는 것이 일반적인 양식이지만(단 12:4), 본 절은 이와 달리 종말의 때에 교회들이 종말을 준비할 수 있도록 계시의 말씀이 열려지고 알려져야 한다고 말하는 것입니다. 우리에게 하나님의 말씀이 계시되어 있습니다. 이 말씀을 따라 종말을 준비하며 살아야 할 것입니다.

11절: 불의를 행하는 자는 그대로 불의를 행하고 더러운 자는 그대로 더럽고 의로운 자는 그대로 의를 행하고 거룩한 자는 그대로 거룩하게 하라

본 절은 말세(末世)가 되면 각자의 상황이 굳어져서 더 이상 변화의 여지가 없을 것임을 말하고 있습니다. 더 나아가서 본 절의 초점은 하반절, "의로운 자는 그대로 의를 행하고, 거룩한 자는 그대로 거룩하게 하라"에 있습니다. 종말을 준비하는 가운데 의(義)와 거룩을 더욱더 추구하라는 말씀입니다.

12절: 보라 내가 속히 오리니 내가 줄 상이 내게 있어 각 사람에게 그가 행한 대로 갚아 주리라

7절에 이어서 그리스도의 재림의 임박성을 강조합니다.

재림하신 주님은 각 사람에게 상을 주시는데, 그 상은 각 사람들의 행위에 따라 정해지는 것입니다. 이러한 내용은 요한계시록 2장 23절에도 등장합니다. "모든 교회가 나는 사람의 뜻과 마음을 살피는 자인 줄 알지라. 내가 너희 각 사람의 행위대로 갚아 주리라."

또한 여기서 말하는 "상"은 궁극적으로 "구원"을 의미한다고도 볼 수 있는데, 이럴 경우 "행한 대로 상을, 구원을 준다"는 것은 구원의 조건으로서의 행위를 말하는 것이 아니라, 신앙이 핍박받는 상황 속에서 믿음이 행위를 통해 나타날 수밖에 없음을 말하는 것입니다. 다시 말해서 끝까지 하나님과 예수님을 배반하지 아니하고 우상숭배와 황제숭배를 하지 아니하고 믿음을 지킨 자에게 주님께서 구원으로 갚아주신다는 말씀입니다.

13절: 나는 알파와 오메가요 처음과 마지막이요 시작과 마침이라

12절에서 심판자의 모습으로 나타난 그리스도가 그에 걸맞게 하나님의 칭호로 불립니다. "알파와 오메가", "처음과 마지막", "시작과 마침"은 모두 다 같은 말의 반복으로서 모두 하나님을 지칭할 때 사용되는 말들입니다. 이것이 시사하는 바는 예수 그리스도가 바로 하나님이라는 사실입니다.

14절: 자기 두루마기를 빠는 자들은 복이 있으니 이는 그들이 생명나무에 나아가며 문들을 통하여 성에 들어갈 권세를 받으려 함이로다

본 절의 "빠는"은 깨끗하게 세탁하는 wash의 의미입니다. "자신의 두루마기를 빤다"는 것은 성결함과 정결함의 상징입니다(출 19:10, 14). 예수님의 말씀처럼 성도는 이미 목욕한 자이지만 매일 자신의 발을 씻어야 하는 것입니다(요 13:10).

자기 두루마기를 빠는 자들이 받게 될 복은 그들이 "생명나무(계 22:2)에 나아가며 새 예루살렘 성에 들어갈 권세를 얻게 된다"는 것입니다.

15절: 개들과 점술가들과 음행하는 자들과 살인자들과 우상 숭배자들과 및 거짓말을 좋아하며 지어내는 자는 다 성 밖에 있으리라

본 절은 14절에 나오는 구원받는 자들과 대조를 이루는 새 예루살렘에 들어가지 못하는 자들이 누구인지 말씀하고 있습니다.

"개"는 성경에서 더럽고 추악한 이미지로 사용됩니다. 골리앗이 자신에게 나아오는 다윗에게 "네가 나를 개로 여기고 막대기를 가지고 내게 나아왔느냐"(삼상 17:43) 하였고, 베드로후서 2장 22절에서도 "참된 속담에 이르기를 개가 그 토하였던 것에 돌아가고 돼지가 씻었다가 더러운 구덩이에 도로 누웠다 하는 말이 그들에게 응하였도다"라는 속담이 있을 정도로 개는 안 좋은 이미지로 사용되었던 것입니다. 나머지 "점술가들과 음행하는 자들과 살인자들과 우상 숭배자들과 및 거짓말을 좋아하며 지어내는 자"는 요한계시록 21장 8절의 내용과 거의 유사합니다. 주님의 재림은 성도들에게는 구원의 사건이지만, 불신자들에게는 심판의 사건인 것입니다.

16절: 나 예수는 교회들을 위하여 내 사자를 보내어 이것들을 너희에게 증언하게 하였노라 나는 다윗의 뿌리요 자손이니 곧 광명한 새벽 별이라 하시더라

"사자"는 천사를 의미합니다.

본 절에서는 계시의 경로가 "예수님 → 천사 → 너희(요한 포함) → 교회들(성도들)"로 나타납니다. 이것은 요한계시록 1장 1절에 나타난 계시의 경로 "하나님 → 예수님 → 천사 → 요한 → 성도들"과 일맥상통(一脈相通)하는 것입니다.

본 절에서 예수님은 자기 자신을 "다윗의 뿌리요 자손"과 "광명한 새벽 별"로 묘사하고 있습니다. 예수님은 다윗의 조상이시면서 동시에 다윗의 후손도 되십니다. 예수님은 하나님이시기에 다윗의 조상이시지만 또한 혈통적으로 다윗의 후손으로 성육신하셨기 때문에 다윗의 자손이 되는 것입니다. 이는 예수님의 참 하나님이심과 참 인간이심을 말하는 것입니다. 다음으로 예수님은 "광명한 새벽 별" 이십니다. 새벽 별은 밤이 지나고 아침이 올 때 떠오르는 별로서, 이 는 예수님께서 이제 긴 밤과 같은 어두움의 역사를 종식시키시고 찬 란한 아침 해가 떠오르는 새로운 시대를 가져오시는 분임을 말하는 것입니다.

17절: 성령과 신부가 말씀하시기를 오라 하시는도다 듣는 자도 오 라 할 것이요 목마른 자도 올 것이요 또 원하는 자는 값없이 생명수 를 받으라 하시더라

본 절에서는 세상을 향한 성령과 신부의 네 번의 초청이 등장합니다. 성령은 사람들을 주 예수께로 인도하시고 부르시는 분이시고, "신 부"는 바로 교회를 말합니다. 본 절에 나타난 성령과 교회의 네 번 의 초청은 앞서 12~16절에 나타난 예수님의 말씀에 대한 응답입니 다. 예수님이 재림과 구원의 임박성을 약속하자 성령과 교회가 사람 들을 초청하는 말로 이에 응답하는 것입니다. 성령과 교회가 함께 공동 초청자로 나타난 이유는 교회의 초청이 신실하다는 것을 보증 하는 기능을 하는 것입니다.

"듣는 자", "목마른 자", "원하는 자"는 다른 부류의 사람들이 아니 라, 동일한 집단의 사람들을 다양하게 표현한 것입니다. 말씀을 "듣 는 자"는 말씀에 순종28)하려는 마음을 가진 자이며, "목마른 자"는

---

28) "순종하다"는 "듣다"의 파생어이다.

구원에 목마른 자이며, "원하는 자"는 생명수를 원하는 자입니다. 여기서 특별히 "생명수를 값없이 받는다."는 것은 구원이 인간의 업적(業績)으로 이루어지는 것이 아니라, 전적으로 하나님의 은혜임을 말하고 있는 것입니다.

18~19절: 내가 이 두루마리의 예언의 말씀을 듣는 모든 사람에게 증언하노니 만일 누구든지 이것들 외에 더하면 하나님이 이 두루마리에 기록된 재앙들을 그에게 더하실 것이요 만일 누구든지 이 두루마리의 예언의 말씀에서 제하여 버리면 하나님이 이 두루마리에 기록된 생명나무와 및 거룩한 성에 참여함을 제하여 버리시리라

18절과 19절에서 요한은 요한계시록의 예언의 말씀들을 변개(變改)하지 말 것을 강력하게 요청하고 있습니다. 이 예언의 말씀에 무엇인가를 덧붙이는 자에게는 하나님께서 이 책에 기록된 재앙을 더하실 것이고, 이 예언의 말씀에서 무엇인가를 삭제하는 자에게는 하나님께서 그를 구원에서 제하여 버리실 것이라는 겁니다. 요한이 이렇게 강하게 말한 이유로 먼저는 요한계시록의 본문의 변개나 조작을 막기 위함이며, 다음으로는 요한계시록의 내용이 신실하고 완전하다는 것을 강조하기 위함입니다.

20절: 이것들을 증언하신 이가 이르시되 내가 진실로 속히 오리라 하시거늘 아멘 주 예수여 오시옵소서

"이것들을 증언하신 이"는 바로 올리우신 예수 그리스도를 말합니다. 예수님께서 진실로 속히 오실 것을 약속하십니다. 이에 대하여 요한은 "아멘, 주 예수여 오시옵소서"로 응답합니다.

"주 예수여 오시옵소서"는 아람어 "마라나타"(מרנאתא)의 헬라어 번역입니다. 고린도전서 16장 22절에서는 헬라어로 Μαρανα θα 라고 표기되어 있습니다. 그런데 마라나타는 단어를 나누어 읽는 방식에 따라 두 가지 의미로 해석될 수 있습니다. "마란"(מרן)과 "아타"(תא)로 나누어 읽으면 "우리 주께서 임하셨도다."(Our Lord has come)라는 의미가 됩니다. 반면에 "마라나"(מרנא)와 "타"(תא)로 나누어 읽으면 "우리 주여, 오시옵소서"(Our Lord, come!)가 됩니다. 본 절에서는 후자의 의미로 보아야 합니다. 바울은 문제 많은 고린도 교회에게 보내는 편지를 끝맺는 가운데 고린도전서 16장 22절에서 "마라나타"(Μαρανα θα)라는 말을 쓰고 있습니다. 인간의 모든 문제의 해결은 주께서 오실 때에 이루어지는 것입니다. 구원의 역사도 주님 다시 오실 때 완성되는 것입니다. 우리 모두 주님의 오심을 기대하며 바라보며 살아야 할 것입니다.

21절: 주 예수의 은혜가 모든 자들에게 있을지어다 아멘

요한은 편지의 형식을 취하는 가운데 마지막으로 끝맺음의 인사로 축복의 기도를 하고 있습니다.

부록

창조세계에 대한 하나님의 긍정
—새 창조(New Creation)인가, 창조의 완성
(Consummation of Creation)인가?—

서론

여호와의 날에, 하나님께서 이 세상을 심판하러 오실 때, 하나님께서는 이 땅을 완전히 멸망시키시고 이 세상과는 전혀 관계없는 새 하늘과 새 땅을 건설하시는가, 아니면 이 세상을 완전히 새롭게 변화시키셔서 지금의 세상과 "연속성(continuity)"과 "불연속성(discontinuity)"을 동시에 가지는 새 하늘과 새 땅을 건설하시는가? 하나님은 현 창조세계를 부정(Nein)하시는가, 아니면 긍정(Ja)하시는가? 만약 하나님께서 현재의 창조세계를 부정하신다면 여호와의 날에 현재의 창조세계는 모두 다 없어지고 하나님께서 현 세상과는 전혀 연속성이 없는 세상을 다시 창조하실 것이고, 만약 하나님께서 현 창조세계를 긍정하신다면 현재의 창조세계는 보전될 가치를 지니게 될 것이다.

전통적인 교리와 기독교 사고들은 보통 이 세상의 멸망을 통한 새 창조의 견해를 지지한다. 또한 이 세상이 완전히 멸망당하고 새로운 세상이 건설되는 새 창조에 대한 근거가 되는 성경구절들을 발견하는 것도 사실이다.[29) 그러나 이럴 경우 문제가 없는 것이 아니다. 그렇다면 지금의 이 창조세계는 의미가 없는 것이란 말인가? 여호와의 날에 모두 없어져 버릴 것들이라면 현 세계에 대한 우리의 책임의 근거는 어디서 발견한단 말인가? 현 세계의 멸망을 통한 새 창조라는 생각은 사람들로 하여금 이 땅에 대한 책임감보다는 내세 지향적으로 생각하도록 만들고 이 땅에서의 삶의 의미를 약화시키도록 하는 문제점을 지닌다.

그러나 우리는 성경에서 이 세상의 멸망을 통한 새 창조를 말하는 구절 못지않게 그 반대로 하나님께서 현재의 이 창조세계를 긍정하시고 이 세계를 온전히 변화시켜 하나님의 새 하늘과 새 땅으로 삼으실 것이라는 표현들을 또한 발견하게 된다.30) 그렇다면 무엇인가? 하나님께서는 현 창조세계를 부정하시는가, 아니면 긍정하심과 동시에 현 세계와 연속성과 불연속성을 동시에 가지는 창조의 완성을 말씀하시는가?

1. 세상의 멸망? 창조의 완성!

세상의 멸망을 통한 새 창조인가 아니면 현 창조세계의 완성인가? "창조의 완성"(consummation of creation)은 "지속하는 세계가 완벽하게 되는 것"(the perfection of the existing world)을 의미한다. 즉, 다시 젊어지고(rejuvenation) 다시 새롭게 되는 것(renewal)을 의미하는 것이다.

---

29) 이사야 60:19~20; 65:17; 66:22; 마태복음 5:18; 24:35; 베드로후서 3:5~13; 요한일서 2:17; 요한계시록 21:1 이하 등.

30) 창세기 9:8~17; 이사야 11:6~9; 40:3~4; 41:18~19; 42:16; 43:19~20; 44:3; 49:11; 51:10; 65:25; 시편 104:30; 호세아 2:18; 마태복음 5:5; 24장; 마가복음 13장; 누가복음 21장; 로마서 8:21; 고린도전서 7:31; 15:20~30; 에베소서 1:10; 골로새서 1:15~23; 데살로니가후서 2장; 요한계시록 18~22장 등.

"창조의 완성"은 역사적 과정(historical process)을 통한 완성을 의미하며 역사적 과정의 성취(fulfillment)와 끝(the end)을 의미한다.[31] 반면에 "새 창조"(new creation)는 역사가 아니라 발생하는 "하나의 사건"(an event)이다. 이것은 역사의 일부분이나 역사를 통해서 되는 것이라기보다 "역사의 대체"(the replacement of history)를 의미한다.

다시 말해서 "창조의 완성"은 역사 속에서의 현존하는 세계의 완전하게 됨(the perfection of the existing world in history)을 의미하지만 "새 창조"는 현 역사를 대체하는 사건(an event that replaces history)을 말하는 것이다. 창조의 완성은 보편 역사 아래 포함되는 반면에 새 창조에서 현 역사는 새 창조에 대한 사전단계 비슷한 것이 되며, 새 창조와는 무관한 것이 된다. 그렇다면 성경은 과연 무엇을 말하고 있는가? 크니림(Rolf P. Knierim)은 구약성서에 나타난 이 두 가지 사상을 다음과 같이 정리하고 있다.

> 제2이사야서(이사야 40:3−4; 41:18−19; 42:16; 43:19−20; 44:3; 49:11; 51:10)에 따르면 이 지구는 새롭게 된다(renewed). 이 지구는 새롭게 되거나 다시 젊어지는 것이지 새롭게 또는 다시 창조되는 것은 아니다. 하나님은 이 땅을 멸망시키시는 분이 아니라 새롭게 하시는 분이시다. "주의 영을 보내어 저희를 창조하사 지면을 새롭게 하시나이다."(시편 104:30). 이상의 성경 구절들은 새롭게 되거나 다시 젊어지는 창조를 말하며 자기 지탱적인 "지구의 갱신(새롭게 됨)"을 선언하지 지구의 새 창조를 선언하지는 않는다.
> 반면에 제3이사야서에서는 장면이 바뀐다. 여호와는 여기서 "새 하늘과 새 땅의 창조"를 선언한다. "보라 내가 새 하늘과 새 땅을 창조하나니 이전 것은 기억되거나 마음에 생각나지 아니할 것이라"(이사야 65:17). "나 여호와가 말하노라. 나의 지을 새 하늘과 새 땅이 내 앞에 항상 있을 것 같이 너희 자손과 너희 이름이 항상 있으

---

31) Rolf P. Knierim, *The Task of Old Testament Theology* (Wm. B. Eerdmans Publishing Co., 1995), p.215.

리라"(이사야 66:22). "다시는 낮에 해가 네 빛이 되지 아니하며 달도 네게 빛을 비취지 않을 것이요 오직 여호와가 네게 영영한 빛이 되며 네 하나님이 네 영광이 되리니 다시는 네 해가 지지 아니하며 네 달이 물러가지 아니할 것은 여호와가 네 영영한 빛이 되고 네 슬픔의 날이 마칠 것임이니라"(이사야 60:19-20). 옛 우주질서는 새 우주질서에 의해 대체될 뿐 아니라, 영원한 우주적 신현현(theophany)의 질서에 의해 대체될 것이다. 신현현 전통의 역사에 있어서 근본적인 변화가 생길 것이다. 신현현은 더 이상 반복되는 역사적 또는 제의적 사건이 아니라 우주질서를 통한 끝나지 않는 하나님의 현존과 계시가 될 것이다.

그러나 흥미롭게도 이사야 65장 18-25절에 기술된 이스라엘의 삶은 전적으로 원(原)창조의 질서의 언어로 기록되어 있다. 여기서 새 창조의 개념과 원(原)창조의 개념이 미래의 관점 안에서 한 곳으로 모이게 된다. 이 미래의 관점이 전적으로 창조의 질서에 의해 인도된다는 사실이 중요하다. 이 세상의 미래 역사가 어떻게 되든지 간에 그것은 창조의 질서 속에서 살아지는 역사일 것이라는 것이다. 다시 말해 현 역사, 현 창조세계와 전혀 무관한 세상의 창조가 아니라는 말이다. 현 세계와 관련되는 새 창조를 성경은 말하고 있는 것이다. 이러한 맥락에서 볼 때 성경이 말하는 창조의 완성과 새 창조의 개념은 모순이나 충돌을 일으키지 않게 될 수 있다. 즉 하나님이 이 땅에 만국의 미래 역사가 어떻게 되든지 간에 그것은 창조의 질서의 현존의 빛 안에서 나타날 것이다.[32]

이상에서 우리는 성경이 "현 세계의 멸망을 통한 새 창조"와 "현 창조세계의 완성", 이 두 가지 모두를 말하고 있는 것을 볼 수 있다. 이하에서는 하나님께서 현 창조세계를 긍정하시는 예들을 성경에서 살펴봄으로써 창조의 완성에 대한 근거를 제시하고자 하며 현 세상의 멸망을 통한 새 창조도 창조의 완성의 맥락에서 재해석될 수 있음을 밝히고자 한다.

---

32) Ibid., pp.215-217.

1) 천지 창조 시 창조세계에 대한 하나님의 긍정
(창세기 1~2장)

하나님께서는 우주 만물, 천지를 창조하실 때(창 1~2장), "보시기에 좋았더라(בוט, 토브; good 좋은, 선한)"라는 말을 반복하셨다(창 1:10, 12, 18, 21, 25, 31). 하나님께서는 자신이 창조하신 것들을 보시고 좋다고, 선하다고 긍정하신 것이다. 이것은 피조물 전체에 대한 하나님의 전적인 긍정을 뜻한다. 하나님은 이 창조세계를 창조하시기로 작정하시고 창조하셨으며, 그 나타난 결과를 보시고 좋다고 긍정하신 것이다. 세계가 하나님의 사랑의 결단에서 창조되었고, 하나님과의 지속적인 교섭관계에서 존재한다면 이 세계는 혐의스럽고 거짓된 현실이 아니다. 이 세상은 선한 창조이다.[33] "주님은 세상 모든 것을 사랑하시며, 주님이 만드신 그 어느 것도 싫어하시지 않는다. 주님이 미워하시는 것을 만드셨을 리가 없다"(지혜서 11:24). 창조된 세계의 만물은 부정되어야 할 현실이 아니다. 세상은 하나님의 긍정의 빛 아래에 있다. 이 긍정은 분명하며 반박될 수 없다.

이처럼 자기 자신이 작정하시고, 창조하시고, 그리고 그 결과로 나타난 이 세상에 대해 좋다고 긍정하신 하나님께서는 또한 이 창조세계에 대한 책임을 가지고 계시다. 하나님은 그리스 신화에 나오는 신들과 같은 그런 자의적(恣意的)인 하나님도 아니시며, 헬라철학이나 이신론(理神論)의 신처럼 세상과 전혀 관계를 맺지 아니하시는 그런 하나님이 아니시다. 하나님의 긍정은 천지창조 당시뿐만 아니라 지금까지도 유효하며 하나님은 이 세계에 대한 책임을 갖고 계시다. 하나

---

33) 오영석, 「생태계의 신학적 이해 2」, 『기독교사상』(1987년 11월), p.116.

님은 지금도 이 창조세계를 긍정하시면서 돌보시고 계신 것이다. 하나님께서는 다만 죄로 인해 "하나님-인간-자연"의 관계가 왜곡되어 인간이 하나님의 선한 뜻을 따르지 못함으로 말미암아 인간과 자연이 파괴되어 가는 모습을 보시고 마음 아파하시는 것뿐이시지 결코 죄 때문에 이 창조세계를 부정하시는 것은 아니다. 지금도 하나님께서 현재의 창조세계를 사랑하시고 긍정하신다.

2) 예수 그리스도를 통한 창조세계에 대한 하나님의 긍정 (요한복음 3:16)

지금도 하나님께서 현 창조세계를 사랑하시고 긍정하신다는 사실을 우리는 예수 그리스도를 통해서 알 수 있다. 하나님은 독생자 예수 그리스도를 이 땅에 보내어서 이 창조세계를 구원하시기까지 이 "세상을" 사랑하신다(요 3:16). 이 구절에 나오는 하나님이 사랑하신 세상은 인간만이 아니다. ὁ κόσμος(호 코스모스)는 the world, 바로 이 세상, 바로 이 세계, 전(全) 창조세계, 우주를 가리키는 말이다. 인간만이 구원의 대상이 아니다. 하나님은 전 우주를 구원하시고 완성(consummation)하시기를 원하신다. 하나님의 관심은 인간 구원만이 아닌 모든 피조물을 포함한 우주의 구원에 있다. 그래서 독생자 예수 그리스도를 보내신 것이다. 하나님은 인간만이 아닌 바로 하나님께서 창조하신 이 세계를 사랑하시어, 이 세상을 위해 예수님을 이 땅에 구주로 보내신 것이다. 하나님께서는 인간만이 아니라 전체 창조세계, 모든 피조물들을 구원하시고 완성하시기를 원하신다. 하나님께서 사랑하신 것은 인간만이 아닌 전체 창조세계이다. 이처럼 하나님 자신이 예수 그리스도 안에서 궁극적으로 피조물들을 긍정하셨기 때문에 현 창조세계는 부정될 수 없는 것이다.

3) 구원의 때를 기다리는 피조물들(로마서 8:19~22)

피조물들도 마지막 완성의 때, 구원의 때, 해방되어 영광의 자유에 이르는 것을 기다린다고 성경은 말하고 있다(롬 8:19~23). 멸망당해 없어질 것들이라면 구원의 때를 기다릴 필요조차 없는 것이다. 그러나 성경은 그렇게 말하고 있지 않다. 피조물들도 구원의 때를 간절히 사모하고 있다고 성경은 말하고 있는 것이다. "피조물은 하나님의 자녀들이 나타나기를 간절히 기다리고 있습니다. 피조물이 허무에 굴복하였지만, 그것은 자의로 그렇게 된 것이 아니라, 굴복하게 하신 그분이 그렇게 하신 것입니다. 그러나 소망은 남아 있습니다. 그것은 곧 피조물도 사멸의 종살이에서 해방되어서 하나님의 자녀가 누릴 영광된 자유를 얻는다는 것입니다. 우리는 모든 피조물이 이제까지 함께 신음하며, 해산의 고통을 함께 겪고 있다는 것을 압니다."(롬 8:19~22) 지금의 창조세계는 멸망당하여 없어질 것들이 아니다. 피조물들도 마지막 때의 완성과 구원을 기다린다. 이 창조세계는 여호와의 날에 멸망당해 전부 없어질 그런 것들이 아니다. 온전하게 완성되고 구원받을 것들이다. 피조물들은 바로 그것을 탄식하며 기다리는 것이다. 이 영광의 자유의 나라는 인간을 비롯한 창조세계 전체가 서로를 착취하거나 억압하는 것이 아니라 서로를 존중하는 관계로 이루어지는 나라가 될 것이며(창 2:19-20), 그 때는 서로 죽이지 않는 평화의 세계가 될 것이며(사 11:6-9), 하나님 자신의 "거룩한 산 모든 곳에서 해됨도 없고 상함도 없는” 그러한 나라가 될 것이다. 바로 이러한 세상을 피조물들은 지금도 탄식하며 기다리고 있는 것이다.

4) 전(全)우주를 구원하시는 “우주적 그리스도”이신 예수님 (에베소서 1:10)

예수님은 인간의 구주(救主)만이 아닌 이 우주를 구원하시고 회복시키시는 “우주적 구주”이시다. 종말에 일어날 주님의 다시 오심은 세계사의 우주적 과정 속에서 일어나는 사건이다. 주님은 개인의 영혼은 물론 만물의 구원자로 오신다. 그래서 “하나님의 경륜은 때가 차면 하늘과 땅에 있는 모든 것을 그리스도 안에서 그분을 머리로 하여 통일시키는 것이다(as a plan for the fullness of time, to gather up all things in him, things in heaven and things on earth, 엡 1:10).”

에베소서 1장 10절에서 “하늘과 땅에 있는 모든 것을 그리스도 안에서 그분을 머리로 하여 통일시킨다”는 말은 예수님의 범우주적이고 영과 육을 포함한 구속의 광대한 범위를 가리키는 말이다. 또한 “통일시킨다(to gather up)”라는 말은 다양한 것들을 한 머리 아래 다시 하나로 만든다는 것을 의미한다. 그러므로 본문의 뜻은 하나님의 선하신 뜻 아래 조화롭게 창조되었으나 죄로 말미암아 혼란하게 된 세계를 예수님의 구속으로 죄의 영향을 제거하고 그리스도 안에서 모든 것을 모아 조화롭게 완성하는 최종적인 구속의 역사를 말하는 것이다.[34]

종말의 완성은 하늘과 땅에 있는 모든 것이 그리스도 안에서 그분

---

34) 「에베소서」, 『그랜드주석』, p.635.

을 머리로 하여 통일되는 것이다. 바울은 그리스도의 주권이 인간에
게만 제한되지 않고 만물에까지 미친다고 말하는 것이다. 때가 되면
전 우주의 피조물들이 그분을 머리로 하여 통일된다고 하였다. 하나
님의 목적은 현 창조세계의 멸망이 아니라 그리스도 안에서 통일시
키는 것이다.

5) 멸망이 아니라 만물을 새롭게 하시는 하나님
(요한계시록 21:5)

하나님은 "보라 내가 만물을 새롭게 하노라"(계 21:5)라고 말씀하신
다. 그리고 이 말씀은 기록으로 남길 만큼 확실하고 "신실하고 참되
다"고 확증하신다. 하나님은 현 창조세계를 대체하는 또 다른 창조를
말씀하시는 것이 아니라 현 창조세계의 새롭게 함을 말씀하시는 것
이다. 현 창조세계는 새롭게 될 것이다. 새롭게 되는 것은 현 창조세
계이다. 이 세상은 완전히 없어지는 그런 것이 아니다. 하나님께서 만
물을 새롭게 할 때 "땅의 왕들이 그들의 영광을 그 도시, 즉 새 예루
살렘으로 들여올 것이다"(계 21:24). 현 세계와 창조의 완성 사이에 연
속성이 있는 것이다. "사람들이 민족들의 영광과 명예를 그 도시, 즉
새 예루살렘으로 들여올 것이다"(계 21:26). 현재 이 땅의 영광과 명예
가 새 하늘과 새 땅에도 계속 이어지는 것이다.

그러나 하나님은 이 세상의 것을 그냥 그대로 창조의 완성으로 이
어가지는 않으신다. 분명히 본문에서 "새롭게 하신다"고 하셨다. 이
땅의 것들은 그냥 그대로 창조의 완성에 동참하는 것이 아니라 질적
으로 완전히 새롭게 변화되어서 이어지는 것이다. 그러나 이러한 변화

는 너무나 엄청난 것이어서 우리는 "앞으로 우리가 어떻게 될지는 아직 밝혀지지 않았지만, 그리스도께서 나타나시면 우리도 그와 같이 될 것임을 안다"(요일 3:2)라고 고백할 수밖에 없다. 하나님의 창조의 완성은 현 창조세계의 멸망을 통한 또 다른 새 창조가 아닌 만물을 새롭게 하는, 그러나 현 세계와는 질적으로 다른, 우리가 상상조차 할 수 없는 그러한 연속성과 불연속성을 가지는 새 하늘과 새 땅이 될 것이다.

2. "현 세계의 멸망을 통한 새 창조"의 근거가 되는 성경 구절에 대한 재해석

만약 우리가 이 세상이 멸망당하고 하나님께서 이 세상과는 전혀 관계가 없는 완전히 새로운 새 하늘과 새 땅을 건설하실 것이라는 근거를 찾고자 한다면, 우리는 베드로후서 3장 3~13절을 발견하게 될 것이다.

먼저 이것을 알지니 말세에 조롱하는 자들이 와서 자기의 정욕을 따라 행하며 조롱하여 이르되 주께서 강림하신다는 약속이 어디 있느냐 조상들이 잔 후로부터 만물이 처음 창조될 때와 같이 그냥 있다 하니 이는 하늘이 옛적부터 있는 것과 땅이 물에서 나와 물로 성립된 것도 하나님의 말씀으로 된 것을 그들이 일부러 잊으려 함이로다. 이로 말미암아 그때에 세상은 물이 넘침으로 멸망하였으되 이제 하늘과 땅은 그 동일한 말씀으로 불사르기 위하여 보호하신바 되어 경건하지 아니한 사람들의 심판과 멸망의 날까지 보존하여 두신 것이니라. 사랑하는 자들아 주께는 하루가 천 년 같고 천 년이 하루 같다는 이 한 가지를 잊지 말라. 주의 약속은 어떤 이들이 더디다고 생각하는 것 같이 더딘 것이 아니라 오직 주께서는 너희를 대하여 오래 참으사 아무도 멸망하지 아니하고 다 회개하기에 이르기를 원하시느니라. 그러나 주의 날이 도둑 같이 오리니 그 날에는

하늘이 큰 소리로 떠나가고 물질이 뜨거운 불에 풀어지고 땅과 그
중에 있는 모든 일이 드러나리로다. 이 모든 것이 이렇게 풀어지리
니 너희가 어떠한 사람이 되어야 마땅하냐. 거룩한 행실과 경건함
으로 하나님의 날이 임하기를 바라보고 간절히 사모하라. 그 날에
하늘이 불에 타서 풀어지고 물질이 뜨거운 불에 녹아지려니와 우리
는 그의 약속대로 의가 있는 곳인 새 하늘과 새 땅을 바라보도다.

본문은 현재의 모든 요소들이 새로운 지구를 위한 공간을 마련해
주기 위해 모두 불에 녹아 없어질 것이라고 말한다. 여기서는 멸망과
단절이 새로운 세계를 위한 전초작업으로 보인다.

그러나 이사야 66장 15절[35])과 다른 구약성경에 나오는 불에 대한
이미지를 살펴볼 때, 불은 "시험과 정화(refining)"를 위한 하나님의 심
판에 대한 하나의 지시어로 볼 수 있다. 그것은 같은 방식으로 신약
성경에도 나타난다(막 9:49[36]; 고전 3:15[37]; 벧전 1:7[38]; 계 3:18[39])). 이
처럼 하나님의 불의 심판으로서의 간섭은 그것이 어떠하든지 간에
그것은 정화하는 것이지, 파괴하는 것은 아님을 우리는 알 수 있다.
하나님의 목적은 시험과 정화와 심판이지 파괴는 아니다.

그러므로 베드로후서 3장 3~13절의 말씀도 불을 통한 정화와 그로
인해 정금같이 변화되어 나오는 세상을 가리키는 것으로 해석할 수
있는 것이다. 즉, 성서 기자는 이 세상을 완전히 새롭게 하는, 변화시

---

35) "보라, 여호와께서 불에 둘러싸여 강림하시리니 그의 수레들은 회오리바람 같으리로다. 그가 혁혁한 위세
로 노여움을 나타내시며 맹렬한 화염으로 책망하실 것이라."

36) "사람마다 불로써 소금 치듯 함을 받으리라."

37) "누구든지 그 공적이 불타면 해를 받으리니 그러나 자신은 구원을 받되 불 가운데서 받은 것 같으리라."

38) "너희 믿음의 확실함은 불로 연단하여도 없어질 금보다 더 귀하여 예수 그리스도께서 나타나실 때에 칭찬
과 영광과 존귀를 얻게 할 것이니라."

39) "내가 너를 권하노니 내게서 불로 연단한 금을 사서 부요하게 하고 흰 옷을 사서 입어 벌거벗은 수치를
보이지 않게 하고 안약을 사서 눈에 발라 보게 하라."

키고 완성시키는 정화의 불을 말하고 있는 것이지 이 세상을 파괴하는 불의 심판을 말하는 것은 아닌 것이다. 노아 홍수 때의 물도 이 세상을 완전히 없애버리는 물이 아니라 깨끗하게 하는 정화의 물이었던 것처럼, 즉 노아 홍수 사건 이전과 이후에 "단절(discontinuity)"과 "연속성(continuity)"이 공존했던 것처럼, 마지막 날의 불의 심판도 그러하리라는 것이다.

이외에도 비록 여러 성경구절들이 이 세상의 파괴를 말하고 있지만 (마 5:18[40]; 24:35[41]; 요일 2:17[42]), 이러한 성경 구절들은 본질의 파괴를 말하는 것이 아니라 형태의 변화(a change of the form)를 말하고 있다는 것은 확실한 사실이다(마 5:5[43]; 고전 7:31[44]). 이 세계와 다음 세계는 결코 대조적으로 서 있는 것이 아니다. 왜냐하면 다가오는 하나님 나라의 부활의 세력들과, 첫 열매이신 그리스도와, 우리의 영화의 보증이 되시는 성령이 이미 이 세상 속에서 활동 중에 있기 때문이다.

결론

역사에 대해서 이야기하는 것은 "완성(consummation)"에 대해서 이야기하는 것이며, 또한 완성에 대해서 이야기하기 위해서는 "단절

---

40) "진실로 너희에게 이르노니 천지가 없어지기 전에는 율법의 일점일획도 결코 없어지지 아니하고 다 이루리라."

41) "천지는 없어질지언정 내 말은 없어지지 아니하리라."

42) "이 세상도, 그 정욕도 지나가되 오직 하나님의 뜻을 행하는 자는 영원히 거하느니라."

43) "온유한 자는 복이 있나니 그들이 땅을 기업으로 받을 것임이요."

44) "세상 물건을 쓰는 자들은 다 쓰지 못하는 자 같이 하라. 이 세상의 외형은 지나감이니라(those who deal with the world as though they had no dealings with it. For the present form of this world is passing away)."

(break)"에 대해서 이야기해야 한다.[45] 우리의 미래에 대한 기대는 "단절과 연결", "불연속성(discontinuity)과 연속성(continuity)"을 모두 포함하고 있다. 만약 십자가에 못 박히시고 부활하신 그리스도가 역사 속에 나타나신다면, 완성은 그의 지배를 방해하는 모든 악한 세력들과의 단호한 단절을 의미할 것이다. 동시에 완성은 역사 속에서 이미 활동 중인 부활의 세력들의 계속(continuation)이 될 것이다.

그러나 우리는 "계속"이라는 말을 주의 깊게 사용해야 한다. 그것은 "같은 성질 속에서 계속되는" 것과는 전혀 다른 것이다. 창조의 완성은 현 세계와의 연속성을 가지고 있음에도 불구하고 현재 우리가 도저히 상상조차 할 수 없는 그러한 세상이 될 것이다. 이것이 성취되기 위해선 위로부터의 특별한 간섭(intervention)이 필요하다. 그것은 부활하신 주님 자신의 재림(the return)이 될 것이다. 오직 이 같은 현재와의 단절을 통해서만 완성은 유지될 수 있고, 진보는 가능하게 되는 것이다.

그럼에도 불구하고 새로운 세계는 폭탄처럼 옛 세계에 떨어지는 것이 아니다. 그것은 파괴된 옛 세계의 자리를 차지하는 것이 아니다. 새로운 세계는 자신이 그 속에서 활동 중인 그 옛 세계를 통해서 태어나는 것이다. 이 세계는 지나갈 것이다(고전 7:31). 그럼에도 불구하고 창조의 완성 시에 나타날 세상은 현 세계와 무관한 것은 아니다. 우리는 완벽하게 새로워진 지구라는 의미에서 새로운 지구를 기대한다. 이(this) 세상은 영화롭게 될 것이고, 이(this) 역사는 완전하게 될 것이다(will be completed).

---

45) Hendrikus Berkhof, *Christ the Meaning of History*(Michigan, Grand Rapids: Baker Book House, 1979), p.180.

그러나 여기서 우리가 한 가지 짚고 넘어가야 할 것이 있다. "창조의 완성"이 "원(原)창조로의 회복"은 아니라는 점이다. 창조의 완성을 통해 나타나게 될 새 하늘과 새 땅은 아담과 하와가 살던 동산의 회복이 아니다.[46] 새 하늘과 새 땅에 살 인간의 모습도 최초의 아담과 하와의 타락 전의 모습으로의 복귀가 아니다. 하나님의 창조의 완성의 행위는 회복이 아닌 진정한 새 창조의 행위이다. 창조의 완성은 원상으로의 단순한 회복이 아닌 종말론적인 영광의 세계의 완성인 것이다.

우리는 예수님을 종말의 선취(先取)로 이해한다. 예수님의 이 땅에서의 모습과 부활하신 후의 모습은 어떠하셨는가? 거기에는 "연속성"과 "불연속성"이 모두 존재하고 있었다. 거기에는 3년간 예수님과 동고동락(同苦同樂)했던 제자들(눅 24장)과 막달라 마리아(요 20장)가 금방 예수님을 알아보지 못한 질적인 변화, 불연속성이 존재한다. 그럼에도 불구하고 그 부활하신 예수님은 지상에서 사셨던 바로 그 예수님이시다. 즉, 연속성을 부인할 수 없는 것이다. 여호와의 날에도 이러한 변화가 있으리라는 것이다. 현재의 창조세계와는 완전히 100% 다른 질적인 변화, 그러나 이 세상을 끝장내는 것은 아닌 변화가 있으리라는 것이다.

예수님은 요한복음 17장에서 성부 하나님께 기도하실 때 우리가 이 세상을 버리고 피안의 세계로 도피하는 것을 바라지 않으셨다(요 17:15 이하). 오히려 주님은 우리를 세상으로 보내신다(요 17:18). 예수님은 이 세상을 긍정하셨다. 다만 우리가 이 세상에 속한 자가 되지

---

46) 김명용, 「창조의 보전과 새로운 창조신학」, 『장신논단』(제6집, 1990년), p.311.

않기만을 바라셨다(요 17:15~16). 예수님은 이 세상을 긍정하시면서 우리가 이 세상 속에 존재하되 악에 빠지지 않고 진리인 하나님의 말씀으로 거룩한 생활을 통해 세상에 속하지 않는 자가 되기를 바라셨다(요 17:15~17). 우리는 예수님처럼 이 세상은 긍정해야 한다. 그러나 이 세상에 존재하는 죄와 악에 대해서는 철저히 부정해야 한다. 그리고 여호와의 날에 있을 완전하고 온전한 창조의 완성을 우리는 기대해야 할 것이다.

참고문헌

김철손, 『요한계시록』, 서울: 대한기독교서회, 2004.
박수암, 『요한계시록』, 서울: 대한기독교출판사, 1995(5판).
윌리엄 바클레이, 『요한계시록』, 서울: 기독교문사, 2009(개정1판).
이광진, 『설교자를 위한 요한계시록 주석』, 서울: 크리스천헤럴드, 2005.
이달, 『요한계시록』, 서울: 한국장로교출판사, 2008.

주성일 ─────────────────────────────────

경희대학교(B.A.)
장로회신학대학교 신학대학원(M. Div.)
장로회신학대학교 대학원(Th. M.)
장로회신학대학교 대학원 박사과정
현) 수정교회 담임목사

『만물을 새롭게 하시는 하나님』(한국학술정보(주), 2008)
『조직신학단상』(한국학술정보(주), 2009)
『하나님과 세계의 관계성』(한국학술정보(주), 2010)

쉽게 풀어쓴
요한계시록

초 판 인 쇄 | 2011년 3월 31일
초 판 발 행 | 2011년 3월 31일

지 은 이 | 주성일
펴 낸 이 | 채종준
펴 낸 곳 | 한국학술정보㈜
주   소 | 경기도 파주시 교하읍 문발리 파주출판문화정보산업단지 513-5
전   화 | 031) 908-3181(대표)
팩   스 | 031) 908-3189
홈 페 이 지 | http://ebook.kstudy.com
E - m a i l | 출판사업부 publish@kstudy.com
등   록 | 제일산-115호(2000. 6. 19)

ISBN   978-89-268-2093-3 03230 (Paper Book)
          978-89-268-2094-0 08230 (e-Book)

이담 Books 는 한국학술정보(주)의 지식실용서 브랜드입니다.